苏霍姆林斯基教育经典丛书

和青年校长的谈话

[苏] B.A.苏霍姆林斯基　著

赵　玮　等　译　杜殿坤　等　校

教育科学出版社
·北京·

总序 I

瓦·亚·苏霍姆林斯基（1918—1970）是世界著名的教育家。20世纪80年代，他的著作被引进到我国，一时风靡全国，教育研究者，中小学校长、教师对其表现出极大的热情，简直可以说是爱不释手。教育科学出版社就是最早引进苏霍姆林斯基著作的出版社之一。

20世纪末，教育科学出版社策划出版了"20世纪苏联教育经典译丛"，其中就收录了苏霍姆林斯基的教育经典著作，我曾经为这套丛书作序。在苏霍姆林斯基的教育经典著作中，《给教师的建议》发行了200多万册，创下了我国引进版教育理论图书出版的奇迹；《帕夫雷什中学》《怎样培养真正的人》《公民的诞生》《和青年校长的谈话》《要相信孩子》等也都成为常销书、畅销书。这一系列教育经典著作的出版，催生了人们对苏霍姆林斯基教育思想学习和研究的热潮。21世纪初，教育科学出版社又策划出版了《苏霍姆林斯基选集（五卷本）》，更为系统地介绍了苏霍姆林斯基的教育思想，将我国对苏霍姆林斯基教育思想的学习和研究活动推向了新的高度。该套书先后荣获了"第六届国家图书奖"提名奖和"第三届全国教育图书奖"一等奖。

20世纪80年代，在引进和介绍苏霍姆林斯基教育思想方面，国内多所大学以及教育研究所做出了自己独特的贡献，如北京师范大学外国教育研究所（现北京师范大学国际与比较教育研究院）、中央教育科学研究所（现中国教育科学研究院）比较教育研究室、华东师范大学比较教育研究所等，都曾组织研究人员翻译、介绍苏霍姆林斯基的著作，这为苏霍姆林斯基教育思想在我国的普及推广奠定了重要基础。

现如今，苏霍姆林斯基的育人成就和教育思想在我国教育界可以说是无人不知、无人不晓。几十年来，我国教育界对他的研究和借鉴可谓经久不衰。他对儿童的热爱、对教育事业的忠诚以及睿智的教育思想，一直鼓舞、激励着我国千百万教师不断改进教育教学工作，为培养一代代合格的社会主义人才而奉献自己的力量。我国的许多中小学开展了苏霍姆林斯基教育思想实验研究，取得了卓越成效。一大批苏霍姆林斯基式的优秀中小学教师也不断成长起来。

从1948年到1970年离世，苏霍姆林斯基一直执教于乌克兰帕夫雷什中学。在这里，他不仅实现了自己的教育理想，而且著书立说，详尽地论述了他的教育思想和实践经验。我最初读到《我把心给了孩子们》这本书时，心灵就受到了震撼。作为一名教师，最宝贵的品质莫过于热爱孩子、相信孩子、尊重孩子，把整个心灵献给孩子。苏霍姆林斯基对孩子火一般的热情，值得每一位教师敬佩！

改革开放四十多年来，各种外国教育思想如潮水般地涌入中国，但是我国中小学教师仍然念念不忘苏霍姆林斯基。他的事迹和思想，只要是教师，看了无不为之感动。这是因为苏霍姆林斯基的教育思想具有科学性、人文性、先进性、深刻性、丰富性。他懂得儿童的心，并用自己的满腔热忱浇灌儿童的心灵。

苏霍姆林斯基教育思想的核心是人道主义。"相信人，相信每一个孩子"是他的教育信条。他说："我认为，对人漠不关心是最不能容忍、最危险的一种缺点。"他又说："每一个儿童身上都蕴藏着某些尚未萌芽的素质。这些素质就像火花，要点燃它，就需要火星，……教育最重要的任务之一，就是不要让任何一颗心灵里的火药未被点燃，而要使一切天赋和才能都最充分地发挥出来。"

苏霍姆林斯基毕生为之奋斗的教育目标是培养真正的大写的人，使其得到和谐全面的发展。他认为，我们要培养的，不只是有知识、有职业、会工作的普通人，更是要培养真正的大写的人，就是有神圣的信仰、有高尚的精神生活、有理想、关心他人、关心集体、智力丰富、体魄健壮、懂得奉献、心地善良、有教养的人。在他看来，时刻不能忘记："有一样东西是任何教学大纲和教科书，任何教学方法和教学方式都没有做出规定的，那就是儿童的幸福和精神生活。"他说："我认为教育的理想就在于使所有的儿童都成为幸福的人，使他们的心灵由于劳动的幸福而充满快乐。"

苏霍姆林斯基非常重视学生的个性发展。他认为，学生不是抽象的而是具体的。学生的禀赋、才能、爱好和特长是各不相同的，要使它们充分发展，就要提供良好的条件。他说："教学和教育的艺术和技艺就在于揭开每个儿童的力量和可能性。"他在帕夫雷什中学不仅当校长，更主要是当教师。他从一年级教到十年级，在整个基础教育阶段始终陪伴在孩子们左右。他研究每一个孩子，根据每一个孩子的特点引领他们成为和谐全面发展的人。

苏霍姆林斯基的一生虽然短暂，但他充满智慧的教育理念和对教育事业的满腔热忱已然书写在人类的教育史上，永放光辉。

今天，在风云变幻的世界中、在多元文化的交汇中，更需要发扬苏霍姆林斯基的人道主义精神和爱的教育。正如联合国教科文组织 2015 年的报告《反思教育》中所说的：教育要尊重生命、尊重人类、尊重和平，为人类的可持续发展承担责任。

在我国教育迈入新时代的关键时期，教育科学出版社站在新的时代高度，以以往出版过的具有良好口碑的多部苏霍姆林斯基教育经典著作为基础，高标准重新策划编纂了这套"苏霍姆林斯基教育经典丛书"，我对此深表赞同。这套书不仅可以帮助广大教师全面系统地了解苏霍姆林斯基的教育思想，更有助于教育研究者们结合我国的国情和教育发展的实际，去推进教育改革，为培养新时代的和谐全面的创新人才提供有力的支撑。

教育科学出版社是一家专业集中度很高的教育出版社，在出版教育经典图书方面有坚实的基础和雄厚的积淀。我相信他们一定能够进一步整合优质资源，在内容的专业性、词语的精准性、语句的凝练性与生动性以及版式的精美化等诸多方面做进一步完善，为我国广大教师奉献一套了解、学习、践行苏霍姆林斯基教育思想的高品质图书。

2022 年 3 月 4 日

顾明远：我国当代著名教育学家，新中国比较教育学科奠基人，中国教育学会名誉会长，北京师范大学资深教授、博士生导师。

总序 II

　　20 世纪 80 年代，随着改革开放帷幕的拉开，一批优秀的国外经典教育名著的陆续引进，极大拓展了我国教育理论工作者的视野。一方面，先前人们知之甚少的欧美国家的教育理论著作接连问世；另一方面，带着新鲜血液的苏联教育理论著作也重新出现在人们面前。彼时，刚刚成立不久的教育科学出版社，基于对苏联教育曾经且仍将对新中国教育产生深刻影响的敏锐判断，遴选苏联教育理论著作中的瑰宝，及时出版了一些苏联教育经典著作，引领了我国教育界学习苏联教育理论的热潮。20 世纪末，教育科学出版社精益求精，将更多的苏联教育经典著作整合在一起，成功推出了"20 世纪苏联教育经典译丛"，更是将学习、研究和践行苏联教育理论的活动推向了高潮。"20 世纪苏联教育经典译丛"包括赞科夫的《和教师的谈话》，巴班斯基的《教学教育过程最优化》，苏霍姆林斯基的《给教师的建议》《帕夫雷什中学》《要相信孩子》等数十部经典著作。二十多年来，这些经典的教育理论图书对我国的教育理论研究及学校的教育教学实践产生了极大的影响。其中，发行量最大、影响力最为深远的，则非苏霍姆林斯基的教育著作莫属。

　　苏霍姆林斯基的教育理论与实践体系是一个具有无穷价值的教育思想宝库。这一体系虽根植于苏联，其影响却几乎遍及世界。苏霍姆林斯基全面和谐发展的教育理论与实践对我国基础教育界的影响尤为突出。他毕生强调的"以人为本"的和谐发展观、"育人以德为先"的人学教育思想与实践对当今我国落实立德树人的教育根本任务极具借鉴价值。无论是诠释立德树人教育的实质含义，还是分析以人为本、德育为先、全面发展的教育目标，抑或是实施五育并举、五育融合，落实"双减"政策，我们都可以从这位教育大师的"活的教育学"中获得启迪。他坚持丰富人的精神世界，将道德高尚置于人的品质的首要地位；他主张德智体美劳五育必须相互渗透，告诫教师不仅要讲授知识，还要培养学生树立对知识的正确态度，强调学校里的学习不是毫无热情地把知识从一个头脑里装进另一个头脑里，而是师生间每时每刻都在进行的心灵的接触；他提出人格必须用人格来影响，教师的人格是进行教育的基石，学生是教师教育教学工作的一面镜子；他坚信自我教育是人全面和谐发展的重要动力，必须唤醒学生内在的学习愿望和憧憬幸福人生、争做好人的愿望；他思考家庭教育的意义与潜能，探究学校、家庭、社会的教育合力……。总之，在培养德行为先、全面和谐发展的人方面，苏霍姆林斯基的教育遗产是当之无愧的教育百科全书。

苏霍姆林斯基善于以通俗、精准、趣味、平实、触动人心的语言将自己的教育理念、教育主张和教育实践鲜活地呈现于著作中。研读他的著作，总有一种置身于教育现场，随时与其对话、产生共鸣的亲切感，我们用"常读常新""常读常悟"来概括读后的感受一点也不为过。翻开这些著作，就仿佛走进了大师的教育现场，按下了聆听手把手的师徒辅导、教育解惑、教学答疑的"直播按键"。大量生动形象的案例及分析使人身临其境，仿佛在与大师共同思考、共同感受对教育的追求，对学生的热爱，对教师的认同，对人性的尊重。我们总能从中获得一些表达感悟的关键词：喜欢——其娓娓道来的生动描述令人喜欢上教育；思考——其议叙结合的丰富内容能促使人不由自主地思考教育问题；发现——其关于教育现象与本质的深入思考能让人发现教育中的问题和美；创造——其用经验与智慧建构的教育现场能引起人强烈的参与、对比、探究和创新的欲望……

苏霍姆林斯基的名字在 20 世纪 50 年代就已经走出苏联，走向了世界。半个多世纪以来，他的著作已经被翻译成 59 种文字，总发行量早已超过 500 万册。但就国际知名度而言，苏霍姆林斯基的名字在中国无疑是最响亮的，即使是在他逝世五十多年后的今天，他的名字在我国教育界依旧光鲜响亮，苏霍姆林斯基依然被推崇、被爱戴着。

2020 年是苏霍姆林斯基逝世 50 周年，按照国际版权公约，他的所有著作此后均进入公版。国内掀起了新一轮苏霍姆林斯基著作的出版热潮，其中夹杂着一些蹭热度、以追求高商业效益为目的、品质不高的图书，客观上给广大中小学教师选择高品质的苏霍姆林斯基教育著作造成了不少困惑。

基于新时代广大教育工作者研学苏霍姆林斯基教育思想热情持续升温的新形势，教育科学出版社及时做出研判，决定对原有的苏霍姆林斯基教育经典著作进行全方位升级。一方面，依托长期以来在苏霍姆林斯基教育著作出版方面的雄厚积累，进一步整合优质资源；另一方面，推出几部苏霍姆林斯基原著的最新译本，展示苏霍姆林斯基教育思想的更多侧面。所有这些工作将促成"苏霍姆林斯基教育经典丛书"的全新面世。感谢教育科学出版社为广大教育者奉献出一套符合我国教育发展时代节奏的、内容全面系统的，有助于广大教师学习、领悟、践行的苏霍姆林斯基教育思想的高品质的图书。

教育科学出版社不仅是国内最早出版苏霍姆林斯基译著的出版

社之一，而且也是创造苏霍姆林斯基教育著作中文版发行量之最的出版社。四十余年间，仅《给教师的建议》单行本就数次再版，发行总量已超 200 万册。这个数字本身不仅显示了苏霍姆林斯基教育著作对中国教育的影响力，同时也是对出版社高标准的图书编辑质量和高品质的图书出版水平的最好证明。

我认为，教育科学出版社出版的这套丛书不仅高度契合"弘扬教育学术，繁荣教育研究，传播国内外先进教育理念，促进中国教育改革与发展"的出版理念，而且充分体现出了教育科学出版社的责任担当与使命担当，为新时代中国教育改革的深入推进提供了聚焦现实、定位精准的教育服务和高品质的精神食粮，必须为这种"对使命负责、对学术负责、对专业负责、对读者负责"的举措点赞。我也和广大读者一样，热切期待全新的"苏霍姆林斯基教育经典丛书"早日出版。

毋需多言，苏霍姆林斯基教育思想宝库这份"活的教育学"富有强大的生命力，它可以留给历史、影响现在、启迪未来，它可以跨越时空、穿透教育、浸润心灵。

2022 年 3 月 8 日

肖甦：北京师范大学教授、博士生导师，中国教育学会比较教育学分会苏霍姆林斯基教育研究会会长，乌克兰"瓦西里·苏霍姆林斯基奖章"获得者。

作者的话

　　本书介绍的和青年校长的这些谈话，曾发表于1965—1966年的《国民教育》杂志。这些材料引起了学校领导人的兴趣。我在把杂志上的文章整理成书时，增加了关于学校道德教育问题的一章，对其余各章也补充了一些新材料。本书涉及的问题，包括对学校教育和教学过程施行领导的下列几个方面：教师集体的创造性劳动和教师的个人创造，课堂上的教育和教学过程，教师的教育学修养，怎样指导教学过程，怎样分析课，怎样做学年总结，教师和学生的相互关系，怎样教育难教的儿童等。之所以挑选这些最重要的问题来谈，是因为本书的主旨就是要探讨与教学过程以及如何指导教学过程有关的各种问题。因此，对教师的创造性劳动的特点也将加以阐述。

　　和青年校长谈的这些内容，并不能解决领导学校的全部复杂问题。就教学过程及其领导的一些问题所谈的这些建议，一方面是基于个人的多年经验，另一方面也是利用现代科学的研究成果，并在总结我国优秀的学校领导人的经验的基础上提出的。把个人的经验总结出来并以建议的形式传给年轻的学校领导人，这是一件责任重大的事。这要求对别的学校领导人已经取得的成就加以深思熟虑的、科学的分析。只有当教育家们的创造是建立在牢固的科学基础上时，他们所得出的结论才能成为行动的指南。

B.A. 苏霍姆林斯基

目 录

第 *1* 次谈话

教师创造性劳动的几个基本问题

校长要领导好一个学校集体，就必须深刻理解教育过程中最微妙的细节，并理解其深远的根源。也就是说，校长应当深刻理解学生的精神世界，理解学生的脑力劳动的特点，理解学生掌握知识和形成信念的过程。他应当既是一个熟悉业务、经验丰富的教育学家，又是一个心理学家。然而，校长不是一下子就变得经验丰富的。当今，极其重要的一个问题是：怎样才能使新担任校长工作的同志们，尽快地缩短这个获得经验的过程？

新担任校长工作的人所操心的问题很多：怎样领导教育和教学工作？怎样计划、组织和安排自己的工作，才能捉摸到学校生活这个复杂机体的各个细节？怎样使家长学会正确地教育子女？怎样才能避免领导工作中的形式主义和行政命令作风？校长是否一定要熟悉教学计划里的所有学科？怎样直接地和间接地参与到儿童的生活和劳动中去？等等。

教师的思想水平和教育业务水平正在不断提高。校长如果把主要精力放在行政事务工作方面，他就可能跟不上教育科学的最新进展。如何防止这种危险呢？教养和教育之间的相互关系是什么？怎样分析一堂课？除分析课堂教学之外，还可以通过哪些形式来研究和总结教师的工作经验呢？

对于绝大多数青年校长来说，最困难的事，就是如何使自己的意图被教师所领会，如何激发教师的首创精神。某八年制学校的一位青年校长说：

"我担任校长已有一年多的时间了，很想创造性地工作，但恰恰在这上头'触礁'了。我应当从何做起呢？我们学校的工作中缺乏创造

1

劲头。刚担任学校领导工作，我就翻阅了学校图书馆的全部藏书，把教师需要的参考书全都摆到最醒目的地方，加以推荐。我为'教师和学生'讨论会选定了参考书，自己也做了准备。我在八年级的一个差班担任了班主任，负责辅导两个课外活动小组——历史小组和摄影小组。我主持教学法联合小组进行了两次活动。但是，所有这些活动进行得都不带劲，没有引起教师们的兴趣。为什么会这样呢？我这时在想，怎样才能抓住一根线，顺着它把整个线团解开呢？怎样才能克服个别教师的惰性，改变他们对工作漠不关心的态度，以及进一步使他们克服个人主义思想呢？"

所谓教师集体的创造性劳动究竟是指什么呢？要怎样领导学校，才能使全体教师都创造性地工作呢？每次我和来自全国各地的那些勤学好问的青年校长们交谈时，最终他们总要提出这些问题。我很高兴跟他们交流领导教学和教育工作的经验。

接待别的学校的校长和教导主任们来校参观访问，已成为我们帕夫雷什中学的一个传统。这种接待每个月两次，每次用两三天时间，让参观访问者参加座谈会、听课、看学生的作业、跟教师们交谈。这样，就形成了一个提高教育素养的"学校"。我们认为，这是推广学校领导工作经验的一种很有价值的形式。这类活动常常变成饶有兴味的聚会。这种提高教育素养的活动的主要内容，就是对教育和教学工作的各种现象进行直接的、生动的观察，对这些现象及它们之间的相互联系和依存关系进行深入的思考。参加这些聚会的人们一致深信，校长只有从无穷无尽的现象中看出问题的相互联系，才能对学校实行真正的领导。我们在讨论所观察到的实际工作中的各种现象时，主要探讨了下面这些问题。

（1）要将行政事务工作跟研究教育学、教学法的工作以及担任教学和教育工作结合起来。校长如何做到每天都能充实自己的教育学知识和不断完善自己的教学、教育技巧呢？

（2）上课的质量取决于许多因素，这些因素包括：教师的学识和眼界，学生家庭和学校集体的精神生活，课外活动（特别是课外阅读），教师的教学法修养等。

（3）学生的智力在教学过程中的和谐发展。这是实际教育工作中最重要，而且是被大家一致认为最迫切需要解决的问题之一。如果教师认为自己的任务仅仅是教给学生一定范围的知识，而不专门在发展儿童智力上下功夫，如果教育工作的这一领域没有引起校长的密切注意，那就必然会导致学生的学业成绩不良。

（4）学校集体和家庭的精神生活是学生顺利学习的极其重要的条件之一。到我们学校来参观的人们，分析了课堂教学、学生的回答和学习成绩优劣的原因和前提之后，都认为学生的智力兴趣应当超出教学大纲的范围，只有在这种情况下学生才能顺利地进行学习。

（5）要培养学生的学习愿望和对知识的兴趣，培养学生掌握精神财富和充实自己智力生活的愿望。这个问题跟教育和教学过程的各个方面都有着千丝万缕的联系。

（6）保持教养和教育的和谐统一，把知识变成学生的个人信念，达到教学和道德教育的统一。怎样使共产主义思想成为每个学生个人的精神财富，这应当是教师和校长所特别关注的事情。

（7）使学生的道德发展具有丰富多样的源泉。如何使道德信念和道德行为统一起来？孤立地使用任何一种方法都是不能保证教育的成功的。只有把多种条件、前提和方法结合起来，才能创造出培养完美道德的良好环境。

（8）保持教师和家长在教育信念上的一致。多年来，我们分析总结了我国许多学校的教育过程，认为要使家长形成正确的教育信念和教育观点，就必须依靠全体教师和家长中的积极分子进行有目的的工作。

以上这些问题，都是要求校长加以妥善解决的。

1. 关键在于领导全体教师进行创造性劳动

我认为教育和教学过程有三个源泉：科学、技巧和艺术。要领导好教育和教学过程，就是要精通教育和教学的科学、技巧和艺术。教育——就其广义来说——是既包括受教育者也包括教育者在精神上不断充实和更新的一个多方面的过程。而这一过程所呈现的特点，原因在于教育现象具有深刻的个别性：某一教育真理，用在这种情况下是正确的，而用在另一种情况下就可能不起作用，用在第三种情况下甚至会是荒谬的。我们所从事的教育事业的性质就是这样：你要领导它，首先就要不断地自我充实和自我更新，使自己在精神上今天比昨天更富有。一个学校的领导者，只有精益求精、每天提高自己的教育和教学技巧，只有把教育和教学以及研究和了解儿童这些学校工作中最本质的东西摆在第一位，他才能成为一个好的领导者，成为一个有威信的、博学多识的"教师的教师"。

如果你想成为一个好校长，那你首先就得努力成为一个好教师、一个好的教学专家和好的教育者，不仅对你所任课的那个班的孩子是这样，而且对家长、人民、社会所托付给你的那所学校的所有学生也都是这样。而如果你担任了校长职务，便认为凭着某种特殊的行政领导才能就可取得成功，那你还是打消当一名好校长的念头吧！

只有日益深入地钻研教育和教学过程的微妙细节，只有不断地开辟"塑造人的灵魂"这门艺术的新境界，你才能成为真正的领导者，成为"教师的教师"，才能为别人所信赖和尊重。当我回忆自己担任校长工作的年月时，什么东西留给我的印象最鲜明呢？首先就是教师的辛苦而细琐的工作，这些工作有时充满着令人焦虑的痛苦的探索、思虑和挫折。但在这项劳动中，也有一些令人感到幸福的发现，它们就像晶莹的宝石一样闪闪发光，不仅鼓舞着校长本人，而且尤为重要的是，鼓舞着与他一起工作的教师。毫无疑问，这些发现和创造精神的发扬，犹如星星之火，能驱散教师对工作的冷漠和惰性，点燃创造精神的火花。领导学校工作的秘诀之一，就在于唤起教师探索和分析自己工作的兴趣。如果一个教师能努力去分析自己的课堂教学以及他与学生的互动关系中的优点和缺点，那他就已取得了一半的成功。

我想起了刚担任学校领导工作的那几年。恐怕那时我更多的是感受到而不是理解到（当时我没有想到）这样一点：不能只是用一般号召，而要用其他的什么方法来激发教师进行创造性工作的愿望。我在听课和分析课时常常想：为什么学生的回答总是那么贫乏、平淡而又刻板？为什么在这些回答里往往缺乏儿童自己的、活生生的思想？于是，我开始记录学生的回答，分析他们的词汇量、言语的逻辑性和修辞成分。我发现，学生使用的许多词语和词组，在他们的意识里并没有跟周围世界的鲜明的事物和现象相联系。我一边分析在同事们课上所观察到的情况，一边愈加深入地思索下列问题：词语是怎样进入儿童的意识的？词语是怎样成为思维的工具的？儿童是怎样借助词语来学习思考的？思维又是怎样反过来促进言语发展的？在对学校精神生活中最复杂而又最微妙的东西——儿童的思维进行的指导过程中，从教育学的角度看，究竟存在哪些缺点？

我首先开始分析研究自己的工作、自己上的课和自己班上学生的回答。譬如说，我让孩子讲讲一滴水旅行的故事。他本来应当讲到初春的溪水，讲到春雨，讲到天上的彩虹和宁静的湖水轻轻拍击岸边的声音。儿童应当像讲述他亲身接触的世界那样来讲述这一切，因为他自己就是这个生机勃勃的大自然的一部分。然而，学生说了些什么呢？都是一些死记下来的、生硬笨拙的词组和句子，它们的含义连儿童本人也是模糊不清的。为什么儿童的思想这么贫乏呢？我听着他们的言语，反复地思考着，逐渐形成了一个看法，这就是：我们当教师的没有教会儿童如何思考。从最初入学起，我们就把儿童眼前通往大自然这个迷人世界的大门关闭了，他们再也无法倾听小溪潺潺的流水声、倾听初春融雪的滴水声、倾听云雀清亮的歌唱声，他们只是背诵描述这些美妙事物的枯燥乏味、苍白无力的词句。

我和教师们交换了各自的想法，给他们讲了自己的观察发现，想激发他们对于创造性地思考自己的劳动的兴趣。我们深入思考了教育劳动这个概念。决定我们成绩的东西不应当是偶然的成功和侥幸所得，而应当是兢兢业业的探索，是对所做的事情与所得的结果之间的依存关系的深入研究。姑且让我们先考虑这样一个问题：我们教师言语的丰富程度是怎样影响学生的言语和词汇的形成的？

几周之后，我们召开了教学法会议。每位教师都讲了自己初步观察的情况。我确信，出于对教育和教学工作某一问题的兴趣的这种交流才是学校领导工作中最主要的。教导主任也跟校长一起参加教师的座谈会。如果没有校长本人的首创精神，而是等着教导主任去解决所有的教学问题，指望教师主动精神的自然产生，那就意味着等待侥幸的发现和意外的成功。没有校长的以身作则，没有校长自己进行的创造活动，领导学校也就无从谈起。

为了让孩子们体会到大自然的迷人，我挑选了这样一个时刻，把他们带到花园里：灰色的雨云遮住了半边天空，在太阳光的照射下出现了一道彩虹；苹果树上开满了鲜花——有的乳白，有的微红，有的深红；蜜蜂在花丛中发出轻微的嗡嗡声……。"孩子们，你们看见些什么？说说吧！把你们欣赏和感到激动、惊奇的东西说一说吧！"我看到，孩子们的眼睛里流露出喜悦的神情，可是他们很难找到恰当的词语表达自己的感受。我看着他们感到难过：学生在学校学习的大好时光，竟是在失去绝妙的思想源泉的情况下度过的。词语是在缺乏鲜明形象的情况下进入他们的意识的。因此，鲜艳芬芳的花朵变为夹在书页当中的干枯的花片，只是从外形上还使人想得到那曾是一种有生命的东西。

不，不能再这样下去了！我们忘记了知识最重要的源泉——周围世界、大自然。我们逼着儿童去死背书本，从而使他们的头脑变得迟钝了。夸美纽斯、裴斯泰洛齐、乌申斯基、第斯多惠曾经告诫过教师的话，有时被我们淡忘了。我开始一次又一次地把孩子们带到大自然中去——带到花园里、树林里、河岸旁、田野中去。那里是取之不竭、永远常新的知识源泉。我带领孩子们开始学习用词语表达各种事物和现象之间的极细微的差别。

瞧，蔚蓝色的天空中，云雀在歌唱；一望无际的麦田上，风儿掀起层层波浪……。烟雾缭绕的远方，神秘的西徐亚人①的坟丘隐约可见，百年老橡树的密林中有清澈见底的溪水潺潺流过；小溪上空，黄鹂在尽情歌唱……

应当让学生确切、优美地述说出这一切。于是，我的桌子上不断出现各种各样的新书：关于实物课的教育著作，植物学、鸟类学、天文学、花卉学方面的著作和辞典。我常在春天的清晨漫步在河畔、林间和花园，仔细地观察周围世界，尽量用精确的词句表达事物的各种形态、颜色、声音和动态。我在一个本子里写了许多"小作文"：写一丛玫瑰，写一只云雀，写火红的天空，写美丽的彩虹……

我把在自然界里上的课叫作"到生动的思想源泉去旅游"。这种课使儿童的脑力劳动的目的更明确，形式更多样。它们首先是训练思维的课②。例如有一堂课，让孩子们讨论什么是现象、原因和结果。他们在周围世界里寻找因果关系，并加以描述。我看到，孩子们的思想逐渐变得鲜活、充实了，他们的词汇有了表现力和感情色彩，变得活泼而有生气了。

可能看起来，这一切与学校领导工作无关。不，这一切和校长的工作有着最直接的关系。这正是领导艺术的基础和根本之所在。我面前展现出一个无比丰富、无比美妙的教育技巧的领域，那就是要善于教会儿童进行思考。我一直为这一发现所鼓舞，并领略到创造灵感所带来的不同寻常的幸福。于是，我向同事们介绍了自己的发现，他们开始到我的班上来观摩怎样在大自然中上课。我把自己的"小作文"念给他们听。初秋的一天，我和教师们一同去欣赏那色彩缤纷的树林。我们不仅欣赏美景，而且力图更鲜明、更富有表现力地来描述这些美景。

在我们苏维埃教育学家和心理学家的科学著作中，尤其是在 A. H. 列

---

① 公元前黑海北岸的草原游牧民族。——译者
② 这种"思维课"被认为是苏霍姆林斯基在教学论上的一项创造，它的核心是通过观察自然界的事物和现象发展学生的思维能力。——译者

昂节夫、Л. В. 赞科夫、Г. С. 科斯秋克等人的著作中，对涉及思想和思维的这些复杂的理论原理做了很好的阐述。我十分尊崇科学，敬重学者，我一直认为自己是一名实践工作者，是一个人民教师。但是正如许多教师感到的那样，我总觉得，把科学真理转化为创造性劳动的生动经验，是科学与实践相结合的一个极其复杂的领域。教师的创造性劳动正在于选择方法，在于把理论原理变成人的活生生的思想和感情。

校长、副校长以及课外活动的负责人应当成为教育科学和教育实践之间的中介人。他们不仅要宣传和在实际工作中去体现科学知识，而且要以创造性的设想和主张作为契机把教师集体组织起来。

我向同事们介绍怎样进行词汇教学工作，怎样发展儿童的言语，这就好比是给了他们灵感的火花。他们对于"到生动的思维源泉去旅行"的做法发生了兴趣，也开始带领孩子们去旅行和参观了。低年级①的词汇教学工作开始跟孩子们的观察和积极活动融合起来了。

我们要使学生认识到：如果他不能成为一个有智慧的、细心而又关切的"大自然之子"，进而成为大自然的主宰和主人翁的话，他就可能把自己周围的一切变成一片荒漠并毁灭自己。这一切都要从童年做起——从儿童的思维，从儿童对世界的看法做起。

要研究词语和思维的统一这一想法逐渐占据了全体教师的心。于是我们便经常凑在一起，讨论这件引人入胜的工作。我们的交谈总是亲切而又友好的。我们常常争论，并在争论中发现真理。尽管这些真理在教育学中是早已为人们所熟知的，可是对我们来说，它们却是真正的发现，是我们自己的发现。词语——这是我们教育工作中最重要的、无可取代的工具。低年级的每一位教师首先应当是个语文教师。大自然是思维的取之不尽的源泉，是发展智力的学校。不是消极的感动，而是创造性的、积极而有效的认识活动——只有在这个微妙的活动领域里才能找到发展智力的取之不

---

① 苏联完全中学的"低年级"，指小学各年级（作者当时指一至四年级，后小学改为三年制），"中年级"指初中，"高年级"指高中。——译者

尽的源泉。

这些真理逐渐成为我们全体教师的教育信念，这是很重要的。全体低年级教师都有了写"小作文"的本子。我们开始分析研究孩子们在一年四季里"到生动的思想源泉去旅行"（如在春、夏、秋、冬四季去观察果园）时，所能掌握的各种词语。我们记录了可以在观察过程中引导儿童积极表达的名词、形容词、副词和动词。一些教师介绍了自己有趣的试验，这些介绍很动人，我们大家都为同样的思想和探索所鼓舞。教生物学的女教师注意到学生回答问题不够好，有时缺乏逻辑连贯性。于是她便着手教孩子们如何思考，带他们到大自然中去，让他们看各种现象如何循序变化。这位女教师在谈到她对脑力劳动的观察报告中说：

"应当到自然界中去教孩子们进行逻辑思维。我们有时忘记了我们是在大自然中生活的。现在，我制订了到自然界中去参观（每次 3 天）的计划。我要运用自然界里的各种现象向学生说明各种事物的因果关系、时间关系、功能关系及相互制约性，进而教会他们如何进行思考。学生要写出长时间观察自然现象的小结。"

我们的探索和发现工作可以叫作"深入了解儿童思维的秘密"。这项工作在精神上把我和教师们联结起来了。这样，全体教师共同进行一项把理论付诸实践的工作就有了可能。我给低年级教师，以及生物、物理、化学、地理教师看了一系列课（即"到生动的思想源泉去旅行"）的记录。在每次旅行中，我们都针对某一种自然现象或者某个季节进行观察。这些记录有：《自然界中的生物和非生物》《自然界中的一切都在变化》《太阳是生命的源泉》《大自然从冬眠中苏醒》《冬季树林中的鸟类》等。教师们阅读、讨论这些旅行课的记录，并且自己也开始写记录。有意思的是，这种旅行课对物理教师、数学教师、化学教师也都是很需要的。我们全体教师一起做这项有意义的工作已有 15 年之久。我们还编写了一部《大自然课本 300 页》，这是一本关于 300 次观察课的记录。但工作还远没有结束。

许多青年校长常常问道：怎样制订校务委员会的工作计划？怎样才能使校务委员会成为学校的一个集体领导机构？如果没有某项探索、某种思想去鼓舞全体教师，那么最完备的计划也会变成一纸空文。请从最平凡的事情做起吧！让全体教师（不论低年级、中年级，还是高年级教师）都来思考一下这个问题：学生的思维和思想与阅读能力之间的依存关系是什么？让教师都来通过观察学生的脑力劳动，思考、钻研两者之间的依存性这一有意思的问题。

请你相信，如果你把这个问题提交校务委员会讨论，则讨论将会是饶有兴味的，并会产生种种创造性的思想。这样，许多学校的教师在不同程度上还存在着的消极情绪，便会被对本职工作的浓厚兴趣所取代。

或者还可以讨论这样一个问题：对学习、书籍、脑力劳动的兴趣由何而来？如果整个集体都来关注这个问题在各个方面的依存关系，如果每个人都学会探索产生兴趣的根源，那么整个学校就会变成一个富有创造性思想的实验室。

每当听到教师的创造性劳动这个字眼时，我总会记起指导我们集体、激励我们去探索（这种探索一直持续到今天）的第一个想法，即应当教会儿童思考。这是教学过程中最重要的一个方面。不仅在课堂上，而且在师生进行精神交流的一切场合都是这样。目前，我校教师正在致力于新的探索，研究人们在观察大自然的过程中发出的词语的情感色彩。我们在探讨思想与情感这个问题，也在更加深入地钻研课堂教学的细节，在研究各个学习阶段的儿童的思维方式。

没有整个集体的奋发精神，没有一定的教育思想统一全体教师的意识，就不能想象我们如何进行这项工作。由此，我便联想到教育经验的推广问题。打算借鉴别人经验的人如果没有掌握激励创造精神的那种思想，那么就无法接受别人的经验。只有当教师在他自己的工作和同事们的工作中觉察和思考了各种教育现象之间的依存关系，并且去探索新的东西，考虑怎样改善自己的技巧时，他才能理解别人经验里包含的思想。运用别人的经验，从来就是一种创造性的工作。

我觉得，经验犹如盛开的玫瑰。我们要把一丛玫瑰从别的花园移植到自己的园地里来，为此，我们需要做些什么呢？首先要考察并改善自己这块地的土质情况，然后再来移植。应当怎样移栽呢？要连土一起移，不能伤根。而遗憾的是，有时人们却不是这样做的。校长一听说某座花园里的玫瑰长得很美，就对教师说：你们去看看，把玫瑰带回来，栽到咱们的园地里。于是教师就去观赏盛开的玫瑰，马马虎虎掘出一株来，把活着的根都砍掉，有时甚至把花枝也折断了，而这上面还开着香气扑鼻的花朵呢。这样移植过来的玫瑰，没有多久就蔫掉了、枯萎了。校长和教师都很奇怪：怎么会发生这样的事呢？我们也像先进经验的创造者那样，该做的都做了，而经验却没能生根开花。那就是说，这种经验没有什么可取之处，人们对它的赞扬没有什么道理。以后，我们还是按老章程办事吧！

校长应当像精心的园丁为玫瑰花准备土壤那样，为借鉴优秀教师所创造的先进经验准备条件。这种准备工作首先取决于校长的教育技巧。教师集体的教育技巧反映在教育思想里，而教育思想离开了具体的行动，就会变成不结果实的花。要把一种思想由一所学校传播到另一所学校的实际工作中去，那就必须有扎根于集体信念的个人创造精神。

下面我们就来谈谈领导教育和教学过程的一个最重要的问题：集体的教育信念和教师的个人创造。

2. 集体的教育信念和教师的个人创造

只有当教育和教学工作中那些最重要的问题能在实践中不断得到解决时，才能彻底改进学校工作、提高学生知识质量和完善道德教育。多年的经验证实，从千万种日常现象中抽取出来的教育思想，才是教育创造的实质所在。

教育思想，形象地说，就是教育技巧得以在其中展翅翱翔的空气。在我们复杂而多方面的工作中，只有在探索现实生活所提出的问题的答案时，闪现出生气蓬勃的思想火花，那才会有创造性的劳动。如果没有提出问题以及寻找各种事物间因果关系的愿望，那么任何时候也点燃不起这种探索的火花来。只有当你想使自己的劳动和劳动成果变得比现状更好的时候，只有当你因思考为什么自己的努力没有得到应有结果而坐卧不安的时候，你的头脑中才会产生出能够点燃创造性思想火花的问题来。你是校长，形象地说，你应当把教育工作这块宝石那未经雕琢的一面转向教师，使他们为里面包含的思想受到震动、感到不安。如果你能做到这一点的话，全体教师就能在自己的工作中发现教育问题，获得教育思想。

20 年前，我反复考虑了知识质量这个老问题之后，和教师们进行了一次谈话，谈话是这样开始的。

"这里是一至四年级和五至七年级学生的学业成绩。这些成绩说明什么呢？你们看到：五至七年级不及格的人数比低年级多 6 倍，而优秀生只有低年级的 1/5。为什么会出现这种情况呢？是学生越学越糟糕，还是五至七年级的教师工作比低年级差呢？或者是低年级教师纯粹在谎报成绩呢？由区里统一命题的低年级测验卷子就在这里，成绩很好，一切正常。究竟为什么到五至七年级情况就有如此严重的变化呢？①

同志们，我和你们一样，也是一个教师。我非常明白，不去深入分析造成这种令人不安的现象的原因，而一味要求提高五至七年级的成绩，那只会导致欺瞒行为。已经有半年了，我天天都做这样一件事：每天听两节课，一节是低年级的，一节是五至七年级的。半年来，有一种想法使我不得安宁：低年级和中年级学生的脑力劳动究竟有什么区别？也许我错了，但我觉得自己已经抓住了问题的关键。听课时，我认真听学生说些什么，细心观察他们做些什么，同时在思考一个问题：究竟什么是知识？我们天天在讲'要为深刻而牢固的知识而斗争'。可是，知识这个概念是很广泛的。而当你注意观察了儿童在想些什么、谈些什么、做些什么和议论些什么之后，就会得出一个结论：

---

① 这里讨论的是小学与初中在知识衔接方面的问题。——译者

我们所理解的这个广义的概念里，有时指的是两种截然不同的东西。

　　一种是关于周围世界的规律性的知识，另一种是学生为了进行学习所必须掌握的知识和技能。如果仔细观察一下学生在低年级做些什么的话，就可以毫不夸张地说：小学的主要任务就是教会儿童使用可以终生都靠它来掌握知识的那种工具。当然，这项任务在以后的教学阶段也不会取消，但在小学它是居于首位的。谁也不会否认，儿童在低年级时期，在一般发展上会有巨大的进展，会认识周围世界的许多规律。然而，低年级阶段的主要任务还是教会儿童学习。应当教会他们使用这种工具，没有它，儿童掌握知识就会一年比一年感到吃力；没有它，儿童的成绩就会渐渐不及格，他们就会变得缺乏能力。低年级和以后各学习阶段之间的脱节，就从这里产生。在低年级，我们总是过于谨慎，不敢大胆地把工具交给儿童，而儿童如果没有熟练地掌握这种工具，其精神生活和全面发展就是不可能的。可是一旦到了中年级，教师却要求学生能自如地使用这种工具。教师甚至不考虑这种工具处于何种状态，忘记了这种工具还是需要经常磨砺和调整的，看不到个别学生手中的工具已经坏了，无法继续学习，仍然把一批又一批新材料堆到学生的机床上，要求他说：'快点加工，别偷懒，使劲干！'这里说的是一种什么工具呢？这种工具包括五种技能：观察、思考、表达、阅读和书写。

　　当然，这种划分是相对的。因为思考能力和观察能力有着密切联系，而观察能力和思考能力又是表达能力的源泉。然而，它们毕竟是反映智力活动特征的几个单独的方面。我仔细观察五至七年级学生的脑力劳动情况整整半年，反复思考了学生知识质量差以及许多人努力学习而不见效果的原因，这主要就是因为学生不会使用那些最重要的技能——这些最重要的技能构成总的学习能力。首先是学生不会积极主动地观察，其次就是不会阅读。

　　积极的观察，这实质上是儿童同周围世界，首先是同大自然相互作用的最初的活动。只有凭借观察，认识和学习才成为劳动，才能锻炼出观察力这种智能素质和智力发展的特征。观察力跟有思考的阅读相配合，这就是儿童智力不断发展的牢靠基础。"

这些初步的结论引起了教师们的兴趣。我认为，我们全体教师都窥察到了教育工作中迄今尚未看到的那个侧面。我们决定，不论在低年级、中年级、高年级，都要研究学生的学习能力状况，他们从一个年级升入另一年级时具备了哪些能力，这些能力以后又是如何发展的。

结果，展现在教师面前的情景使得他们感到困惑不解，但同时也促使他们去认真思考整个教育工作的效果。五至七年级的各科教师（地理、历史、自然、物理、化学、数学教师）在考察了学生的学习技能之后发现，许多学生在阅读技巧方面没有达到自觉地领会教材的程度。

原来，某些学生之所以不会解算术应用题，正是由于他们不会流畅地、有意识地读题的缘故。

一个很重要的问题是，许多学生的阅读尚未变成一种半自动化的过程。我们看到，许多孩子在读课文时，把全部精力都集中到阅读过程本身上去了：全身紧张，头上冒汗，唯恐读错了一个词；碰到多音节的词念不顺，因为他们不会把这些词和词组作为一个整体来感知。在这种状态下，他们已经没有余力去理解所读的东西的含义了。如果只看阅读的过程，即阅读的技巧，那么初看上去似乎是令人满意的。但正是这种表面上一切顺利的假象使低年级教师陷入迷惑之中。

我们全体教师聚在一起，讨论学生的阅读问题，大家争论得很激烈。一位物理教师说："既然学生还不会阅读，不懂他所读的东西的意思，怎么能让他学好我的物理课呢？应当把学生的阅读技巧提高到这样的程度，使他能够一边阅读一边思考所读东西的含义。只有这样，我们前面所说的工具，才能在他的手中运用自如。"我们决定让全体教师都来帮助低年级教师，教学生掌握自主学习所需要的那种阅读技能。不仅校长和教导主任，而且语文教师、数学教师、物理教师、历史教师和地理教师都到低年级去听课。而低年级教师则到中年级和高年级去，看那里的学生对阅读工

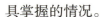

具掌握的情况。

这样一段时间后，教师们发现低年级教学中有一个严重的缺点，那就是：在阅读课上，学生读得很少，而对关于所读的内容（包括已经读过的和将要读的内容）的谈论却很多。阅读常常被各种各样的教育性谈话、教育性因素取代了。

后来，低年级教师克服了这个缺点，开始研究和考虑学生在课堂上和在家里分别应当阅读多少，以及为了熟练掌握阅读技能需要多少阅读书。而中、高年级各科教师则开始注意研究，在自己的课堂上要做些什么工作，才能使学生的阅读工具日趋完善而不致变钝。

全体教师越来越清楚地看到，在教师的指导下发展独立掌握知识的能力，是学生智力发展中最重要的一个方面。而在这个重大能力中，阅读能力又居于首位。这种认识成了大家的教育信念，它是激励大家的一个重要条件，没有它就谈不上创造性劳动和教育技巧。多年来的经验证明：哪里的教师能从集体的信念出发来看待个人的工作，哪里就会有创造性的劳动。

我们全体教师花费了近 20 年的时间，努力使学生在低年级就完全熟练地掌握阅读技能，并使这种技能在以后各年级也不断得到发展和提高。多年的观察使我们得出以下结论：要使学生学会流畅地阅读，并理解阅读的内容，要使他们能一边阅读一边思考所读的东西，而不是考虑怎样才能读得正确。那么，就必须让他们在低年级期间在课堂和家里朗读 200 小时以上，默读 2000 小时以上。教师要分配好这项工作的时间，校长和教导主任则应当检查教师是怎样考察每个学生的个人阅读情况的。

这里所说的流畅快速的阅读，并非指一部分最有才能的学生所能达到的那种快速阅读，而是指每个学生都必须掌握的正常阅读。这种阅读是以中等能力的学生为标准的，阅读的速度是每分钟读 150—300 个单词。

对于集体所形成的每一个教育信念，都应做出一些实际结果来；而要使每一个教育思想成为事实，就要去做长期的细致的工作。全体教师一旦认识到了阅读能力的重要性，那么对怎样才能教会学生流畅地阅读，每个学生需要完成多少实际练习的研究，就属于校长和教导主任的工作范围了。

我们在分析学生的阅读能力时，发现个别教师自己也没有很好地掌握这种能力。我们看到个别教师对缺乏表情的朗读并没有留心，这是因为他们没有语感，不能体会所读的东西在含义上和情感上的微妙之处。鉴于这种情况，我们为低年级教师组织了一个阅读讲习班。教师们在讲习班里修炼了自己既能理解又能流畅而有表情地朗读的能力。

在全体教师中，对于学生顺利学习所必需的一些其他技能，也确立了明确的教育信念。我们在分析中、高年级学生的学习情况时发现，许多学生在书写技巧和速度方面，还没有达到半自动化的程度。这就是说，学生在写某种记录的时候，还要再去考虑怎样正确地书写每个字母。我们发现，五至七年级的许多学生常常把精力用在书写过程本身上，而无暇对自己所写的东西进行思考（即使在高年级，这种毛病也很常见）。

怎样才能使学生的书写过程半自动化？怎样才能使学生做到在书写时，把精力主要用在理解所写的东西的含义上，用在思考应当写些什么上呢？集体的教育信念激励了教师去进行创造性的探索，成为每个教师产生个人创造的动力。低年级教师们在研究了书写过程之后，认为学生早在二年级时，就应当训练到写字时手不颤抖，不需要进行特别的意志努力就能把字写正确。教师们认识到，要达到这一点，就必须有一定量的练习。

要使学生学会快速地、清晰无误地书写，使书写成为学习的手段和工具，而不是学习的最终目的，那么在低年级期间就应当让他们在练习簿里写字不少于 1400 至 1500 页。我们发现，要做到这一点，只靠完成语法和算术作业的书写是不够的。于是教师们开始布置一些专门训练书写技巧和书写速度的作业。到了四年级，就开始教儿童凭听力来感知教师所讲的内容，并把它记录下来。

所有这些结论都是很简单的，然而为了把它们确定下来，付出了多少劳动，进行了多少探索啊！教师们常常在校务委员会会议上汇报自己工作的成果。校长和教导主任在听课和分析这些课时，也考察了每个学生的作业内容和作业量。教师的个人创造逐年丰富起来了。中年级和高年级教师得出一个结论，即在中、高年级的教学阶段，还有一种能力也很重要，那就是自我监督、自我检查的能力。于是，我和语文、数学、物理、地理、历史教师一起分析了一系列课，从而确定了培养自我检查能力的途径。

低年级教师的教育创造活动就这样开展起来了。几年中，学校里逐渐建立了一套写作文的制度。教师开始教学生根据观察自然现象所得到的材料写作文。例如，孩子们写的作文题目就有：《树木的美丽秋装》《初寒》《春天的花》《果园里的蜜蜂》《夏雨》《冬季里阳光明媚的一天》等。我们认为，学生这些有趣的创作活动，是教会学生思考、学习的一种手段。几年来，我们学校形成的这套写作文的制度，犹如一条线把各个年级培养思考能力的工作贯穿起来了。教师在开始教一年级的时候，就把孩子们以后四年内要写的作文题目拟定出来了。这些教师教出来的学生，在小学毕业时，就能很好地讲述他们所看到、观察到和想到的东西。

根据观察材料确定作文题目，这是校务委员会讨论的问题之一。我们学校的全体教师认识到，这并不是一个狭隘的教学法问题，而是关系到学生的智育和为他们在以后各年级的学习做好准备的重大课题。校长和教导主任在分析低年级课的过程中，跟教师们共同研究应当把哪些成功的经验和发现吸收到智育体系中来。发现和检验教学中的成功做法，是教导主任日常工作中极为重要的一件事。我要建议青年校长和教导主任准备一个本子，把教学中的点滴收获、成功做法和微小的发现都记录下来。像这样把值得关注的一切点点滴滴地积累起来，就仿佛每天都在向前看，在思考改善教育和教学过程的前景。

总之，只有当集体中形成这样一种教育信念，即为了让儿童顺利地进行学习就必须教会他们怎样学习时，低年级教师才可能有所创造。经验证明，如果全体教师和校长都把低年级当作儿童掌握学习工具的一个环节加以关注的话，那么就能用三年时间顺利地完成初等教育。领导普通学校的艺术就在于：用统一的教育信念把低年级、中年级和高年级的教师团结在一起，使他们共同关心学生的学习，使每个教师的个人创造（没有个人创造，就不可能有富于创造精神的集体），像一条条永不枯竭的溪流，汇聚成集体技巧、集体经验的巨流。

3. 真正的脑力劳动是思考、理解，而不是死记硬背

决定学校整个生活气氛和方式的主要活动，是学生自觉的脑力劳动，它的成果便是学生深刻而牢固的知识。领导教育集体，做教师的教师，这就意味着校长要亲自指导学生的脑力劳动，对其施以一定的影响。常常有人问：怎样能够既领导学校，又进行科学研究工作呢？其实，经常分析学生的脑力劳动情况，深入考察他们对周围世界的认识过程的实质，研究大量的事实、进行概括、做出结论，思考如何使学生的脑力劳动变得更有成效——这就是最有生气的、最富有成效的科研工作。我可以毫不夸张地说，我的科研工作中最紧张的时刻就是上课和听课：自己上课，听别的同事上课。课，就是教育思想的源泉；课，就是创造活动的源头，就是教育信念萌发的园地。我每天至少要听两节课，这不仅是因为学校的工作制度要求这样做，而且首先是因为我需要不断滋养我的思想的源泉，而这种源泉就是课堂。每当我面前出现以前并不引人注意的某种教育工作情况，当我认真观察和百般思考而仍不得其解的时候，我便连续听五节、七节课，力求找出这个令人心神不安的问题的答案来。

只有通过大量地听课和分析课，才能对教师的教育学和教学法修养，对他的精神财富、视野和兴趣做出正确的结论。只有分析研究了大量事实及其相互的联系，才会取得对于教育现象的发言权。把一节课作为一个统一的整体听完之后，就可以跟教师谈谈。但是只有对一系列课做过分析之后，才能进而对各种教育现象之间的依存关系进行概括。青年校长的任务，就在于先对事实进行思考和分析，然后逐渐过渡到对教育现象做出鉴定。这种过渡不仅要求校长善于观察，而且要善于听取教师的意见。对课的分析，只有经过校长和教师共同讨论，才会是较完满的。校长和教师一起评议课堂教学、思考问题、互相了解彼此的思想和观点，这是实施完善的教育领导的一个非常重要的条件。

这是 19 年以前的事了。我研究了三年级某个单元的一堂语法课。在这堂课上，女教师讲解了一条语法规则。孩子们好像弄懂了，也举了一些

例子，且能把规则背出来了。可是在下一次课上，女教师问起这条规则时，却只有几个学习很好的学生记得，其余的人都忘了。为什么忘得这么快呢？昨天大家不是都回答得很好吗？这是怎么一回事呢？于是我又让他们重新背，重新举例。到下一次上课，情况还是那样——还是那几个好学生知道规则。现在女教师已经没有时间再回头去教已经讲过的东西了，她要讲新教材了。而对那条规则，她只是说："你们回家再背吧，我还要检查的……"

又接连听了几堂课后，我左思右想：为什么要孩子们记住学过的教材这么困难呢？每听一堂课，原因也就变得越加清楚：死记未经充分理解的规则，只能获得表面的知识，而表面的知识是很难保持在记忆中的。没有弄懂的知识就像一个雪球一样，一堂课接一堂课地越滚越大。每听一堂课，我都要和教师一起考虑：学生应当怎样进行脑力劳动，才能使知识牢固地保持在记忆里，才能既做出一定的意志努力而又不特别困难地回忆起规则呢？我们不断地研究识记和记忆保持的心理规律，提出各种假设，想说明影响脑力劳动效率的原因。我们反复阅读苏维埃教育学家和心理学家的著作。我们想知道：理解、识记、记忆的保持和知识在实践中运用的过程是怎样进行的？科学著作给我们这些实际工作者回答了许多问题，然而每个理论性的真理都要用具体的教学方式和方法去加以体现。我们又不断产生许多新问题：语法规则是理解了，但为什么这样难记呢？莫非是因为学龄初期儿童本来就很难记住抽象真理，而要把它们保持在记忆中就更难了？

我建议青年校长要使自己（继而也使教师们）锻炼得能用教育理论去阐明教育、教学过程中的各种日常现象。这也许是学校领导工作中最困难的方面之一。

我接着听这位女教师的课并进行分析，同时也听其他教师的课，有时一天听五节或五节以上。为了尽可能深入地去思考各种事实和现象，对它们进行综合、概括和比较，非这样做不可。当时，不论对我，还是对低年级教师以及对中、高年级教师来说，这都是一个进行紧张的脑力劳动的时期。可以说，我们大家的思想都集中到了一点上：应当搞清楚，抽象真理的识记及在记忆中保持的牢固程度究竟取决于什么。我们就是从这个思想出发来研究课堂上的每种现象的。

由于积累了大量的事实，我们发现学生脑力劳动中有一条很有意思的规律，应当像使用钥匙一样运用它来解释大量新的事实和现象。这条规律是：抽象真理概括事实的范围越广，这条真理的识记和在记忆中的保持就越是取决于学生独立分析和思考过的事实的多少。学生只有在认识事实的过程中理解了抽象真理的实质，在思考事实的时候使用这条真理去解释过事实，并且这一切是在没有提出要他记住这条真理本身的情况下发生的，他们才能很好地识记这条抽象真理并把它保持在记忆里。

我们在一些有经验的教师的课上所看到的一些现象使我们发现了脑力劳动的这条规律。例如：一位教算术的女教师在五年级讲解一条规则。她并没有向学生提出要记住这条规则的要求，而是首先竭力让学生深入理解这条规则的实质。然后，当孩子们很好地理解了这条规则时，她就举出一些例子让他们去理解和思考。孩子们在解释例题时，便在思考中运用了已经很好理解但尚未记住的这条规则。孩子们越是把思想集中在用来说明刚刚讲过的规则的那些事实上，越是不被告知要记住这个规则，越是更多地思考实际例子，那么就越能很好地识记规则，并把它牢固地保持在记忆中。

当我们揭示出这条非常重要的规律之后，教师们就立刻开始用另一种方法来指导学生的脑力劳动了。上语法课之前，我们总要拟定一些生动的语言实例和现象，以便让孩子们通过深入理解这些事实和现象来解释语法规则的实质。这样一来，就不是死记硬背那些已经理解的规则，而是多次地运用它们来解释实例了。学生要反复多次回忆这条规则，规则就像是他正在学着使用的一把钥匙一样。

尽管此时并未提出记住规则这个目的，但由于多次实地运用它，学生也就记住了。记住之后，几乎没有人再忘记。这是没有经过专门的背诵而记住的。特别重要的是，通过这种方法记住的规则，即使它的某些内容被忘记时，学生也会努力地去回想这条规则。看来，学生在这种情况下，是在回想曾经从他的意识里经过的许多生动的语言事实，并借助这些事实在记忆里留下的印象，回想起那条规则来的。

我又听了一些课，教育过程的新的规律一个接一个地被揭示出来。我们确信，如果知识是通过独立思考事实的途径而获得的，那么课堂上就会留有许多时间用于实际作业，用于练习和学习能力的培养。新教材的学习就跟知识的巩固、发展和深化融合起来。下次上课就会大大节省检查旧知识所要花费的时间。

不搞专门的识记，而是在深入思考事实和现象的基础上熟记——这个思想逐渐成为我们的教育信念。要把这种信念变为集体的信念。在校务委员会的会议上，我们讲述了自己的探索和"发现"，这一发言引起了全体教师的兴趣。因为，识记和保持知识是最令人头痛的问题之一。无休止的记诵实质上会变成死记硬背，会使学生无法集中注意力去理解教材的实质内容。学生死记硬背的东西越多，记忆的保持就越不牢固。而另外有一点也是很清楚的，即如果没有知识在记忆里的保持，不能迅速地回想起为解释周围世界的事实和现象所必不可少的那些知识，也就不可能进行脑力劳动。我给"发现"一词加上引号，因为这并非我们的发现。帮助我们理解脑力劳动的重要规律的那些真理，都是在教育学家和心理学家的著作中找到的。实践又帮助我们察觉、看到和懂得了这些科学真理之间的一些新的联系。

识记知识无须死记硬背，这一"发现"使教师们激动不已。每个教师都开始在自己的工作中对这个思想进行检验。教师个人的教育技巧如同无数条小溪，逐渐汇集成集体创造的巨流。低年级教师以及语文、数学、物理和化学教师的创造性探索最富有成效，收获最为突出。由于教师懂得了教材的识记和保持的规律，他们就能更清楚地理解为什么有些学生学习起来比较容易，而另一些学生则感到困难。为了理解某一规则的实质，并把它理解得清楚而又确切，以至能铭刻在记忆里，一些学生需要思考的实例要多些，另一些学生则可少些。如果一个学生没有思考过足够数量的实例，他就只能在不理解的情况下死背规则，这样获得的知识就是不牢固的、肤浅的。低年级教师开始对学生的脑力劳动采取个别对待的办法：让某些学生分析的实例多些，另一些学生少些。教师们越来越确信：最牢固的识记，乃是 Ц. И. 任钦科在他的著作中明确阐述的那种无意识记，即并不经过特意的死记，而是根据理解或运用规则、公式和结论来分析事实而进行的识记。

低年级教师开始按照这种原则来组织语法和算术课上的脑力劳动。这就是：在规则还没有被学生清楚而又确切地理解到无须死背就能记住之前，要让他们继续对事实进行思考、分析和理解。

数学教师开始按新方式组织旧课的复习。过去要专门拨出时间来复习规则、公式、定理和数学上的其他概括，而现在则是在运用知识的过程中进行概括。

人文学科的教师，特别是历史教师，也开始考虑如何防止学生死背教科书上的教材。他们在检查家庭作业时的提问，总是促使学生去解释各种现象间的因果关系，而不是让他们整段整节地复述课文。

4. 教师讲新教材时，学生头脑中在发生什么变化

校长和教导主任最重要的使命，就是要向教师们说明教育工作非常重要而又很难捉摸的一个方面：教师在讲课时，应一边思考他所讲的理论材料，一边观察学生的脑力劳动情况，即注意观察和分析学生的注意力、兴趣、意志努力以及他们对待脑力劳动和教师的态度。把教师劳动的这两个职能和谐地统一起来，善于思考各种不同的现象，并从不同的角度对学习这个复杂的过程进行分析——这是教育技巧最微妙的领域之一。我深深体会到，深入到教育技巧的这些微妙的领域之中去，会使我们享受到创造的幸福。没有比教师和学生的脑力劳动更为生动、更为千变万化和更加活跃的事物了。如果教师在上课时善于一边思考要讲的教材，一边又想到学生，如果他能随时变换原定的课时计划而这种改变又是最为合理的话，那么他就能自如地驾驭这个班级了。

对学校实行教育领导，首先就是要看到这两方面的职能在每个教师的工作中是否能统一起来，并帮助教师明智地达到这种统一，使学生进行专

心致志的脑力劳动。一位善于思考的校长对刚任教的教师或实习教师所上的课的最初看法，对他们的教育素养的初步印象，正是在分析了这种能力之后形成的。

多年的实践使我深信，教学工作的这一领域是有一定规律性的。在课堂上，只有当教师教给学生的基本知识只占他自己的知识财富的很少的、微不足道的那么一小部分时，他才能在思考教学内容的同时，也考虑和照顾到每个孩子。如果教师懂得的仅仅是他教给学生的那点知识，他就顾不上去观察全班的情况、学生的情绪和兴趣，就顾不上去注意学生的脑力劳动及注意力的状况。

为什么要对青年校长谈这个问题呢？这是因为我们学校的工作里有一些可称之为奠基石的东西。不砌好这些奠基石，就建不成整个建筑物。教师掌握的知识，就是这样的一块奠基石。要想观察课堂上学生的脑力劳动情况，教师懂得的知识就要比教给学生的多许多倍。学校的领导实质上应从这里做起：使教师打下掌握教育技巧的坚实的知识基础。不打好这个基础，就既不会有创造，也不会有教育信念。

当然，问题不仅在于教师的知识量要比学生多许多倍。除此之外，教师还应当懂得认识活动的规律。

全体教师在这一点上确立了一种信念：完善的脑力劳动就是理解，就是在深入思考基础上的识记。我们每年都举行理论讨论会，专门研究学生的脑力劳动。每个教师都要为参加这种讨论会做准备。校长在会上作报告，分析课堂教学中教师的讲解、学生的回答、教材的讲述和知识的巩固等情况。教师们汇报自己的创造性探索和收获。

我们越是深入研究这个课题，产生的问题就越多，在孩子们认识世界的这个复杂过程中发现的新方面也就越来越多。几年来，我们一直都在探索这样一些问题：学生是怎样领会教师讲述的教材的？学生在感知新知识时脑子里究竟在发生些什么活动？

教师应当了解本节课上要讲述的新内容跟学生已知的哪些概念和规律有联系，这一点是很重要的。校长的一项非常重要的任务是，要教会教师从学生是否积极地进行脑力劳动这个角度来观察和分析自己所上的课。一般来说,只有当教师不仅听取校长的意见和建议,而且也对自己的工作进行自我分析时,校长的听课和评课才会产生效果。

在听课之前,我总是对教师说:我希望能在您讲述(讲解、演讲和谈话)的内容中看到,您为促使学生积极地进行脑力活动做些什么,您自己也应当考虑这一点,应当力求使学生成为掌握知识过程的积极参加者。有目的地指导学生的脑力劳动,这方面的经验确实是点点滴滴地积累起来的,因为教师起初在讲新教材时,他的全部注意力、精力和思想主要都集中在教材的内容上,而教学论方面的要求则不知不觉地被忽略了。然而,正因为教师的经验不多,向全体教师揭示经验的实质才更为重要,从而使他们在借鉴经验时不致把个别方式机械地搬用到自己的工作中去,而是创造性地去发展教育思想。我把在许多课上点点滴滴收集起来的经验都综合起来,在校务委员会的会议上作报告。

例如,有经验的教师在对脑力劳动进行目的明确的指导中,常常使用亚里士多德"思维始于惊奇"这个经典法则。每当讲授新教材时,某些数学教师总要在阐明事实和现象的实质的过程中,使学生的头脑中产生带有鲜明情感色彩的疑问。正是这种带有情感色彩的疑问在激发学生的惊奇感:"为什么会是这样呢?"惊奇感,这是求知愿望的巨大源泉。例如,在上植物课时,教师给学生举出实例,说明植物细胞在有温度、湿度和阳光的情况下,是怎样制造和积蓄有机质的。这个事实在学生们看来是自然界的一大奥秘,而想要深入探索这个奥秘的强烈愿望就是一种强大的推动力,是思维的情绪、意志的动力。

我一直在努力使每个教师都来探索实现教育思想的创造性途径,都来思考自己所教学科的特殊性并考虑本班学生思维的特点。我听的和分析的某些课,是我和教师一起准备的。这并不是说我们要一起写教案和讲课提纲。关键并不在这里。我们是在一起反复思考,如何依靠教材内容来培养学生的求知愿望,怎样在授课过程中得出有关学生的感知和理解的初步结论。这样的听课具有很大的价值:因为这样我和教师仿佛都立足在教育技

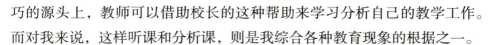

巧的源头上，教师可以借助校长的这种帮助来学习分析自己的教学工作。而对我来说，这样听课和分析课，则是我综合各种教育现象的根据之一。

我和数学教师一起考虑六年级的一堂几何课：用什么方式保证学生积极地进行脑力劳动呢？这堂课讲的是斜线对直线的投影概念。我们分析了教材内容之后认为：如果学生会制图、会图解并会画图表示教师的思想，那么这堂课上的脑力劳动就是最积极的了。因为，要做到这一点，学生就得非常注意地思考教师的每句话。于是，教师上课时讲了垂直线和斜线的画法，学生一边听讲，一边画垂直线，引出斜线并用虚线从斜线上的数点向直线引出一些垂直线。这可以说是一堂特殊的数学听写课：学生领会了教师的意思，并用各种线条和图式把它再现出来。所有这些图式都画在草稿本上。我们认为，使用草稿本是很重要的。教师在讲解过程中通过看草稿本，就可以了解个别学生是怎样领会教材的，他们遇到了哪些困难。

课后，我们一同分析上课的收获和不足之处，并准备下一次课，接着再去上课。这不单纯是校长对教师的帮助，而首先是教师对学生的脑力劳动进行的观察和研究。我认为校长的使命就在于使每个教师都成为善于思考、勤于钻研的研究者。真正的教育创造应当是对自己的工作进行不断的研究和创造性总结。

多年来，我对一些学生从一年级到十年级在课堂上的脑力劳动情况进行了跟踪观察。进行这些观察的目的，是要弄清儿童智力和才能发展的最佳条件，要解释清楚智力发展过程对具体知识的掌握、教师的教学方法以及儿童脑力劳动的类型和方式的交替等因素的依赖关系。我总是带着一些问题去听课的：学生顺利掌握知识的能力究竟是什么？能力的高低优劣应如何解释？为什么一个学生理解、记忆和掌握教材非常快，甚至毫不费力，而另一个则困难重重？怎样才能使全体儿童的能力都得到发展，才能使我们称之为"机敏"的这个智力品质不断发展和完善？因为"机敏"实质上也就是掌握知识这种能力的具体表现。

多年来的观察逐渐使我们确信，促使学生顺利掌握知识的智慧和机敏不是天赋的、一成不变的，而是可以改变的，是随着孩子所处的环境、教学特点和脑力劳动的过程而变化的。这种特性表现为学生能从一个认识对象迅速转向另一个认识对象，并在保持住已有信息的同时，去确立不同思考对象之间的联系。具备这种特性的孩子，教起来容易，他能迅速地领会教师的思想，迅速地理解和识记，并善于运用自己的记忆。

但是班里有的孩子的能力则完全不同，他连记住算术应用题的条件都很吃力。他刚要开始去做数的运算，就把应用题的条件给忘了，脑子里是一团乱麻，一切又得从头做起。如果学校不完成自己的人道主义使命，那么这种孩子会落得终生不幸。所以我们首先要发展学生的智力。

应该怎么办呢？必须专门做一些智力训练。这是一项长年而细致的工作，教师要有极大的耐心和毅力。我们在学校的心理学和教育学讨论会上经常专门讨论这种学生。多年的经验证明，对这些孩子做工作应当坚持不懈，但又要谨慎行事。总之，为发展机敏性和记忆力而有目的地对学生的思维施加影响，这项工作要求非常审慎地去做。

所谓善于培养智力，就在于给每个孩子找出一条学习的路子。应当让学生发展感觉、知觉、表象、想象和幻想等认识的直接形式和感性形式。这是进行思维的极重要的条件。多年的经验使我深信：应当把这种孩子带到自然界中去，带到花园里、树林间、田野里去，带到向日葵或三叶草盛开的田地里、河岸旁去。我们带孩子们到自然界去，是为了使他们感到惊奇和叹赏——我们认为惊奇感是推动儿童智力发展的重要因素之一。

教师不要用不及格的分数去惊扰这种孩子，这一点尤为重要。在一段时期内，对个别学生可以根本不打分数。

可能，有些青年校长会觉得，我在本书中对校长的行政组织工作方面的问题谈得很少，诸如召集各种会议、制订工作计划等。可是，如果你希望全校人员的工作富有创造性的话，那么这方面的工作就不应当摆在第一位，它应当完全从属于教育过程。领导学校，首先是教育思想上的领导，其次才是教育行政上的领导。

现在可以回答某些校长提出的一个问题了：校长是否必须懂得中小学教学计划里的所有科目呢？是的，一定要懂，不仅要懂得教学大纲的内

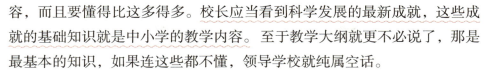

容，而且要懂得比这多得多。校长应当看到科学发展的最新成就，这些成就的基础知识就是中小学的教学内容。至于教学大纲就更不必说了，那是最基本的知识，如果连这些都不懂，领导学校就纯属空话。

你被任命为中学校长，为了顺利地领导学校，你首先应当置备的参考书就是各年级的教科书，从识字课本到对数表全都要有，把这些书放在你的书架上。对于这成千上万页的书，一个学生不光是应当看完它，而且应当理解和掌握它。仅仅一门历史课的教科书就有两千多页。粗略浏览一下教科书，你便会对学生肃然起敬：一个学生要付出多少艰辛的劳动啊！你把学生应当学习的教材按学年一划分，就会看到，学生脑力劳动的负担是怎样逐年在增长，脑力劳动的性质又是如何在改变。你会陷入深思，教师为培养学生的智力和才能——没有这些能力就无法掌握偌大分量的知识——他也要付出多大的劳动啊！

接着，你就要从运用知识的角度来分析学生的学习。这种分析是很有意思的，它会说明，掌握知识的过程是何等复杂，又何等纷繁，我们所说的学习这种劳动又是多么艰苦！我花费了整整一年的时间，分析了一个学生在学校学习的十年期间必须认识的那些概念。我的面前展现出一幅令人惊奇的图景：在校十年的教学中，要为学生揭示出数千个概念，这些概念都是全新的，是学生以前不知道的。这样，学生每天就应当认识十个新概念。而后还必须有时间来运用其中的每个概念来说明新的事例、现象和过程。除此而外，学生还要演算成百上千道习题，掌握数千个书写正确的词，完成大量的实际作业。而如果学生对教科书的学习变成死记硬背的话，那么学习就会成为学生力图摆脱的沉重负担。

一个校长必须了解这一切，才能既便于分析教师的工作，又便于在全体教师中确立这样一个重要的信念：教学是非常复杂的脑力劳动，要领导教学，就应当了解和洞察教学的一切细节。

第 2 次谈话

教育现象之间的相互依存性

有人天真地相信，借助某种唯一的、万能的灵验手段就能轻而易举地对教育和教学过程进行根本的改革。

一位中学教导主任参加了两周的学习班回来后，非常兴奋地对教师们说："真是活到老，学到老啊……。非常遗憾，我们白白浪费了那么多年的时间，送出去那么多教育上的废品。回顾过去，感到很惭愧。我怎么就没有发现，甚至连想也没想到，综合课是毫无用处的。直到这次学习班上才开了眼界。最好的课，是按'讲授——实际作业法'上的课。就是先讲授和做实际作业，然后考查。这样，可以立即看出教学结果来。"

教导主任看到同事们对他的兴奋和良好的愿望没有发生共鸣，便说："我相信，每个教师，即便是最平常的教师，照这个方法去教，也会教得好。方法本身会迫使你教好……。用'讲授——实际作业法'来上课，能使所有的学生学好知识，难道你们不相信吗？"

教师们回答说："一个好教师，不论用什么方法上课，只要能调动学生积极地进行脑力劳动，都能使学生学好知识。如果把'讲授——实际作业法'当作包医百病的灵丹妙药，那么它一点也不比设计法和单元教学法好。因为后两种方法也包含有合理的因素。"

教师们费了很大劲儿，才使教导主任不再相信借助某种万能的灵丹妙药式的手段就能使教育和教学工作来一次变革。这场谈话引起了大家对于各种教育现象之间的相互依存关系的深思。

　　学校是一个极其复杂的机体，在这个机体里有许多活生生的"器官"，其中每一个"器官"都跟它的"同行"一样敏感、警觉，都能对它的处境做出敏锐而强烈的反应。教师们想让教导主任相信，一个好教师用任何方法上课都能把学生教好。他们这样说，丝毫没有夸大或者贬低教学法和教学论的意思。教学理论是一种复杂的、很有用的理论，不掌握它，就不能在学校里任教。

　　某中学有一位物理教师，他徒劳地想在自己的课上实现程序教学的一个原则——反馈联系的原则。他读了一些关于控制论和仿生学的文章，但是毫无收获。因为他除了学校的教科书之外，对其他有关物理的东西一无所知。其实，一种方法，通俗点说，只有当它有可以依附的基础时，才能成为教师手中的得力手段，而如果教师的学科知识这个基础本身是残缺的，那么方法也就无可依附了。

　　遗憾的是，还有一些语文教师，他们教的学生不会写作文。这种教师为了使学生写出作文来，常常从一个极端走向另一个极端：要么给学生一些从教学法参考书里抄来的现成的范文，要么就要求学生完全独立地写作文。这样进行教学，自然毫无结果。因为这样的语文教师自己从来没有试着写过一篇描写春天的雷雨或者正月的暴风雪之类的作文，学生也从来没有听到他谈过自己的切身体验。在这种情况下，即使让他们用最完善的教学方法教上 7 年，也不会有任何效果。

　　教育和教学过程的各个方面和各种现象之间的相互联系，要求把校长、教导主任、课外活动负责人、少先队总辅导员以及党、团和少先队组织的力量联合起来。我建议你经常跟副校长和助手们碰头，研究和讨论学校的某项工作为什么做得不好，是什么原因造成的，受着什么因素的制约。例如，学生很少阅读文学作品，他们不会欣赏杰出的诗作，这件事使你感到不安。那就请你把副校长和助手们召集起来，并且邀请一位最好的语文教师，一起研究这是怎么回事。在这种会议上，肯定会发现课堂教学跟课外作业之间，少先队和共青团组织进行的思想教育工作跟学生在学习历史、文学及社会常识的过程中形成信念之间的一些有意思的依存关系。弄清这些关系及各因素间的相互制约性，才好安排具体工作，克服工作中的缺点。我们所从事的教育工作的逻辑就是这样：任何一项成就，都不是单靠某一种手段或某一种方法所能取得的。

善于认清教育现象的复杂性和多面性，并找出它们之间的依存关系，这可以说是学校领导人主要的能力之一。我们大家所认为的教育和教学的统一这个复杂过程，具体表现在课堂上的只是它的一部分。实际上，教师和学生的生活和劳动，学生在智力、道德、审美、身体诸方面的发展和完善，主要都是在课外发生的——在校园里、家庭里，甚至在孩子们放学回家的途中。这些现象的实质是什么？它们之间有着怎样的联系？从中可以提出什么问题作为主要的东西来加以研究、分析，并把所得的结论贯彻到我们日常的具体工作中去呢？

我认为，学校中最主要的教育现象之一，就是学习与劳动之间的相互联系和相互依存性。

1. 学习与劳动之间的相互联系和相互依存性

我们的教育工作体系，就在于要让儿童生活在体现公民的思想和行动的世界之中，这些公民的思想和行动正是孩子们欢乐和忧愁的主要源泉。如果一个孩子在生活中只知道消费，如果他从小只看到我们生活的一个方面：社会在无微不至地关心他，长辈们创造的一切条件使年轻一代无忧无虑地生活，那么我们就很难把他培养成一个真正的公民。一个人，只有从童年特别是从少年时代起，就以自己的行动改造世界，使世界变得更美好，他年轻的心灵里才能焕发公民精神。

孩子到 7 岁就是小学生了，我们把周围的世界展示给他们，并给他们进行讲解和说明。

"瞧，这儿是葡萄园。一串串沉甸甸的葡萄把枝条都压弯了。这儿是一片肥沃的田地，长着碧绿的冬小麦。小麦成熟时，你们会看见沉甸甸的麦穗，看到联合收割机手怎样收割庄稼，集体农庄的场院里怎样堆起粮垛。可是，孩子们，你们看，离这块肥沃田地二百多步远的地方，却有一片荒芜的黏土地，那儿连杂草都没长。为什么会有这种事呢？怎么在肥沃的田间会有一片不毛之地呢？这是一片失去了生命的荒地。几十年以前，那里也是一片沃土，如同这碧绿的麦田一样。由于人们在那块地上耕作不当，黑土被雨水冲走了，那块地就荒芜了，变成了黏土地。"

我们认为，教学与教育的统一，就在于让儿童怀着关切和不安的心情来观察世界，并让"不应该有这种事"的思想成为激励他的最早的公民愿望，要让这种思想激起儿童对游手好闲、不负责任、挥霍浪费等恶劣现象的不满，促使他们挽起袖子来动手干事。

我们并不担心孩子会因想到"难道所有的土地都会这样变荒芜吗"而感到震惊，恰恰相反，我们力求在儿童的心中确立这样一种想法：田地如不精心耕作，都可能荒芜。当孩子还很小的时候，他们很难彻底理解"自然资源在现代再也不是取之不尽的仓库"这样的观念。当学生进入少年和青年早期的时候，他们会逐渐形成这种观念的。而现在，在童年时期，就应当让他们感到震惊和不安：你看，肥沃的土地变成了荒地，这会给人们带来灾难，是不应该的！

我们力求使儿童怀着不安和关切的心情开始观察世界。甚至让孩子入睡之前，躺在床上还在心疼和忧虑地想：肥沃的田地就这样荒芜了！我们不必担忧思想痛苦会使童年变得忧郁，而更应该关注是什么东西引起这些痛苦的思考、不安和关切的。我们应当把孩子的觉悟提高到一个具有初步公民信念的阶段：儿童内心的忧虑不是出于个人利益而是关心社会利益，把社会所关心的事变成个人关心的事。使孩子在童年时代就想到，如果他无所作为的话，家乡就会变得穷困，使他由于这个想法而不能安稳入睡，这是多么重要啊！深入儿童心灵的途径只有一条：把孩子带到他的心灵所能理解的世界，激发他产生公民的忧虑和公民的情感，除此之外，别无他法。

我们在荒地旁边的一块好地里种上了罂粟①。不久，这块地里开满了罂粟花。让孩子们能同时看到这两种情景，其目的正是为了让他们能以关切、不安的心情开始观察世界，正是为了激发这些小公民想要劳动的愿望。

儿童想要劳动的愿望是一种非常复杂、微妙而细腻的情感。只有在儿童的心灵中牢固地树立了"事情不应该是这样"的想法时，他才会产生想要劳动的愿望。只有让孩子们能想到要使世界变得更美好时，公民教育才会充满崇高的精神。要让他想到不应当再有荒地，要把这发黄的黏土也变成生机勃勃的、肥沃的田野。如果一个孩子在看到寸草不生的荒地时没有忧虑、不安和痛苦的情感，他就不可能产生想使世界变得更美好的愿望。一般来说，只有当孩子通过自己的劳动感受和体验到了快乐时，他才能理解和认识到什么是快乐。这是教育工作中一条极其重要的规律。如果一个人在用理智和双手来认识世界时，没有体验到忧虑、担心和不安的情感，那么他是不会懂得公民的自豪感和劳动的乐趣的。

孩子们在罂粟田旁边的那块荒地上开始了长年的劳动。这项劳动的教育意义正在于，它是长年进行的，是从童年开始的，这时候儿童刚刚开始认识世界，"该是怎样"和"不该怎样"这样的观念正随同第一批真理进入儿童的意识。我们要让儿童操心的是：不应该让土地荒芜。应该让荒地恢复生机的想法会激发孩子的兴趣和志向。儿童好几年劳动的意义就在于创造肥沃的土地。班里有 30 名学生，每人负责改良 10 平方米的荒地。300 平方米就是 3% 公顷。我们成年人可能认为，这种事算不了什么，可对于孩子们来说这却是一项艰巨的劳动。它的可贵之处首先就在于思想跟

---

① 罂粟是一种两年生草本植物，花呈红色、粉色和白色。苏霍姆林斯基带领学生种植罂粟，是为了通过种植罂粟的具体劳动，培养学生初步的公民信念。但是，罂粟的果实是制造鸦片的主要来源，因此，目前世界各国普遍禁止种植。——译者

行动的结合。也只有在这种情况下，才会产生我们所说的那种精神生活。如果一个人没有把某种艰巨的事业变成自己生活的核心，他就不可能把自己的心灵同这种艰巨的事业联系在一起。

为造福整个社会而从事的劳动，应当进入一个人的精神生活，这就是童年时期、少年时期和青年早期的公民教育的实质。变荒地为良田的劳动，其教育意义就在于使劳动变成儿童喜爱的事情，因为它会使世界变得更美好。如果一件困难的、并不轻松的工作变为一个人乐意去做的事，这就说明他已把自己的心跟劳动连在了一起。

变荒地为良田的劳动真是一篇史诗。孩子们把淤泥、沙土和沤过的有机肥料运送到荒地里。他们使用的是水桶、铁锹、筐子、耙子和锄头这些古老的农具，孩子们就是通过这些工具开始接触土地的。他们不仅用双手，而且用自己的心灵去接触土地。他们因成功而激动和欣喜，因失败而苦恼；既有喜悦高兴的日子，也有伤心流泪的时刻。土壤改良之后的第一个春天，在刚刚开始恢复生机的田地里长出了苍白嫩弱的罂粟苗，由于肥力不足，罂粟还没开花便枯萎了。但是，这时候如果儿童心中有了"事情不应该这样"的决心，那么在他们的精神生活中，就会产生我们称之为"信念"的这种微弱而又有强大生命力的"枝条"来。形象地说，只有在这种树枝上才会开出热爱劳动的鲜花来。当涉及儿童时，这一点尤其重要。如果一个人对实现自己的计划、对达到预期的目标以及对自己的耐心和毅力缺乏信念，那就根本谈不上使劳动成为他精神生活的一部分，谈不上终生都把全身心跟劳动连在一起。没有信念，就无法使人珍惜某种事物。如果我们想让儿童珍惜土地、热爱土地，就应当在童年时代让他去经受劳动的锻炼，在劳动中深信"事情应该是这样的"而受到鼓舞。

劳动逐年带来越来越明显的成果。五六年之后，3%公顷的荒地变成了良田。春天，当罂粟花像彩虹一样盛开在那片原来毫无生机的荒地上时，这个春天对孩子们来说简直成为真正的节日。罂粟花盛开的田野——这实现了孩子们梦寐以求的愿望，使他们第一次享受到了劳动者的欢乐。下一年，在曾经盛开过罂粟花的田地上，沉甸甸的麦穗又成熟了。

罂粟田是一种独特的象征。我们的目标是，形象地说，使每个孩子都开垦出自己的"罂粟田"来。一个少年公民，如果当他十二三岁时就看到小麦在他亲手开垦的田里结出麦穗，那么，对他来说，田地就会成为自然界里无可比拟的宝贵财富，因为丧失了这份财富是无法弥补的。因此，我们认为，让一个人在童年和少年时期就获得这份巨大的道德财富，是一项极为重要的教育任务。如果错过，是任何努力都无法弥补的。问题不仅仅在于一个班在几年内开垦出3%公顷的肥沃土地，更在于一个人由于创造这些财富，从幼年起便以共产主义的态度和观点来看待人民的财产、劳动以及人的尊严这些最主要的东西。孩子们在这3%公顷的土地上劳动，领会生活中流汗、劳累，手上磨出老茧是为了什么。与此同时，在这小小的田地上也培育着人。孩子们对自己在上面迈出过最初几步的这片土地感到亲切，是因为他们把自己的一部分心血倾注在了上面，把他们的操心、忧虑和激动都跟它联系了起来。他们通过自己的劳动使世界变成应该有的那种样子。我深信，这是克服依赖他人为生的思想、克服对物质财富及精神财富单纯享受的思想的最重要的条件。如果你想让学校和家庭共同努力使培养的每一个人都成长为忧国忧民、勤奋耐劳的公民，使社会的利益成为他个人关心的主要事情，那么就得让他在童年和少年时期用自己的双手去创造出应该有的事物。少年时期是应该做出为社会服务的初步总结的年龄。这时候，一个人已经应当自豪地回顾过去，并且因想到自己亲手有所创造而感到自豪。如果这时才刚刚开始认识为社会而劳动的实质，那么到17岁就会成为一个幼稚的人，成为意志不坚强、道德不稳定的人。我国青年中有那么一部分人懒惰成性、玩忽职守，对自己的社会职责敷衍了事。这些不良品质就是由于他们在童年和少年时期无所用心，没有经受艰苦和风浪锻炼而造成的。应当使一个人在童年时期就打好热心于心爱工作的基础。

青少年的活动中要渗透这样一些道德思想：公民的高尚情操、不屈不挠和毫不妥协的精神。缺少了这些，我们就根本无法想象能有真正的青少年的教育。这种劳动的教育意义首先就在于人进行劳动是很艰苦的，而且这种艰苦是为着一个崇高的公民目的而承受的。应当使青少年的心灵深处怀有成为一个斗争者的愿望，这是教育工作中的一条真理。忽略了这一点就会产生某些青年人道德上不坚定、游手好闲和追求庸俗趣味等社会问题。青年人常常被斗争和克服困难的豪迈理想所鼓舞。我们要力求用公民英勇无畏的高尚精神来陶冶青年，使他们在青年时代就对挥霍浪费和处世冷漠等不良现象不能容忍。

教养和劳动的联系是多方面的。人为了进行劳动而获取知识，因而知识在人的整个生活中起着十分重要的作用。但是，具有决定性意义的则是道德上的联系。人在他积极活动的一切领域中都应当是一个劳动者。一个人只有在劳动的相互关系中不愧为一个公民时，他在学习上才能成为一名真正的劳动者。

2. 全体教师要团结成一支统一的教育力量

全体教师形成一支统一的教育力量是学校生活必不可少的基础，是体现各种教育过程的相互依存和相互制约关系的基础。

教育是让学生在精神上不断丰富的过程。学生不单是在课堂上受教育的。我校的全体教师认为，教育的某一个定义也可以这样来表述：教育是教育者和受教育者在精神生活上的一致，是他们的理想、愿望、志趣、思想和感受的一致。把道德信念和思想观点传授给人，教会他怎样在社会上生活，确立他的道德审美原则，所有这些都要求师生在精神生活上的一致达到双方都感到志同道合的那种程度。

那么，仅仅在课堂上能否达到这种程度的精神一致呢？不能。作为教育的实质的这种精神生活的一致，只有当每个教师不仅是授课人，而且成为学生集体中的一员时才能达到。教师应当迷恋于这个集体的工作，和他的学生抱有共同的志趣。我们学校有 32 名教师，每一个教师都是一个、两个甚至是三个学生集体的指导者和教育者。从教师的角度说是指导者和教育者，而对学生来说则是同志，是跟他们一样醉心于有趣活动的志同道合的朋友。学生的精神生活同时在几个集体里度过。每个学生都参加两三个集体的活动，其中总有一个集体里有他的指导者、年长的同志——老师的参加。

这些集体就其活动内容和性质来讲，是多种多样的。高年级有各种学科（如数学、物理、化学、生物、历史、人种学、天文和地理等）的科学小组，如少年机械师、少年无线电技师小组，自动化技术、无线电电子学小组，家乡地区自然资源考察小组等。中年级有各种农业小组和技术小组，发展学生的各种创造禀赋和爱好，如少年设计师、钳工、模型工、电工和无线电工、车工、细木工、建筑工、畜牧家、作物栽培家、机械师、园艺师、林学家、养蜂家、小育种家、植物爱好者等小组。低年级则有进行各种创造性活动的小组，如小园艺家、自然保护者、花卉家、养蜂家、木刻和刺绣艺术、小技术员、马达工、家乡地区小旅游者、自然资源考察小组等。

高年级、中年级和低年级学生还有一些可用以满足和发展学生的审美需求的组织，如艺术语言、文学创作、戏剧和音乐等小组。低年级学生有学校童话剧团，喜欢阅读和听童话的儿童每天晚上都去童话室聚会。

高年级学生还有由共青团组织领导的一些小组，那是普及自然科学知识的一些小组。每个班级的团组织有一个六七人的小组，每月都举办自然科学知识晚会。我们还有科学幻想作品爱好者小组之类的集体。

少先队和共青团组织在使师生精神生活取得一致方面起着特别重要的作用。每一个少先队中队和班级共青团组织里都有一个小组，其主要活动是鲜明地体现爱国主义的思想。他们或者是考察伟大卫国战争期间保卫祖国的英雄们功勋的少年考察者，或者是家乡自然环境的保护者，或者是把关心孤寡病残老人放在自己精神生活首位的铁木儿队员。如果学生集体的生活受到"应当为祖国、为社会做些好事"这样一种崇高思想的鼓舞，而教师只是一般地参与集体生活，并没有成为这个集体的灵魂，那么就不能想象有师生之间精神生活的一致。

这些集体都是在若干年内逐渐形成的。是随着每位教师把自己的创造火花播种到孩子的心田里，把一批批学生团结在自己的周围，并同他们一样倾心于某项创造活动，成为他们亲密无间的朋友和同志而形成的。这种师生精神生活的一致也就是教育的实质所在。能吸引儿童亲近教师的力量来源于教师的信念、技巧和能力，来源于他堪为学生楷模的创造性劳动。

也许有人会提出这样的问题：如果教师除上课之外，还要指导一个课外小组（有的教师还自愿指导两个课外小组），他是否会负担过重呢？不，这不是额外负担，而是必不可少的工作。如果教师不能经常跟学生保持精神上的一致（这种一致必须是超出上课、批改家庭作业和打分数范围之外的），那么他就不可能进行真正的创造性的教育工作。况且，要创造教师跟学生之间精神一致的条件，不一定要开展专门活动或召开会议。我们学校有几个科学读物爱好者小组，组员很少聚会，可能半学期才有一次，小组的活动主要是个人阅读以及教师和本组学生一起讨论所读图书及其科学问题。

我们花费了好几年的时间，才使每个教师都跟一两个或三四个由儿童、青少年学生组成的集体建立起精神生活上的一致性。我仔细地观察了每位教师，发现了他们的天赋素质和志趣爱好，并为他们创造物质条件，以便形成我认为是真正教育的那种师生之间的精神上的一致。例如，我发现一位低年级女教师精于刺绣艺术，又有木刻才能。于是，我便考虑应当怎样让她和孩子们亲近起来，为此需要添置哪些工具和材料。她的手艺像磁铁一般吸引着孩子。从此她便指导起刺绣和木刻小组来。在同事们看来，她是几个课外小组的指导教师，而对于孩子们来说，她则是一位教给他们手艺的知心朋友。几个月期间，刺绣小组的孩子们专心致志地绣着一幅表现民间故事里的一个场面的有趣的图画，这简直是用各色丝线绣出来的一首叙事诗。孩子们在绣这幅作品时，感到自己就是诗人。这位教师和孩子们之间在精神上的一致，在这几个月内并不局限于刺绣活动。这位教师熟悉许多民间童话，还会极其生动形象地讲述书中的内容。孩子们在小组活动时，总是沉浸在书的世界里，这也培养了他们对祖国语言的热爱，形成了一些良好的道德信念。

另一位低年级女教师也喜爱刺绣艺术，此外，她还有别的爱好。她作为戏剧小组和文学创作小组的一位出色组织者，还创办了一个童话剧团。这是许多儿童组织之中的一个对孩子们进行审美教育的创作集体。我们认为，在儿童的精神生活中，把审美、情感和道德诸因素统一起来，具有极其重要的意义。在童话剧团里，也和其他创作组织里一样，是美在吸引着孩子们。在这里，他们的道德信念是在感受美的基础上形成的。

还有一位女教师指导的文学创作小组，也是丰富儿童精神生活的情感源泉之一。孩子们在这里接受语言美的教育。在温暖的春天和炎热的夏天，女教师常常把孩子们带到森林、河畔、牧场、田野去。她教孩子们欣赏大自然的美，教给他们怎样用语言表达周围世界中那些令人赞叹的美景。孩子们在这里，在大自然的怀抱里写"小作文"、写诗。语言的美、语言的表现力及其异常丰富的情感色彩——所有这一切都是无法取代的有力手段。我们借此触动着儿童心灵最隐秘的角落。因此，我们全体低年级教师、全体语言文学教师和校长，都是文学创作小组的指导员。我们指导的每一个这样的小组里都有 7—12 名学生。经验证明，没有哪个孩子会对语言的美无动于衷，会不为美所倾倒。我指导的文学创作小组有 12 名四至七年级学生，其中包括几个最难教育的怪脾气学生。很难找到什么别的力量，能像语言美这样深刻地触动孩子的心灵，能像铭记在心里的创作那样时刻激起孩子高涨的激情。

许多教师都能深刻感受到大自然和创造性劳动的美。他们以创造美的劳动鼓舞学生，从而也成为一股巨大的教育力量，把学生团结成一个精神上充实的牢固集体。其中有些教师能把学生的劳动组织得非常好，以致播种、田间管理和收割这样一些劳动都变成了孩子们的节日。另一些教师则善于把作物和土壤的生命向学生揭示出来，如同充满着奇妙现象的世界一般。而这一切都会给人以创造的乐趣。他们指导的少年自然考察小组有一项有趣的活动，孩子们都很感兴趣。这项活动的中心，就是我们的"绿色实验室"——果园里的一座小屋，学生们在这里总结考察结果。这项活动最可贵的地方，是把勤奋好学和钻研理论的精神同实验以及简单的体力劳动这几方面都结合起来了。

还有一些教师喜爱技术。他们的学生不单纯是一些能工巧匠，而且还是"理论家"：这些学生阅读电工学、无线电工程学、电子学和力学等方面的科学书籍，常常在操作室和实验室里工作到深夜。

物理、化学、数学和生物教师每人都负责一个高年级班，学生分别组成物理、化学、数学和生物科学小组。在这些小组中，师生间存在着的精神上的一致，表现为师生都酷爱读书，善于进行理论思考。这些小组的组员经常在我们学校里为居民举办自然科学知识晚会。他们在会上作报告，放映科普影片。

劳动小组、综合技术小组和科学学科小组都是学校生活的重要组成部分。这些小组乃是一种独特的学校，儿童和青少年在这里经受着劳动、读书和思考能力的锻炼。

正是由于每个教师经常都和孩子们在精神上息息相通，跟他们有共同的兴趣和爱好，由于学校里没有一个学生不处在教师的影响之下，因此我校的全体教师才成为一支统一的教育力量。

如果你希望学校里有丰富多彩的精神生活，希望每个教师都成为教育者，那就请你去考察、去发现教师们的兴趣和爱好（有智力方面的、劳动方面的、审美方面的和创造方面的），为许多小组的活动去创造物质条件吧。

正是在这里，为课外活动的组织者开辟着进行创造性活动的广阔天地。我们注意使全体学生都从他们的精神丰富、道德高尚、富有智慧的教师那里受到教育，使每个学生都处于教师的道德的和智力的影响之下，使每个学生都对教师所崇敬的神圣理想都深信不疑。学生参加课外小组，例如少年机械化工作者小组的目的，不仅仅是为了学会开汽车。任何一种课外活动的教育价值，首先取决于课外小组的指导者把人的哪些品德传授给了学生。

3. 关于自我教育

你是校长，你领导的学校里有各种不同年龄阶段的孩子。这既给教育工作造成困难，也带来方便。年龄不同的学生集体会迫使校长经常关心年长学生和年幼学生之间的智力、道德、审美及创造性活动中的多方面的关系。这里就涉及学校领导工作中一个非常重要而又不轻松的问题——自我教育问题。

这里讲的不是个人的自我教育，而是集体精神生活中极其微妙的一个方面，即学生之间在品德等方面的相互影响，一种道德财富的传递。集体并不是某种抽象的、无个性的东西。集体是由个人组成的，它的生命力就表现在：一个人总在影响着另一个人，而这种影响又受到其他人的评价，他们通过评价为自己做出应当如何行动、如何处世的结论来。在集体里，个人的道德和智力发展水平是各不相同的：一个人能对别人产生影响就在于他身上有某些与众不同的、独特的东西。这种独特性表现在每个人都有自己的天赋、爱好、才能和志趣。

自我教育作为一种集体的内部生活，是从一个人的独特性引起别人产生仿效的愿望开始的。我们学校最关心的是要使得集体里能成长起"具有鲜明个性的人"（A. B. 卢那察尔斯基语），让他们能影响其他的人，使这种影响在活动中为集体树立一个榜样。任何一个基层的或全校的集体里都有许多具有突出的个人天赋、能力、智慧和才干的人。教育的技巧就在于，要让这些个性特点通过坚定的意志、高尚的自尊感、强烈的志趣和正当的自爱心表现出来。

如果你能深入到那些干练的教育者的"创造实验室"里去，你就会发现，他们为建立一个集体所做的一切努力，实际上都是从发现和磨炼鲜明的个性着手的。这些人就好比是集体的骨干或支柱。他们鲜明的个性是在对别人的影响中表现出来的。这样一个强有力的、能排除困难的集体才能营造出一种教育的环境。多年的经验使我相信，一个人对另一个人的影响（指那种能显示人的优良品质的影响），乃是培养人的自尊感和防止对自己抱无所谓的态度的最好的教育环境。

经验也说明，鲜明的个性并不会压抑能力较弱的学生，不会伤害他们的积极性和独立性，相反，它有助于提高他们的能力。作为集体的内部生活的自我教育会培养出意志坚强的人来。

遗憾的是，对如何在集体的精神生活中培养意志力这个问题研究得还很不够。当一个人在教育别人的时候，他才真正经受着意志的锻炼。当一个人能把自己的一份精神力量赋予别人，希望别人变得更好，并能把别人当作一面镜子，从他身上看到自己（看到自己的道德品质、创造才能和技巧）时，他就会激发起自己的自尊感、荣誉感和自豪感。我认为作为学校的主要教育者（乌申斯基是这样称呼校长的）的一项头等重要的任务，就是使每个共青团员在某种程度上都成为少先队员和"十月儿童"①的教育者，并且让每个少先队员都能关心一年级小同学。每当我需要了解一个人的内在力量、他的特征和才能时，我就要设法在集体里营造出这样的相互关系，使得我所要了解的这个人感到他对别人负有重大的责任。一个人只有在他负有的责任和义务中才能表现出他有什么能力。最要紧的是，在这种相互关系中，不要让任何人感到自己是弱者，是无能为力的人，或者是总受别人照顾的人。

要做到这一点的可能性很多。儿童的才能和爱好是多方面的，问题在于要主动去了解他们，善于看到他们身上的长处。一个团员喜欢画画，他的周围就会聚集一批喜爱艺术的小同学。他带领孩子们去树林、花园和河边，画他们看到的景物，收集著名画家绘画的复制品。另一个团员手风琴拉得好，于是又出现一个小的集体——少年音乐家小组。第三个团员爱好无线电，他在无线电实验室里就不会是单枪匹马的，而是跟一批低年级同学一起活动。有三个八年级的学生辅导着几个由二三年级的小同学组成的法语学习小组。学生们还组织了游览本地区的少年旅行家小组和少年植物

---

① "十月儿童"组织吸收 7—10 岁儿童参加，少先队组织吸收 10—15 岁的学生参加。——译者

爱好者小组。一年级小学生则邀请三四岁的学前小朋友来参加新年枞树晚会，给他们表演自己排练的文艺节目，建立了儿童木偶剧团。也就是说，连学校里最小的学生也在关心如何给学前小朋友带来欢乐。

上面列举的这些事例，或许每一件都显得微不足道，然而几十件、几百件这样的事例加起来就成为无数条线索，把全校儿童和青少年联结成为一个统一的集体。课外活动组织者所应做的最细致的工作之一，就是对所有这些事例进行分析和总结，应当把关于学生集体的理论概念具体化为活生生的人们相互之间的关系。可以用一种共同的活动吸引各种不同年龄的学生，把他们结成一个统一的集体。但是要做到这一点，就必须使年龄大的同学关心小同学，而小同学也信赖大同学并寻求他们的帮助。没有一个全校集体，就没有学校，也就没有教师集体这支统一的教育力量，也就没有校长这个主要的教育者。只有当大量微妙的人与人的关系的纽带——关怀、体贴、同情把大同学和小同学联结起来，使他们亲密无间时，才能形成一个全校集体。只有当全体学生从具有深刻个性的关系中找出千丝万缕的共性联系时，学校集体才会显得生机勃勃，成千成百个孩子才能结成一个和睦友爱的大家庭。

但要想使这种精神焕发出蓬勃的生气，就需要了解儿童。

4. 要了解儿童

教师应当了解孩子的长处和弱点，理解他们的思想和内心感受，小心翼翼地去接触他的心灵。了解孩子——这是教育学理论和实践最主要的接合点，是对学校集体进行教育领导的各条线索的集结点。全体教师在领导教育和教学过程中行动上的一致，使教师形成一个统一体的那些教育信念——所有这一切，只有当全体教师都努力去了解儿童时，才可能实现。

人们在校务委员会、讲习班、教学法讨论会上谈论最多的是什么呢？是教学法、教学方式、课程体系、教学经验等内容，而关于儿童却谈得很少。对于孩子的智力发展、他们的智能状况，教师往往只是根据分数来判

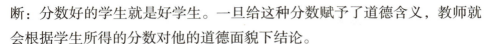

断：分数好的学生就是好学生。一旦给这种分数赋予了道德含义，教师就会根据学生所得的分数对他的道德面貌下结论。

人的个性，是一种由生理力量、精神力量、思想、情感、意志、性格、情绪等因素组成的极复杂的综合体。不了解这一切，就既谈不上教学，也谈不上教育。如果你想要做到对学校实行教育思想的领导（没有教育思想的领导，也就没有校长），如果你力求使全体教师成为一支统一的教育力量，使每个学生在教育过程中都能成为你的助手和志同道合者，使教育和自我教育结合起来，那么你就得把儿童放到你和全体教师注意的中心。

多年来我一直在研究学生成绩不良的问题，想弄清导致不及格和留级现象的错综复杂的原因。大约经过四年的研究，我找出了一条有趣的规律：造成每一个儿童学习成绩不良的一系列原因之中，必有一条最主要的原因，一旦能排除这个原因，那么其他原因的影响就会减弱。

原来，造成许多学生学习落后、课堂上和课外做不好作业甚至留级的重要原因之一，就是他们的健康状况不佳，患有某种疾病，而且这种疾病往往极不明显，只有在家长、医生和教师的共同努力下才能被发现并得到治疗。我们发现了一些不明显的、常常被儿童的活泼好动所掩盖了的心血管系统、呼吸道和胃肠道等方面的疾病。

我们开始注意研究儿童的健康状况，于是一年年地越来越鲜明地呈现出令人惊奇的一种情景，那就是儿童的精神生活——他的智力发展，思维、注意、记忆以及长时间坐着学习的能力等，都有赖于他的体力。我们发现，所谓思维迟钝，在许多情况下都是由于身体的状况不佳造成的，而这种毛病有时连儿童自己也没有感觉到。观察表明，除了那些可以诊断、治疗和预防的心、肺和其他器官的疾病以外，还有一些毛病只不过是由于这些器官虚弱以及它们对周围环境的病态反应而已。

我们也发现一些学生新陈代谢异常，对这种异常现象只有富有经验的内科医生才能做出充分的解释。我们学校四年级有个名叫柯利亚的男孩子，他体质很弱，身材瘦削。没有听他说过哪儿不舒服，但是他的母亲和老师觉得这孩子有点什么毛病：他脸色苍白，略呈病态的黄色，稍一改善饮食，就会引起反应，身上立刻会出现一些斑点。经过详细的化验，也没查出什么来，一切正常。最后医生得出结论，认为这是因长时间坐在室内而引起的新陈代谢失调。症状本身似乎并不严重，但是它却会导致严重的后果：孩子会失去聚精会神地进行脑力劳动的能力。柯利亚的情况正是这样。开始上课时，他能专心学习：听老师讲课，做习题；但是过了10—15分钟以后，他便两眼无神，目光呆滞，老师讲的他都不懂了（在情况没有弄清以前，人们往往责备他懒惰，不努力学习）。医生建议采取的唯一根治办法，就是改变这个孩子的整个作息习惯。于是，柯利亚开始一天至少有10小时在户外度过，晚上睡觉时开着窗子，早睡早起。这样过了半年，他便能在课堂上长时间地进行脑力劳动了，学习跟不上的情况也改变了。而原先大家都断定柯利亚是会留级的。

类似的其他事例也有过。有些儿童看上去很健康，气色很好，但仔细研究他们的健康状况之后，就会发现他们有某种潜伏的毛病。值得注意的是：每当教师竭力要使课堂上的每一分钟都充满紧张的脑力劳动时，这种潜伏的疾病和不舒服的症状就特别明显地表现出来了。

而且，这种过快的教学进度即使对于健康的儿童来说，也是无法适应并且是有害的。过度紧张的脑力活动（例如，算术课上教师一道接一道地布置复杂的题目）会导致一些儿童劳累过度：他们目光黯淡，两眼模糊，动作软弱无力……。长此以往，儿童便什么也不能做了。这时他本该去呼吸新鲜空气，而教师却抓住他们不放，不住地催促："干吧，干吧……"

当我们确信，儿童的整个精神生活，尤其是他们的脑力劳动，有赖于他们的身体健康和身体发育状况时，当我们认识到健康这个概念本身有着多方面的含义时，我们全体教师便决定：研究儿童必须要从研究健康状况入手。此后，医生经常在校务委员会上作有关儿童健康状况的汇报。对于那些已经发现在心血管系统、肺或新陈代谢方面有疾病或功能衰弱的儿童，我们规定要进行经常的教育学观察。为了预防疾病、增强他们机体的抵抗力，我们首先采取了下列措施：和家长一起为学生制订个人的作息制度，关心如何改善他们的饮食，让他们有更多的时间在室外活动等。

我们做到了让那些由于身体衰弱而造成思维过程缓慢的孩子，在夏季能露天睡眠，多吃富含维生素和植物杀菌素的食物（如蜂蜜、牛奶、黄油、水果等）。这一切都对这些孩子的整个健康状况和智力发展都产生了奇妙的效果。

我们刚开始做研究儿童的工作时，便深信没有家庭和家长的协助，不仅无法研究儿童，而且什么事都做不成。经常和家长进行谈话，这使全体教师认识到学生家长必须具备系统的教育知识。于是我们创办了一所"家长学校"。这个学校设有下列几类班：

（1）还没有孩子的年轻夫妇；

（2）学龄前儿童的家长，即再过一至三年孩子就要上学的家长；

（3）一至二年级学生的家长；

（4）三至四年级学生的家长；

（5）五至七年级学生的家长；

（6）八至十年级学生的家长；

（7）在智力发展和身体发育上有缺陷的儿童的家长。

孩子在学校里学习 10 年，家长也需要在家长学校里学习 10 年。父亲和母亲都要来学习。

家长学校的各个班每月都上两次课，由校长、教导主任、课外活动负责人、教师和校医授课。全体教师都认为，在所有的工作中，这是一项最必要和最重要的工作。如果我们不做家长的工作，我们就会一事无成。我们在"家长学校"讲课，讲应当怎样教育孩子。我们教父母亲怎样保护孩子的身体健康，怎样发展他的智力和言语能力，怎样防止神经系统的疾病，怎样教育孩子爱劳动、爱学习。关心孩子的身体健康和道德发展，已成为我们学校的家长教育学的研究课题。

我们越来越坚定地相信，预防疾病、增强体质是提高学生脑力劳动效率十分重要的一个条件。

1969—1970 学年度，我们在一二年级学生家长班的课上讲了这样一些问题：儿童的身体发育和心理发展；神经系统类型和儿童的气质的概念；儿童的饮食和作息制度；儿童的健康与智力发展；家庭的精神生活与孩子的教育；家庭和公民教育；本民族语言及其在学校教学最初几年内的作用；七至九岁儿童的品行和公民义务感的培养；学习过程中儿童神经系统疾病的预防；大自然在思维的发展和道德教育中的作用；美及其在儿童思维和言语发展中的作用；家庭中的图书与儿童的精神发展；伦理准则的掌握；家庭和学校中的爱国主义教育；家庭中的劳动教育；精神兴趣和精神需求的培养；纪律性和责任感的培养；父母亲之间的相互关系与孩子的教育；对孩子的严格要求和尊重；对儿童的无神论教育；文明行为的培养；家长在教育子女方面的责任；自我教育；酒癖对儿童的影响。

我们的工作是逐步开展起来的。起初，家长学校里每个班每月只上一次课。随着理论教材的逐渐积累，几乎所有教师都能担任家长学校的讲课任务了。

我们认为，在家长学校，为智力发展有缺陷的学生的父母开班，是我们的一大成绩。1969—1970 学年度，我们为这个班的家长们讲了这样一些题目：介于智力发展正常与不正常之间的儿童；家庭的智力素养与儿童的智力发展；促使儿童进行脑力劳动的刺激动因；儿童的思维；童话故事在能力较低的儿童的智力发展中的作用；父母嗜酒与儿童的智力发展；情感的培养与智力发展；艺术思维；怎样发展记忆；自然界在近似不正常儿童的智力发展中的作用；美在儿童智力发展中的作用；近似不正常儿童的思维练习以及怎样在家里做这些练习；思维练习的方法指导；专供智力不正常儿童阅读的童话故事在发展智力和培养情感方面的意义；儿童的智力爱好；如何激发智力爱好；思维迟钝的儿童的智力倾向；智力倾向的形成；取得成绩对脑力劳动的影响；理智感及其激发；对智力近似不正常的儿童可以提出什么要求和不可以提出什么要求；儿童的创造性劳动；语言创作（编童话和故事）是发展儿童智力的手段；劳动、休息和饮食制度；春、夏、秋、冬四季的医疗作息制度；饮食疗法；发展智能（而不是首先掌握一定分量的知识）是学校和家庭对智力发展不正常儿童进行教育的主要任务。

我们认为，家长学校里这个班的工作具有很重要的意义。整个学校的道德气氛怎样，是否形成了尊重人的风气，这些都要看智力近似不正常的儿童学习得如何，看我们教师是否使他们享受到了童年的幸福。如果教师对这些学生未予关注，使他们感到自己在受委屈，那就既不可能有团结的学生集体，也不可能有正常的师生关系。

在家长学校讲课时，我们尽量避免谈及个别家庭中的纠纷和冲突。因为如果我们谈论这些事，就会使家长们与学校疏远。我们只是在与家长进行个别谈话时，才谈起家庭中具体的棘手问题以及各种错误和挫折。

家长学校的课程，是学校领导人员最重要的工作之一。他们要为每个班的课程编排顺序，要调查每个家长的教育知识水平，要配合每一次上课给流动图书馆选出参考书。

学校心理学讲习班的活动就是专门研究儿童的，大约一个半月举行一次，由某一位班主任教师作题为《对某个学生的教育鉴定》的详细报告。你可以尝试去安排一位教师准备作这种报告，你就会明白，这要求教师具备多么高深的教育素养，才能讲出有关孩子的必须了解的一切来。起初，我们感到对某个孩子作教育鉴定是很困难的。

教育鉴定中放在首位的是儿童的健康状况、身体发育情况，以及对儿童全面发展的条件的评定。教师既报告自己的观察，也介绍医生定期检查和观察的结果。其中非常受重视的一个项目，就是对儿童智力发展的个人特点的评定：孩子如何感知周围世界的事物和现象？他的概念是怎样形成的？他的言语特点是什么？他如何识记？他的形象思维和抽象思维发展得怎么样？他说话的情感色彩如何？他的一般情感修养水平如何？等等。我们在分析某个具体孩子的这些特点时，就能探索到他的脑力劳动的根源。在集体讨论的过程中，在研究儿童的热烈辩论中，常常会揭示出一些令人惊奇的情况。

深入探索儿童的精神世界的结果，促使我们全体教师认真思考这样一个问题，即在教育和教学过程中如何利用儿童的形象思维，并在形象思维的基础上逐渐发展其抽象思维。我们"发现"了一种初看起来是难以理解的、奇特的矛盾现象：一方面孩子具备惊人的观察力、求知欲和钻研精神，拥有很多关于周围世界事物和现象的知识，推理的敏捷程度也令人惊叹；而另一方面，他却掌握不住基本的语法规则，写起东西来文理不通。对于产生这类现象的原因进行争论是非常有益的，我们在争论中寻求真理。为研究儿童而开展热烈的争论，为研究儿童而举办的心理学讲习班——在我们看来，这些就是研究儿童的实质性工作，是我们全体教师的一项创造性实验。

教师给某一位学生做教育鉴定时，要介绍儿童智力形成的环境，要详细说明决定儿童的感知、表象、言语和知识面的积极因素和消极因素。这里他要着重分析儿童家庭的智力生活的情况。教师要介绍：儿童形成对周围世界初步表象的认识的背景是什么，这些认识在他的言语里是怎样反映出来的；在学说话的年岁里（从出生到五六岁），他的父母及接近他的其他人的言语的一般特点是什么；孩子在幼年时听过哪些童话和歌曲；人们读过哪些书给他听，书籍在家庭的精神生活中通常占有什么地位；孩子学会阅读以后读的第一本书是什么，现在又读些什么书；家里订阅哪些报纸、杂志；等等。

我们还对儿童道德面貌的形成环境做出鉴定。这里着重分析儿童在家庭和在学校集体里的道德关系，注意他的道德信念和道德行为的一致性。通过多年来对儿童的教育鉴定的讨论，我校全体教师认识到：在儿童道德面貌的形成过程中，起决定性作用的是家庭在儿童幼年时期所给予他的最基本的道德修养，这种修养就是指已经成为习惯和表现在人与人的关系中的那些道德行为。

家庭、教师和年长同学的审美修养对儿童的智力和道德发展也有很大的影响。因此，教育鉴定的内容也应分析美对一个人的精神世界的影响。

对儿童情感修养的分析在教育鉴定中占有特殊的地位。教师对于培养儿童的道德情感、审美情感和理智感具有促进作用的环境也要加以分析。儿童的情绪性自我评价（即对自己的品行尤其是对别人的态度的自我评价）能力发展得怎么样，也是全体教师要予以重视的。

教育鉴定的一个很重要的方面，就是对前景的展望。我们力求不仅要分析儿童的现状，要说出自己的想法、打算以及对儿童个性积极施加教育影响的计划，并且要说明这种影响现在已经实施得怎样，在教育工作中碰到哪些困难。我们不仅要看到一个人的现状，还要设计他在智力、品德、审美和情感素养等诸方面的发展。由此看来，对鉴定进行集体讨论，以便集思广益，具有极为重要的意义。我们定出计划，规定做哪些实际工作，以便吸引儿童积极参加上述那些小组的创造性活动。我们做出结论：应当为孩子智力的、道德的和审美的发展做些什么，才能使他明天比今天更有进步，使他产生和发展出新的品质来。

如同医生要研究影响人的机体健康的多种因素一样，教师也要全面地研究儿童的精神世界。每个儿童的个性都是独一无二的。儿童正处在体力和精神力量迅猛发展的时期。只有当我们对孩子的个性有了科学的认识，当我们不是以侥幸的成功，而是以全面的科学分析作为依据的时候，我们同儿童的交往才会真正起到教育作用。举办研究儿童的讲习班，是校长、教导主任和教师们的共同工作。我们通过研究儿童的脑力劳动和全面发展，就可以确定，什么样的教育鉴定对于全体教师是最有教益的。

对儿童的个性进行科学研究，这是对学校和教师集体进行科学领导的重要条件之一。每个教师、校长和教导主任都能精心地做出儿童的教育鉴定，这是教育素养的基本功。这里就涉及科学地领导教育和教学过程的一个极重要的问题。我认为，这个问题的解决是向普及中等教育过渡的重要条件之一。没有对儿童的了解，就没有学校，就没有教育，就没有真正的教师和教师集体。而教师对儿童的了解，只有在不断提高和不断充实他的教育素养的情况下，才有可能做到。

5. 教师的教育素养

这里所谈的都是早为人们所知的一些最基本的道理。然而，说来奇怪，在一些学校的生活里，有时连最基本的、最普通的真理都被忘记了。

教育素养是由什么组成的呢？首先就是教师精通自己所教的学科。我们认为务必要使教师清楚地了解他在学校里讲授其基础知识的那门科学中最复杂的问题，了解这门科学的学术思想前沿的问题。如果你教物理，那么你就应当了解关于基本粒子的知识，熟悉各种场论，应当哪怕是大概地了解能源学发展的前景；生物教师则应当了解遗传学的历史和现状，通晓生命起源学说和细胞内的生物化学变化过程。教师的教育素养正是由此开始并在此基础上形成的。也许有人反驳说：教师为什么要了解课堂上不教的，或者和中学教材没有直接关系的那些东西呢？这是因为，通晓学校教学大纲只是教师学识中最起码的东西，而只有当教师的学识比教学大纲的范围广泛得多时，他才能成为教育工作的真正的巧匠、艺术家和诗人。

我认识几十位这样的教育能手。他们的教育素养在备课时就已经显示出来了。他们是按教学大纲而不是照着教科书备课的。他们先细心思考教学大纲，然后通读教科书上相应的章节。这样做的目的是把自己置于学生的地位，从学生的角度看一看教材。一个真正的教学能手，他拥有的知识比学校里所教的要多得多，所以他并不把要讲的新教材抄进教案里。他对要讲的内容进行周密的思考，准备直观教具，挑选例题和作业题。而这一切都无须写进教案里去。他写入教案的不是要讲述（讲演或解释）的内容，而是上课的细节，做一些指导学生的脑力劳动所必要的简单纪事。教育工作的能手对本门学科的基础知识十分精通，以致他们在课堂上、在讲授教材过程中，可以不把注意的中心放在所教的知识上，而是放在学生身上，放在学生的脑力劳动、思维活动以及他们在脑力劳动中所遇到的困难上。

你再仔细观察一下另一种教师的教学吧！他们只懂得应当教给学生的那点知识，照着教科书认真地准备要讲的内容，甚至能把讲解的内容和讲解的逻辑顺序背出来。你会看到，在他们的课上，那些应当在讲新教材时使用的直观教具、辅助材料（例如历史、地理、植物课上引用文艺作品的形象），都好像是硬贴在课的内容上的，所有这些都是在学生思维的表

面一擦而过的（有时，教师甚至忘记了使用他事先挑选和准备好的东西）。为什么会发生这种情况呢？这是因为教师把注意中心放在了教材内容上，而没有放在教学过程的细节上：他在紧张地回想事先准备的讲解进程，把全部注意力都放在自己的思路和教材内容上。学生领会这样的讲解会感到非常吃力，课堂上也就没有无意识记，因为教师的讲解和言语毫无感情色彩。既然教师把全副精力都用在回想教材内容上，那么讲解就不会有感情色彩，孩子们也就不会感兴趣。而凡是引不起兴趣的东西，也就不会产生无意识记。这是教师教育素养中非常微妙而又非常重要的一点：教师越是纯熟自如地掌握教材，他讲课时的感情色彩就越鲜明，学生课后在教科书上花的时间就越少。真正的教育能手是满怀激情地讲课的。而对教材了解得很肤浅的教师，尽管使用漂亮的词句，想借以加强对学生意识的影响，然而结果只是造成一种可悲的虚假气氛，实际上是空话连篇、言之无物。这种教师只会使儿童的心灵变得空虚。

在谈到信念的形成时，常常会听到这样一种说法：仅仅是知道教材，还不成其为信念，知道还不意味着深信无疑。这样把知识和信念对立起来是毫无根据的。真正的知道，意味着对知识做过深刻而又反复的思考。而经过反复思考的知识，就变成学生主观世界的一部分，成为他的见解，他的观点，也就是说，知识就成为信念了。那么在什么条件下知识才能触及人的精神世界，才能成为人所珍视的智力和道德的财富呢？形象地说，只有当感情的血液在知识这个活的机体中奔腾时候，才能做到这一点。如果教师在讲课时没有真情实感，如果他对教材的掌握没有达到融会贯通的程度，那么学生的心灵对他所讲的知识就不会产生共鸣。精神生活中没有心灵的参与，那里就不会有信念。这里还是那个结论：教师精通教材，这是教育素养的基础之一。

教育素养这一重要品质的第一个标志，就是教师直接触及学生的理智和心灵。真正具有这种宝贵品质的教师，他的讲课过程就像在跟学生进行讨论一样。他不是拿真理来进行说教，而是跟青少年一起谈心：他向学生提出问题，吸引他们来一起进行思考。当你分析这种课的时候，会感到师生之间十分融洽，你这位听课的校长也会被教师的思路所吸引，你甚至会忘记自己是为检查教师的工作来听课的。你会觉得自己也变成了学生，你会在心里回答教师所提出的问题，跟那些 15 岁的少年们一起为发现真理而分享快乐。我们州的一所学校里曾经发生过这样一件有趣的事：一位年轻校长在听一位有经验的几何教师的课，他跟着教师的思路听得入了迷，以致当教师问少年们谁能回答这个问题时，校长把手一举说："我！"这才是真正的艺术，这就是直接触及学生的理智和心灵的境界。要达到这个境界，教师就要掌握高深的知识，以致在讲课时无须把注意力放在教材内容上，而是放在儿童的脑力劳动上。

而在另一种课上，师生之间缺乏精神的交流，教师死盯着教案，学生则望着天花板或者天空中的浮云。那时你又会作何感想呢？你会在学生面前觉得很不自在，你也会为教师、为你自己和为整个教育学感到惭愧。你会因为来听这样的课而扫兴。下课后你也不想找教师交谈，你会想：还是明天再谈吧，是否再来听他一次课呢？

总之，教师不深刻了解他所教的基础知识所属的那门科学，就谈不上教育素养。然而如何才能使每位教师不仅了解教学的基本内容，而且了解本学科的渊源呢？

这就要读书，读书，再读书！——这是教师的教育素养这个品质所要求的。要读书，要如饥似渴地读书，把读书作为精神的第一需要。对书本要有浓厚的兴趣，要乐于博览群书，要善于钻研书本，养成思考的习惯。

怎样才能使读书成为每个教师的需要呢？这里很难提出什么专门的方式、方法来。看书学习的需要只能在教师集体的整个精神生活的气氛中养成。

但是，要把看书学习变为教师的精神需要，应有一些非常具体的、容易捉摸和便于衡量的前提和条件。这首先就是时间——教师的空闲时间。教师能自由支配的时间越少，他陷在写各种各样的计划、汇报里的时间越多，那么，他没有什么东西可教的时刻就会来得越快。我校全体教师都遵循这样一条规定：教师不写任何总结和工作汇报。除了教育工作计划和课

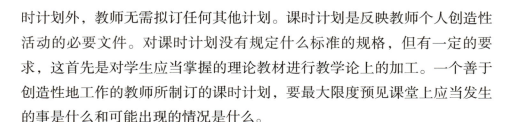

时计划外，教师无需拟订任何其他计划。课时计划是反映教师个人创造性活动的必要文件。对课时计划没有规定什么标准的规格，但有一定的要求，这首先是对学生应当掌握的理论教材进行教学论上的加工。一个善于创造性地工作的教师所制订的课时计划，要最大限度预见课堂上应当发生的事是什么和可能出现的情况是什么。

教师的创造性活动是一种非常复杂的劳动，它要耗费教师大量的精力。如果他的精力得不到恢复，他就会精疲力竭，以至无法工作。教师之所以能在假期中有条件充分休息，是因为学生集体能够进行自我教育。例如：暑假期间，学生在学校教学实验园地里进行两个月的紧张劳动，而教师每周只要到校一次就行了。有两名十年级学生负责领导教学实验园地上的活动，而中年级和低年级学生在他们的带领下完成自己的试验工作，收割庄稼。这些工作也不加重学生的负担：学生们轮换地劳动，每个学生在暑假期间只在园地里劳动一至三天。

每个教师都有自己的"创造实验室"，它在逐年丰富起来——这是教师教育素养非常重要的一个方面。这里所说的创造实验室是指教师劳动的工艺学。例如，数学教师逐年积累着教学法资料：不同难度、不同类型的应用题，教师和学生制作的直观教具等。随着一年年的积累，教师用于每节课的资料越来越多，他也就不必再编写课堂教案了。地理教师逐年积累充实直观教具，按主题编辑成册：《全世界的国家和民族》《苏联各民族》《我们祖国的大自然》等。语文教师则按大纲的各章节顺序编成个别教学时使用的语法卡片集，编写出学生应当牢记的最低限度的正字表，并不断地加以修改，使之更加精确。

丰富多样地来研究儿童的方法也是教师教育素养的一个很重要的部分。教育素养在很大程度上取决于教师是否善于观察儿童（在儿童进行脑力劳动和体力劳动时，在他们游戏、参观和闲暇时观察他们），以及如何从观察的结果中探索出对儿童施加个别影响的工作方法。对儿童的了解和认识首先来源于对他们的观察。在这里应当再一次指出：教师应当了解儿童的健康状况，了解他们身体发育和智力发展的个人特点，以及影响他们智力发展的生理解剖方面的因素。解剖学、生理学、心理学和缺陷学等方面的书籍，都应当是一个善于思考、善于进行创造性工作的教师在案头必备的书籍。教师对心理学的真正钻研，实际上是在参加学校工作后开始的，这个结论来自许多教师的亲身体验。当教师在儿童的行为和脑力劳动过程中，以及在他与同学的相互关系中，看到某种现象和某种特征的时候，应当更深入地进行思考，理解这些现象和特征，这就需要经常翻阅心理学书籍。

没有扎实的心理学基础，就谈不上教育素养。教师中有人觉得心理学是一门枯燥的科学，在学校中不能实际应用。我们则注意让心理学成为全体教师实际工作中的真正指南。我们在校务委员会的会议上介绍心理学家的研究成果，把心理学方面的书籍摆在教员休息室里的"新书陈列台"上，希望教师们阅读、思考和研究。当然，如果每个教师（包括校长和教导主任）不去经常认真地对儿童作教育鉴定（这种教育鉴定是以心理分析、心理观察和心理研究为其基础的），不去分析儿童复杂的精神世界，不去深入了解儿童的欢乐和忧愁，那么，对心理学书籍的这种宣传，也只能是一种良好的愿望而已。

我和教导主任在听课和分析课时，总是把那些要对之进行教育学和心理学分析的问题单独记录下来。例如，紧张的脑力劳动对于记忆以前学过的教材有什么影响；确定课堂上的脑力劳动的方法时如何照顾学生神经系统的类型；可以采用哪些特殊的方式去激发学生对所学科目和具体教材的兴趣；等等。不论校长、教导主任，还是课外活动的负责人，我们随时都会碰到教育工作中的心理学和教育学问题。在这里，在学校生活的这个领域里，会遇到很多问题，不懂心理学就根本无法去解决它们。例如：学生的哪些行为应当在班上集体讨论，哪些行为则不应拿到集体中去讨论；在评定知识的过程中应当具备怎样的教育机智；等等。我们三个人每周都要聚会，翻阅我们记下的心理学和教育学笔记，并且讨论用什么办法去解决那些复杂而又棘手的问题。有些问题要提交校务委员会讨论，有些问题则要到科研中心去求教。

心理学的实际应用是跟缺陷学密切配合的。缺陷学不单是有关智力落后儿童的一门科学，缺陷学的知识也有助于分析某些儿童在进行脑力劳动过程中所碰到的困难。我们把在心理学和缺陷学理论方面最有学识的教师组织成一个教学法小组，这个小组的任务之一就是协调对能力较差的儿童如何进行教学的各种建议。这个小组根据医学检查的客观资料进行分析，竭力去查明导致儿童学习困难的原因。同时，特别注意研究儿童感知周围世界各种事物和现象的特点，分析他们的思维、言语、记忆和注意的特点。我们称这个小组为心理学小组。个别儿童连续几年都处于这个小组的监护之下，没有小组的意见，不允许采取任何可能影响儿童今后命运的措施。

心理学小组的成员都是具有较高深的理论知识和丰富的实际工作经验的教师。教师要参加心理学小组的条件是要能充分理解儿童的精神世界。

心理学小组（由 7—8 人组成，其中包括校医）负责为全校教师参加的心理学讲习班备课。在心理学讲习班上，除了给学生作心理鉴定以外，还探讨儿童智力、道德和情感发展的一些重要问题。近两年来，在心理学讲习班上主要研究了下列问题：对学龄初期、中期和晚期的学生实施教育影响的各种手段；词语作为影响儿童智慧、情感和意志的手段，对儿童智慧和情感的平行影响；道德信念的心理本质；对儿童不应采用"强制的"和"坚决的"教育手段；在儿童集体里可以讨论什么和不可以讨论什么；学生的相互关系的性质和多样性；师生的相互关系；如何教育少年儿童控制自己的欲望；怎样激发儿童做一个好学生的愿望；学生个人兴趣的鉴定。

心理学讲习班对于我们教师来说，也是给"家长学校"讲课的一种准备。特别是在有关儿童智力发展有些偏差的问题上（这种情况大多跟家长的身心素养有关），这种准备显得尤其重要。

几年前，有个叫瓦连金的学生在我们学校八年级毕业了。多亏心理学小组的教师对他热情关怀，经过周密考虑并采取了相应措施，才使这个少年念完八年级。早在一年级时，教师就注意到了这个孩子异常的智力活动：他脑子里什么也记不住，费了很大力气才记住的东西，很快就又忘掉了；原来似乎已经弄懂的东西，又不得不像完全陌生的东西一样重新给他讲。女教师按心理学小组建议的方法对他进行观察，发现他还有一个特点——知觉迟钝，思维过程缓慢无力。例如，当教师提问题时，瓦连金聚精会神地听着，从他的眼神中看得出，他是在努力想弄清问题的意思，但是，他怎么也不能领会。他额头上呈现出老年人那样的皱纹，眼睛中流露出紧张而痛苦的神情。最后，他终于费力地弄懂了教师的问题，沉默了一两分钟之后，回答了问题。在这种情况下，他几乎能回答出和他同龄的正常儿童所能回答的任何问题。但是，如果不给他一个专心思考的机会，不给他时间去领会问题和思考答案的话，那么他就会什么也答不出来。

一方面，瓦连金这孩子能够正常感知和认识世界；另一方面，他的感知过程进行得非常缓慢，遇到的困难很多。在这种情况下，他又该怎么学习呢？如果按照其他儿童的学习速度来要求他，他是做不到的，甚至会毫无作为。然而也谈不上把这个孩子转到特殊学校去学习，因为任何一个缺陷学家在他身上也找不到他智能不全的明显特征。应该怎么办呢？

心理学小组决定从两方面进行工作：一方面，考虑到瓦连金现有的可能性，给他另外布置个别作业；另一方面，继续对他进行观察，发展他的智力，教他进行思考，训练他的思维能力。

女教师按照心理学小组的建议，给瓦连金挑选了一系列训练思维的"图片思考题"，让他一边看图片，一边解释事物和现象之间的有机的和因果的联系。这些思考题的意义就在于，孩子要比较快地转移注意力，同时变换感知的性质，每一次都要接触一些新的概念和概括——这一切构成了一套特殊的思维训练，旨在唤醒这孩子的神经细胞，迫使它们更灵敏地对来自周围世界的信号做出反应。教师每天都给他布置一些图片思考题。与此同时，我们还仔细地考察了孩子生活的家庭环境，研究了过去和现在影响他的智力发展的种种因素。

在我们面前展现出一幅使人心情沉重的情景：瓦连金的生活是跟其他小朋友隔绝的，母亲很少跟他讲话，而父亲则更是一声不响，孩子跟自然界之间又被高高的篱笆隔离开来。

教师把这一切以及瓦连金做图片思考题的情况都向心理学小组做了

汇报。小组提出了新的建议：必须进行更鲜明、更生动、更多样的感知活动，还需要制订一份增强他的体质的合理的作息制度。女教师一面继续上"图片课"（这种课已产生了初步的效果：瓦连金对周围世界产生了兴趣，已能察觉到以前从未注意过的东西，眼睛中那种冷漠的神色也在消失），一面开始培养他对大自然（这是极重要的思想和言语的源泉）的兴趣。老师引导他去注意初看起来不大惹人注目的东西，努力激发他带有情感地去感知——惊讶，赞叹。无论是心理学小组当时提出的建议，还是我们全体教师的教育信念都认为：带有情感地对待认识对象能促使大脑积极地活动，刺激大脑的生理过程，这与脑细胞的营养相关。大量的观察结论一再证实这一见解是正确的。我们把那些需要发展智力情感的、需要加强情感灵敏性的孩子带到大自然中去，向他们揭示出周围事物和现象之间的因果关系。只要能引导孩子们细心而又深入地观察这一切，他们便能从中发现使他们惊奇、赞叹和迫使他们集中精力进行思考的某些东西。

当时我们有一组孩子，他们的智力活动需要被激活，瓦连金也在其中，而且教师对他给以了特别的关注。我们带着孩子们到田野里去，面前是一片繁花盛开的苜蓿地，蜜蜂在其中嗡嗡地叫着。"孩子们，你们注意看，蜜蜂在干什么？瞧，那只蜜蜂低低地飞近一朵花，仿佛在仔细观察着什么，轻轻地碰了一下花朵，然后——你们看，它又很快地飞起来，在花朵上方盘旋，然后……"。于是，孩子们的注意被吸引到这个有趣的现象上来。他们看见：这只蜜蜂又落到花上，但是这一次它待的时间比较长，它把自己的喙伸进小小的花蕊里去。孩子们赞叹着，惊奇着。他们将目光小心翼翼地从一朵花转向另一朵花，生怕惊扰了蜜蜂。他们在看，在细心观察，很想弄清这个"不解之谜"。孩子们的眼睛里射出求知的火花。你可以看到这个火花是怎样点燃的，在这个时刻，孩子的头脑里正在进行紧张的思考。

积极地探求"为什么"这个问题的答案，这也就是在锻炼思维，消除大脑细胞不活跃和受束缚的状态。为什么蜜蜂那么小心翼翼地落到苜蓿花上？为什么向日葵的花盘随着太阳转？为什么鸽子从来不落在树上？为什么蝙蝠只在夜间才飞出来？为什么有些树木在秋天再一次开花？我们在"旅行"的第一个月里，就已经听到瓦连金提出这些问题。

瓦连金的观察力每个月都有进展，思维过程也逐渐活跃起来，这孩子开始逐渐对周围世界更感兴趣了，记忆力也在增强。但这一切发展得非常缓慢。瓦连金在学校学习的头三年里，做的只是个别作业，因为他做不了给全班同学布置的思考题。到四年级时，他已经能和其他同学一样地学习了。心理学小组每年都为他提出一些课外阅读方面的建议，提出有关发展思维和创造力的个别作业的建议。

如果你想把学校的领导工作建立在科学的基础上，并使每个教师都能通过实际工作不断丰富理论知识，随着实际经验的取得提高教育素养水平，那么就请你从心理学和缺陷学入手。你要建立心理学小组，要亲自研究儿童，要去研究、观察和激发教师的集体智慧。

世界上再没有别的职业比医生和教师更富有人道性了。医生为拯救人的生命总要奋战到最后一分钟，从不让病人感到他的病情严重，乃至无可救药，这是医疗道德的起码要求。我们做教师的也应当在自己的集体里发扬我们的教育道德，应当把在教育工作中确立人道主义原则视为每个教师教育素养的最重要的品质。这是教育工作中的一个重要方面，也是研究得很少的一个方面。

我了解许多学校和许多教师的工作情况，这使我有权断言：人们平常总说要关心儿童，但有时这只不过是漂亮的词句和口号，并没有付诸行动，结果变成了空谈。一个完全正常的、健康的孩子，只因为一门学科不及格，就让他留级，这哪里谈得上是关心呢？或者反过来，教师对什么都无所谓，只是为了使这个孩子不致留级，就给他打个"3分"，这怎么谈得上是对他关心呢？这两种情况都是对儿童的命运淡漠无情的表现。产生这种冷漠态度的原因，并不是因为教师心肠冷酷，也不是教师随着岁月的流逝而失去了从情感和道德的角度评价教学过程的敏锐感。不，教师的心是善良的，问题在于他不了解孩子，在于全体教师的工作缺乏扎实的心理学基础。对于许多教师来说，学生学习成绩不好、学习跟不上，还是一个百思不解的秘密。如果不了解儿童的心灵，不了解他的思维和感知周围世界的特点，那么关心儿童就会成为空谈。不了解儿童的心灵，就谈不上教育素养，也谈不上科学地领导学校。

多年来对学生的生活和脑力劳动的观察，还使我们得出另一个令人忧虑的结论。那就是许多家长都认为，学习成绩不好是孩子的过错。这种看法是在教师抱怨的影响下产生的。教师常常对家长说："你的儿子学习不好，这是因为他没有好好学习，念书的时间太少。你要督促他多用些时间学习。"然而，学习成绩不好，远非都是因为孩子不肯刻苦学习造成的。我们认为，我们教师肩负着一个重大的责任，就是要让家长正确地理解为什么他们的孩子不能顺利地学习。不论在心理学小组的会议上，还是在"家长学校"的课上，我们都讲到了学生的学习兴趣和学习愿望的问题。

孩子愿不愿意学习这个问题，是教育和教学领导工作中最微妙而又研究得最薄弱的环节之一。多年以来，我校最有经验的教师们花了很多时间思考这些问题：为什么孩子会失掉学习知识的兴趣？为什么在许多情况下学习会变成使他们感到烦恼的沉重负担？要知道，儿童就其天性来说，是爱学好问，有很强烈的求知欲的。刚入学的时候，他们的眼睛总是流露出求知的渴望。

于是，我们得出了这样的结论：教学，不是机械地传授知识。这是人与人的极其复杂的相互关系。学生首先是一个人，是一个劳动者。一个人，只有当他能在劳动成果中看到自己所体现的精神力量时，他才能顺利地完成任何一项长期劳动（而学习这项劳动，其时间之长简直使孩子看不到尽头）。换句话说，在学习中取得成绩，才是产生学习愿望的源泉。学习毫无成果，则会扼杀一个人学习知识的兴趣。那么，当一个学生被划入已经丧失学习兴趣的儿童的行列时，其后果将会如何呢？一天又一天，一个月又一个月，儿童关于他的劳动所能听到的总是一句话：不好，不好，不好。渐渐地他便会觉得这种对他劳动的评定，也就是对他本人、对他人格的评定。于是孩子慢慢地也就会认为自己是个坏孩子。即便是成年人，当他在智力上付出的努力毫无结果时，也会产生沮丧情绪，更何况孩子呢。孩子的心灵中有一个最隐蔽的角落——那就是人的自尊心。这个角落里的组织是娇嫩的、微妙的、脆弱而又敏感的，很容易受到损伤，更容易变得粗糙起来。

教师最细致、最艰巨的任务之一，就是爱护并发展孩子的自尊感。不应当让儿童的劳动成为徒劳无益的事——这就是优秀教师的座右铭。只有当儿童的脑力劳动给他带来某种成果时，他才能最大限度地挖掘自己的精神潜力。有了成绩，才会产生学习的愿望。在小学里，在这个学习的初级阶段，这一点尤为重要。因为在小学里，孩子还不善于克服困难，学习中的挫折会给他带来真正的痛苦。而如果挫折和失败接踵而来，那么孩子先是会在一段时间里感到痛苦万分，随后他心底隐蔽角落里的娇嫩组织就会变得粗糙和麻木不仁，结果他会对一切都无所谓了。要切忌发生这种心灵上的麻木不仁和无所谓的情况。如果你在听课和分析课时，发现孩子双目无神，如果教师打的"2分"对孩子毫无触动的话，这就意味着这个班的情况不妙，这个班的教学已经不再是人与人的细腻的相互关系了。

真正的教育智慧在于教师从来不给学生打"2分"，而是经常激发他要做一个好学生的愿望。有经验的教师就是这样做的：当一个学生还做不好作业时，教师就不给他打任何分数，永远不堵塞他争取好成绩的道路。

教师的语言修养，这是教育素养的又一个方面。谈到这一方面，不能不使人焦虑不安。20年前我听一位教师的课，观察孩子们是怎样感知新教材的。我注意到学生们听课很疲劳，下课时简直是精疲力竭了。我开始细心听教师（他教生物）的言语，结果使我大为吃惊：他讲的话是那么混乱而又缺乏逻辑性，讲的意思是那么模糊不清，以致那些第一次感知某个概念的孩子必须费很大的劲儿才能领会到一点点东西，所以孩子们才这样疲倦。

为什么我这个校长没有立刻发觉这个问题呢？这是因为我听的是我很熟悉的教材，只要有所提示，就足以理解其含义，也就是说，教师讲解中的"漏洞"实际上都被我用自己的思想弥补了。我在几节课上逐字逐句地记录了这位教师的讲述，然后在校务委员会上念给大家听，并请大家考虑一下：一个对所讲的东西事先毫无了解的人，从这样的讲述中能听懂些什么呢？请你设想一下，假若你对叶绿素、二氧化碳和光合作用都一无所知的话，你从我所读的讲课记录中能听懂些什么呢？

回答这个问题是令人痛心而又困难的。然而，答案只有一个：什么也听不懂。如果下一次上课发现学生们毕竟还是懂得了一点东西，一些能力强的学生对教材理解得还可以的话，那也只能归功于孩子们的勤奋好学，归功于他们的刻苦钻研。然而，这些知识是用了多大的代价才获得的呢？这个代价就是孩子们的身体健康。因为实际上，他们的这些知识并不是在课堂上从教师那里获得的，而是通过自己独立钻研教科书得到的。

全体教师清醒地分析了实际情况，而情况确实令人痛心。我跟教导主任又去记录了别的教师（历史、物理、化学）在几堂课上的讲述，又一次逐字逐句地读给大家听。虽说情况并不都像生物课那样令人焦虑，但所有这些课的讲解，在许多方面都不符合语言修养最起码的要求。而引起全体教师注意和不安的最主要的问题是：教师对概念讲解不清，他企图通过语言创造出的表象是模糊不清的，甚至是混乱的。而没有这些表象就无法完成由简及繁、由近及远、由具体到一般的转化。我们不得不遗憾而且痛心地承认：我们不会用言语创造鲜明的形象，使之成为儿童思维活动的出发点，思想洪流的源头。

我们千方百计在课堂上使用直观教具，不也是由于上述这个原因而未能收到预期的效果吗？要知道，直观教具只应起辅助作用。而在这种课上，孩子的注意力全被直观教具这个新奇的东西吸引过去了，但对于这个东西究竟有什么用，教师为什么把它拿到课堂上来，孩子们却无法理解。

从此，教师的语言修养问题，也同其他一些重要问题一样，成了我们全体教师十分关心的事。我们致力于解决这个问题已达 25 年之久。

我们全体教师给自己提出的第一项任务，就是分析那些应当向学生阐明的表象和概念。我们是从非生物界和生物界的表象和概念体系入手的，因为这是全体低年级教师（不论自然学科还是人文学科的教师）都应知道的。

我们分析了各科的教学大纲和教科书，共同思考了如何找到最鲜明的、确切而又简洁的语言外壳，使儿童形成关于一些事物和现象的表象，例如天空、田野、草原、灌木丛、沙漠、火山、初寒、土壤肥力、收成等等。所有这些似乎都是很普通的东西，但是当我们试图为其中的每个事物都创造一个能让儿童容易明白的鲜明的语言形象时，才感觉到这件事并不那么简单。

"怎么解释天空这个概念？"一位教师对于这个问题感到很奇怪，他把手朝上一指，说："天空嘛，那就是天空！"然而，难道学生总是用能够看到的形象来思维的吗？我们的教师在语言上的缺点正在于不善于用词来创造鲜明的形象，这就妨碍了学生由形象思维向抽象思维的过渡，因为抽象思维是建立在概念的基础上的，而概念又是在用词创造的表象的基础上形成的。

于是，我们便开始学习用词来描述可以看到和观察到的东西，逐渐又转到与那些不能直接感知的事物和现象有关的概念上去。接着，我们又去深入分析教科书的内容：理出教材里的逻辑顺序以及因果的、性质的和时间的关系来。我们发现，备课并对教材进行教学论方面的加工处理，这首先需要教师的逻辑思维和语言素养的结合。

教师们开始认真地思考讲课时的表达方式了，从而出现了教师在课堂上进行创造性劳动的一个有意义的特点，那就是教师的自我监督。于是，有一点变得一天比一天清楚了，那就是：教师的语言修养对学生在课堂上的脑力劳动起着决定性作用。我们证实：高度的语言修养是合理利用教学时间的重要条件。教师未能用儿童可以接受的、鲜明的语言表达清楚事物的现象和概念，因而不得不多次重复讲解，这要浪费多少时间啊！

提高每位教师和整个集体的教育素养，这是领导教育和教学工作的一个重要方面。不能把对这方面的领导归结为一套行政命令的办法。这里需要的是对实际情况的科学分析和对改进教学过程的规划。校长关心教师的教育素养，这是使集体的思想和集体的创造精神得到发展的动力之一。

第 3 次谈话

学校集体的精神生活

1. 教师的业余时间安排及其一般素养的提高

一位有 30 年教龄的女文学教师在十年级上公开课，课题是"当代青年的道德和审美理想"。这堂课的题目有点不同寻常，似乎离开了教学大纲，却是一位熟悉生活的教师直接触动学生才智和心灵的一堂课。她的讲授毫无训诫的意味，而是精细入微，真挚亲切。教师的每句话都像是在启发大家要对照自己，深入思考自己的命运和未来。

"这才是真正的人学"，一位附近学校的校长在评论这堂课时说，"我想，准备这么一堂课，需要花几个小时吧。您花了多少时间备这节课？"

"一辈子都在准备"，女教师答道，"至于考虑这节课的教材和教案的时间则不长，大约有 20 分钟……"

教师上好一堂课要做毕生的准备。我们这行的职业和劳动工艺的精神基础和哲学基础就是这样：为了在学生眼前点燃一束知识的火花，教师本身就要吸取一个光的海洋，一刻也不能脱离那永远发光的知识和人类智慧的太阳。教育工作有一条极重要的规律：传授知识并不是直线进行的，并不是教师今天知道了一点什么，马上就可以把它传授给学生。如果一个教师在上课的前一天才去找寻知识的出处，选取他要教的东西，那么他的学生的精神生活必然是贫乏而狭隘的。一个有学识的、善于思考的、有经验的教师，他并不花很长时间去准备明天的课，他直接花在备课上的时间是很少的。他不写冗长的教案，更不必把这堂课的具体材料的内容抄进教案里。但他确实一生都在为上好一节课而准备着。他的精神生活就是不断地丰富自己的头脑。他永远不会说：我的知识已经积累到够用一辈子了。知识是活的东西，它永远在更新。知识也在陈旧和死亡，就像人有衰老和死亡一样。

教师要成为学生的知识的源泉，就要永远使自己处在一种丰富的、有意义的、多方面的精神生活中。

人们经常听到关于教师应该这样或那样的许多要求。譬如说：教师应该好好备课；教师在走进教室时应该把一切个人的和家庭的苦恼和不幸丢在门外，面带笑容地站在孩子们面前；教师应该善于找到通往每个孩子心灵的小路；等等。但是我们常常忽略了一点，就是我们（校长、党组织、社会各界）应该提供给教师一些什么。例如：为丰富教师的精神生活创造环境和条件，使他不要白白地耗费精力和宝贵的时间，去做那些琐碎无用和妨碍他的创造性努力的事。

这里的问题首先在于如何保证教师能自由支配的时间，它对于不断丰富教师的精神世界，像空气对健康一样必不可少。教师没有自由支配的时间，这对于学校来说是真正的威胁。

为什么教师没有自由支配的时间呢？原因很多。我认为，最主要的原因是家长的教育素养很低和缺乏责任心，教师往往不得不承担本来应该由父母担负的义务。我们学校非常重视家长工作，目的是为了使家长成为孩子最早的教育者和启蒙教师，以便在他们精心的观察和监督下，绝不让孩子养成懒惰和闲散的习惯。经常关心家长的教育素养和家庭的美满和睦，会收到良好的效果。我们并不经常去学生家里叫家长到学校来，家长们是主动来找我们的，他们是我们的得力助手。家长关心自己子女的教育，就可以给教师空出时间来。此外，教师还不得不花费足足的一半时间，去给学习落后的学生补上以前荒疏的功课。看来，这是学校生活中最大的麻烦之一。要使教师有自由支配的时间，就必须使学生按时完成他们应当完成的事情，及时而牢固地掌握知识，特别是掌握实际的技能，因为没有这些技能他们就无法学习。

在教学的一定阶段有必要减轻学生的负担，使他们愉快地胜任学习，不至于觉得脑力劳动有负担而无法承受。但是教师必须始终看到减轻负担的限度。在减轻负担的同时，必须给学生的学习以能够接受的难度。意图在于使学生学会靠自己的力量去克服困难，而不是依赖教师的照顾。换句话说，早在童年和少年早期，就要使学生感到对自己未完成的某件事负有道义上的责任。学校生活中危害最大的恶习之一就是道义上的依赖心理，即在学生的头脑里形成这样的想法：我学习不好是老师的责任。道义上的依赖心理是闲散、懒惰的产物，它反过来又会助长懒惰和懈怠。

　　营造一种大家都在劳动的气氛（尤其是在低年级和中年级），营造对懒惰和闲散不肯妥协和不能容忍的气氛，这是使儿童和少年对自己的学习成绩怀有道义责任感的先决条件，也是他们牢固地掌握知识的先决条件。做到这一点，又能使教师赢得自由支配的时间。学校领导的作用，就是要使每个儿童把经常的、振奋精神的劳动当成幸福的事，并能在劳动中感受到这种无与伦比的幸福。

　　这里所说的"劳动"这个概念，既包括脑力方面，也包括体力方面的劳作。学生在学龄初期和中期的独立阅读越多，教师自由支配的时间就越多。学生为了满足求知的愿望和爱好而深入思考地读书，这是防止学生游手好闲和虚度时光的极重要的手段。

　　领导学校工作的多年经验证明，必须保护教师，使他们从文牍主义中摆脱出来。当需要学校做出统计报表时，可以查阅班级日志；当需要学校作书面报告时，可以利用校长和教导主任的日常观察记录。学校工作计划要由校长来草拟，而不是由各个教师写的东西来拼凑。教师可以帮助校长考虑，但不能替校长代写。教师在一学年里只写两份计划：一份是教育工作计划，一份是授课进度计划（这是一种从教学论方面对教材进行创造性加工的规划。其中包括发展学生的思维和言语，学生对教材的独立学习，学生的课外阅读，对个别学生的辅导等。也就是说，都是教学大纲中没有的东西，因为大纲不可能预见到每个具体班级和具体学生的特点）。这两份计划都是教师很有意义的创作，它们不是为写而写的，而是进行创造性劳动所必不可少的工具。

我们全校教师有一项规定：教师在上课以外参加其他活动（包括教学法研究会、校务委员会的会议、课外辅导工作）的时间，每周不得超过两次。应当尽可能给教师留出更多的时间用于自学，让他们从书籍这个最重要的文化源泉中尽量地充实自己，这是全体教师精神生活基础的基础。

读书的兴趣、热爱和尊重书籍的氛围是不会自发产生的，也不是靠领导的指示形成的。这件事用行政命令的办法根本不行。有了集体思考、集体讨论、座谈、生动活泼的争论和钻研精神，才会有爱读书的风气。我读了一本关于少年的有趣的书，就建议八年级的班主任们也读一读。这本书引起了许多争论。一位有经验的女教师说："事情并不都像作者所描绘的那么简单。作者认为一切都取决于学校，这固然不完全错。但是家庭呢？应当从家庭做起，单单向家长普及教育知识还不够，还应该对他们做某些更深入的教育工作。这单靠学校的力量是不够的。要提出和研究'社会—学校—家庭'这个课题。"

这本书也引起了其他教师的兴趣，许多人都读了。大家一致认为，"社会—学校—家庭"这个问题，不能像现在那样来解决，而应该采取一些更加认真、更加彻底的办法。大家还谈到了社会教育、少年道德面貌的形成、家庭和学校集体的关系等重要问题。在教师集体中产生了关于青少年的公民教育、关于中年级和高年级学生集体的精神生活等一些很有意义的想法。学校党组织关心了这些问题。我们邀请了学校的共青团积极分子和共青团区委书记来参加校务委员会的会议。我们讨论了应当做些什么工作才能使共青团和年龄大的少先队员感到自己是一个真正的公民，使他们对自己的所作所为怀有公民责任感。我们全体教师通过对我校和其他学校一些做法的分析，得出这样一个结论：要正确地实施公民教育，就必须规定专门的劳动任务，必须使学生的劳动生活充满公民责任感。

这些思想就是受那本有趣的书的启发而产生的。随后，教员休息室的书架上便出现了一些有关社会、文化、教育和道德等方面的书籍。当然，并非每一本书都能引起所有教师的兴趣，事实上也不需要这样。当一部分

教师对某一本书感兴趣时，他们便会自动结成一个小组。我们并不组织什么专门的讨论会，而是通过友好的交谈进行讨论的。

我们认识到，应该更加有目的地进行书籍的宣传工作。我们有时会组织一些报告或专题报告会，介绍我国社会乃至全人类都在关心的重大问题，其中包括社会、政治、道德、教育、美学、自然科学等各方面的问题。这可以说是一种独特的到书籍的世界里去的旅行。这种旅行已成为我们精神生活的一个丰富的源泉。这种报告由哪些教师作，并不做硬性规定。出席这种报告会也是自愿的。但是，几乎每次都是全体教师参加。我们还邀请高年级学生来听讲。

1967—1970 年的报告会的题目有：

当代的唯物主义和唯心主义哲学；

作为意识形态的宗教；

当代世界各国人民所关心的社会问题；

关于生命起源的科学；

我国社会青年人的道德理想；

全人类的道德财富和共产主义建设者的道德规范；

我国人民的道德财富和对青年一代的教育；

劳动与道德；

美与道德教育；

人们精神生活中的公与私；

家庭和学校；

正在成长中的一代人的爱国主义教育；

……

教师们在讨论中提出的各种问题说明这些专题报告在他们的心灵中留下了深刻的印象。会上经常出现活跃而又热烈的争论、思想交流。到书籍的世界里去旅行，自然而然地促使我们全体教师去思考如何更好地教育新的一代，如何克服我们工作中的种种困难。

书中的一些思想充实着我们的生活，促使我们去思考那些天天看到而并未引起注意的事情。像"我国人民的道德财富和对青年一代的教育"这个报告，就引起了一些很有意义的想法。那些关于国内战争和伟大卫国战争时期的战斗英雄以及关于劳动英雄的书，帮助我们更好地理解了道德教育的极为丰富的资料源泉。我们认识到，在日常工作中，我们还远没有充分利用这一源泉。我们全体教师都在思考：我们的学生在读些什么书？他们把哪些人当作自己的理想人物和学习榜样？我们认为，必须很好地指导学生的课外阅读，使每个学生都树立起正确的道德理想。

然而，最丰富地体现我们的制度和我们社会的道德财富的"书"，是当代我国人民的现实生活和劳动，是他们为之奋斗的伟大的、美好的理想。怎样才能使每个学生在全部的学习岁月中都去钻研这部"书"呢？怎样才能使光明美好的现实生活成为提高当代青年道德水平的强有力的教育手段呢？这个问题成了我们全体教师讨论的课题。大家认为，应当把胸怀崇高理想的苏维埃人的心灵美揭示给学生。而怎样去揭示这种美，那就是教育技巧的问题了。我们经过讨论，提出了一些很有意义的建议，说明怎样向青少年介绍当代英雄人物的事迹，怎样以英雄人物为实现崇高理想而斗争的榜样去鼓舞学生。

2. 教师集体的创造性工作中的研究因素

只有在教师不仅向儿童传授知识，而且研究儿童的精神世界，探索脑力劳动和人的个性形成的复杂过程的规律性的情况下，书籍才会进入教师集体的精神生活。前面几章里已经讲过，由于教师集体有了教育信念，所以在他们的日常工作中便产生了研究的因素。教师的工作就其本身的逻辑、哲学基础和创造性质来说，不可能不带有研究因素。这首先是因为，我们与之交往的每一个个体，在一定程度上都是一个具有自己的思想、情感和兴趣的独一无二的世界。如果你想使教育工作给教师带来欢乐，使每天的上课不至于变成单调乏味的苦差，那就请你把每个教师都引上进行研究的幸福之路吧。在这里，校长对教师进行个别工作有着广阔的天地；在

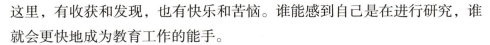

这里，有收获和发现，也有快乐和苦恼。谁能感到自己是在进行研究，谁就会更快地成为教育工作的能手。

应当附带说明的是，这里指的并不是严格意义来说的那种科学研究工作。一个人可以创造性地工作，但是并不一定要进行那种通过大量事实从而做出科学概括的研究工作。我们这里讲的是研究那些已被教育科学解决了的问题。一个能创造性地工作的教师，一旦成为理论与实践之间的中介人，他对上述那些问题就会经常有新的发现。

这里讲的是我们的工作性质本身要求我们进行的那种创造性研究。这样的研究能丰富集体的精神生活。十多年来，我们学校的每一个教师都在对教育和教学过程的某一个问题进行研究。

下面就是部分教师在一学年中研究的课题：

诗歌及其在当代青年精神生活中的作用；

男女青年道德理想的形成；

爱国主义情感与爱国主义信念；

如何培养学龄中期学生具有道德价值的需求；

如何在学习新教材时使学生的思维过程积极化；

如何培养学龄晚期学生有道德价值的需求；

美育和智育；

学龄中期学生的个人荣誉感和自尊感的培养；

学龄中期学生集体中的道德关系；

随意注意和不随意注意；

个人与集体的相互关系；

如何把我们社会的道德财富传给青年一代；

一年级学生善恶概念的形成；

一年级学生公正和不公正观念的形成；

学龄初期学生集体中的道德关系；

学龄初期儿童教育中的审美情感；

思维过程迟钝的儿童；

大自然在学龄初期儿童的美育中的作用；

学龄初期儿童劳动中的美感；

少年的个人爱好的培养；

学龄初期儿童思维的个人特点。

读者可能要问：是否每个教师集体都能胜任这些研究工作呢？刚担任领导工作的青年校长，是否可以向教师提出在教育和教学过程中做一些研究工作的要求呢？一个教师只要善于分析自己的工作，他就能成为有才干、有经验的行家。一个校长尽管缺乏经验，但总要先从某一点上做起，踏上教育智慧的第一个阶梯。而这第一个阶梯，就是分析自己工作中遇到的种种教育现象。

对教师来说，研究工作并不是什么神秘的、高不可攀的事。不要一听说研究就胆怯。教育工作（只要是真正创造性的劳动），就其实质来说，已经接近于科学研究。这种亲缘关系首先表现在两者都要对事实进行分析，并且都必须有预见性。一个教师只要善于深入思考事实的本质，把握事实之间的因果关系，他就可以避免许多困难和挫折，避免教育工作中那些令人伤脑筋的意外事件。这些意外事件在学校里是多么经常地发生，多么严重地干扰着教育和教学工作的正常进行啊！例如，一个学生一向被认为是安分守己的，可是他突然做出了流氓行为；另一个学生一直到四年级前学习都不差，但是突然间落进了差生的行列。而如果教师能根据对于事实的分析，预见到学生在明天、一年乃至三年之后会成为什么样的人，那么这种意外事件就会大大减少。如果缺乏预见能力，教育工作对教师来说就会变成一种很苦的差使了。

给教师在日常工作中的创造性研究创造条件，这是学校领导工作的一项任务。这项任务对于每一位善于思考和分析事实的校长来说，都是可以做到的。我认为，要引导教师去进行创造性研究，最好先从向他们展示观察、研究和分析事实的方法做起。事实——这是教育过程的客观规律的现

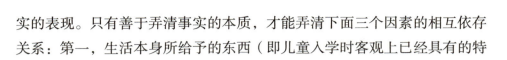

实的表现。只有善于弄清事实的本质，才能弄清下面三个因素的相互依存关系：第一，生活本身所给予的东西（即儿童入学时客观上已经具有的特性和特点）；第二，教师所做的事情；第三，将要达到的目的。

教育现象就是上述三种因素在逻辑上的共性和一致性。教师只有不是消极地承认所发生的一切，而是自己去积极地影响它们、创造它们时，他才能成为对学生个性产生积极作用的力量，他的劳动才具有创造性。创造性研究的一个极其重要的因素——预见性，正在于教师通过对事实的观察、研究和分析而创出教育现象。不研究事实，就没有预见性，就没有创造性，就没有丰富而完满的精神生活，也就没有对教育工作的兴趣。不研究事实，不积累和分析事实，就会产生像某些校长忧心忡忡地谈到的那种不良现象——教师得过且过和因循守旧。只有对事实进行分析和研究，教师才能从司空见惯的事情中看出新的东西。从平常的、司空见惯的事物中看到新的方面、新的特点、新的细节，这是养成创造性劳动态度的重要条件。这也是兴趣和灵感的源泉。倘若一个教师没有学会分析事实和创造教育现象，那么对于那些年年重复的事情，他就会觉得枯燥乏味，从而失去对自己工作的兴趣。而如果教师对工作不感兴趣，那么学生对于学习也会觉得索然无味。教育经验的实质就在于每年都有某种新的事物展现在教师的面前，而教师就在这种对于新事物的探索中施展着创造力。

低年级女教师 M. H. 维尔霍维妮娜从事创造性研究工作已有 10 多年了。她在校务委员会的会议上，在区和州的讲习班上作过好几次报告。这些报告曾在学术刊物上发表（但她从未把发表当做主要目的）。在刚开始进行创造性研究工作时，她并没有显得比其他教师有什么特别的长处。只是在实际工作中有些问题令她感到不安，那就是儿童入学前的训练、家庭里的智育和德育问题。有些儿童在入学时，知识面很窄，言语很贫乏，给教师带来许多苦恼。造成这种现实的原因何在，却难以做出回答。我就建议这位女教师研究各种事实，分析孩子们入学时已经具备哪些概念和表象，研究他们的思维特点，同时注意观察他们家庭的精神生活，观察他们在有意识的生活中迈出最初几步时所处的智力的、道德的和审美的环境。

对事实的初步研究、观察和对比进行了几个月。这位女教师把每个孩子的智力发展情况跟他们父母的爱好、文化水平、见识范围进行了比较。在进行观察的第一年末就作出了这样的结论：儿童的智力发展水平取决于家庭的文化修养。这一结论说明，对儿童入学前的训练必须及早地予以关心。这位女教师跟来年即将上学的孩子们的父母进行谈话，她建议家长要丰富家庭的精神生活，开阔儿童的眼界，扩充儿童的表象、概念和兴趣的范围。家长们接受了女教师的建议，购置了书籍作为家庭藏书，并让学前儿童阅读儿童读物。在儿童入学前的几个月，女教师定期地把她未来的学生集合到学校里来，带他们到田野里、到河边。这是一项很有意义的创造性工作，其意义在于扩大儿童的眼界，丰富他们的积极词汇，发展他们的思维能力。她总结了这项科研工作，写成论文发表在了共和国的杂志上。

现在，这位女教师正在研究思维过程迟缓的儿童。她学会了如何观察、分析和研究事实，如何把本质的东西和非本质的东西区分开来。她认为，学生的学习劳动是一种教育现象，其根源不仅在于学生的先天素质，而且取决于教师的积极劳动。教师经过研究和分析的事实，能为其深入思考、进行总结提供丰富的素材。这是每个善于思考的教师都能做到的一种真正具有创造性的研究。就拿有关感知与思维之间的依存性的初步结论来举例吧，对事实的分析表明：思维的个人特点在很大程度上取决于对周围世界的感知的个人特点，而这一点往往被人们忽略。教学生思考，首先就要求考虑学生的个人特点。

你刚开始担任校长工作时，可能会认为，你的学校里没有经验丰富的、得力的教师，很难激发起教师的首创精神。如果你想培养出这样得力的教师，那么我建议你跟他们一起从研究儿童是怎样感知自然现象、怎样感知周围世界的这个问题做起。你的面前会展现出一幅有趣的图景，你会看到：孩子们如何观看鲜花盛开的果树和雷雨将临的景色，他们察觉到哪些东西，什么使他们激动不安，这一切是如何决定他们的思维和言语的。你会弄懂一些问题，但同时也会产生大量的疑问。

你遇到的疑问越多，今后就越能成为一个富有探索精神的、细心的观察者。

　　创造性研究的意义，不仅在于教师发现并研究了教育过程中到目前为止尚未被人注意的某个方面，而且在于这种研究能从根本上改变教师对自己劳动的看法。创造性研究能使教师不再把教育工作看作是同一些事情的单调乏味的重复，看作是每天在各个年级里千篇一律地讲课和复习巩固等，而是看作永远常新的、独一无二的创造活动。哪里的教师看不到教育现象的蓬勃的生命力，感觉不到自己是教育现象的创造者，那里的怠惰、消极、漠不关心等这些学校生活中的不良现象就会迅速蔓延开来。

　　教师集体的精神生活的丰富源泉，首先就是我们所从事的这种美好的、创造性的、永远常新、独一无二的教育劳动。而只有在这种劳动中具有创造性探索和创造性研究的精神，才会有助于我们理解和感受到这种劳动的美、它的创造性、它的永远常新和独一无二的性质。教师感到自己是教育现象的创造者，这种情感是他渴求知识、热爱读书、不断地更新和充实自己的知识的内心需要的取之不竭的源泉。女教师维尔霍维妮娜说："自从我开始认真地思考我在日常劳动中遇到的种种事实的意义的时候起，书籍对于我来说，就变得如同大自然、鲜花和休息一样必不可少了。"

　　创造性探索和研究的精神是一种娇嫩的、变化莫测的东西，学校领导要以高度的修养来对待它。这种精神不能容忍粗暴的干预和行政命令。如果你想引导教师进行创造性的研究，借以丰富教师集体的精神生活，使每个教师都能确立起作为善于思考的和具有创造精神的个体的自尊感，那你就千万不要忘记，教育创造是永无止境的。你在听课、分析课和给教师提建议的时候，切忌武断地下结论。当你在分析课堂上看到的一切时（这是应当做的），切莫把优点和缺点加以绝对的划分，你应当跟教师一起思考，一起讨论，提出自己的想法和疑问。这是因为你对于自己在课堂上看到的一切，不可能都那么清楚。你要善于发现自己还不清楚、不理解的东西，跟教师一起思考这些还不理解的地方，这正是促使教师进行科学探索和科学研究的最初动力。

　　还有一点也很重要。如果你想以创造性探索的精神来丰富教师集体的生活，那么你自己就应当是一位探索者和研究者。你自己没有火花，就无法点燃起别人的火焰。你是学校里为首的教师、为首的班主任、教师的教师，你的面前有着进行创造性探索的真正无限广阔的天地。你和其他教师一样，也是一名教师，这是一方面；但另一方面，你是站在指挥岗位的教师，在你的面前展现出的教育天地比一般教师要更加广阔。你有一个非常优越的条件：你经常有机会把各种事实和教育现象进行比较。教师和学生之间的精神交往就在你的眼前发生着。这种教育现象的特殊之处在于：它是教育思想、教育观点和教育信念在人们的关系、行为和行动中的体现，是人类智力的、道德的和审美的财富从教师个性向学生个性的传递。其实，你正可以就教育创造中的这个永远常新的问题进行创造性的研究和探索：从极其复杂的、多方面的关系中研究教师和班主任，研究他们深刻的个性特点，因为归根到底，正是这些个性特点决定着作为科学、技巧和艺术三位一体的教育的奥秘。在教育科学研究中，有许多问题吸引着我，而其中一个主要的问题，就是教师的个性问题。人道精神、同情心、真诚和严格要求是师生关系的基础，这既是道德思想，也是教育思想。但这种思想在十个教育能手身上就会有十种完全不同的表现。当我研究教师的带有深刻个性的东西的时候，我深入地思考着：究竟这些道德思想和教育思想是怎样从这个人的精神世界中折射出来的？他是怎样成为一个指导教育过程的能手的？

即使你还没有任何经验，还不善于概括教育现象，即使你昨天刚来到学校当校长，你也应当今天立刻开始对这个永不过时的问题进行观察：教师的个性在如何塑造着学生的个性。你的研究可以从这样一条基本真理出发：一个精神丰富、道德高尚、智力超群的教师，是能够尊重和陶冶自己学生的个性的；而一个无任何个性特色的教师，培养出的学生也不会有任何个性特色，他只能造成精神的贫乏。你可以仔细观察一下师生之间的相互关系，想一想为什么有的教师能像磁石一般把儿童吸引在自己的周围，而有的教师却使儿童疏远自己。如果你把自己的思考和观察集中到一点，通过分析把一些片断的事实连接成广阔的教育现象，那么你就会发现一些很有意义的规律。

教师集体的精神财富，需要教师间精神财富的时常交流。只有当每个人对同志们都有所贡献时，集体的生活才能生气蓬勃。没有这种精神贡献，生活就会变成单调的例行义务。

教育书刊中关于教师集体的团结友爱已经谈得很多。那么教育上的这种同心协力从何而来呢？用什么力量才能使集体成为一种统一的起教育作用的因素呢？这种力量在于我们的劳动受着道义的鼓舞，在于有丰富的智力生活，在于有多种的智力兴趣。任何行政命令和指示都不能使一个教师把自己的经验和技巧传递给另一个教师。只有当一个人的奋发精神、聪明才智、博学多识和丰富的智力生活吸引着别人的时候，这种传递才有可能实现。

我坚信只有当学校里有一个由具有创造精神的教师组成的核心时，才能形成一个真正的教师集体。而这个核心必须具有一种伟大的人道思想，即我们手中掌握的是世界上最宝贵的财富——人。我们如同雕刻家雕琢大理石那样在塑造人。这个毫无生气的石块中有美妙的线条，我们要把它们发掘出来，并把所有多余的东西去掉。学校领导者的任务，就是要使具有这种思想的创造核心成为鼓舞全体教师的力量。只有相信人的人，才能成为真正的能手。

教师集体的精神生活，并不局限于教育上的兴趣。我们还有其他的兴趣，其中首先就是对文学艺术和音乐的兴趣。我校教师的读书兴趣是多方面的。用俄文和乌克兰文出版的一切有趣的书，我们都看。我们读书产生的印象、心得和情感，就像一些极细的线把大家联结成一个友爱的大家庭。一本有趣的书，往往争相传阅，把大家带进艺术财富的宝库和社会的、审美的、道德的天地里。大家最爱看的是反映当代生活的文艺作品，对古典文学的兴趣也很浓厚。大家喜欢在闲暇时间乃至在上课前的时间议论所读的书籍。这已成为我们精神上的需要，满足这种需要使我们感到快乐。我们经常留心新书的出版情况，许多作品引起我们很大的兴趣。我们总是急切地渴望读到苏联作家的最新作品。我们也以很大的兴趣阅读外国

进步作家的著作。

对文艺作品的爱好，正是教师和学生在其中相互接触的一个精神领域。我们认为，一个班主任，无论他教的是什么学科，都应当善于通过论述文艺作品的机智的、有趣的谈话，用艺术作品中反映的当代青年的理想来吸引自己的学生。

生活在农村，接触音乐文化很不容易。但是我们力求不让学识脱离音乐这一精神财富的源泉。夏天，许多教师到莫斯科、列宁格勒、基辅去。他们每一次都利用这个机会去欣赏音乐和歌剧。但是对我们来说，通向音乐世界的主要窗口还是那淡蓝色的荧光屏。几乎所有的教师家中都有电视机，学校也有 3 台。晚上我们需要有空闲时间，首先是为了欣赏音乐。学校的唱片室里保存着许多优秀音乐作品的录音带，教师可以随时去欣赏他此时感兴趣的音乐。

多种多样的个人爱好也在丰富着教师们的精神生活。有的教师喜欢园艺，有的喜欢养蜂，有的喜欢种植花卉，有的则喜欢到家乡的山林草原去旅行。

教师如果到学年末由于脑力的过度紧张而感到精疲力竭的话，那就谈不上进行创造性的劳动了。让教师有休息的时间，有机会看看书，能在果园里挖挖土，或者到树林里散散步，这些都是完满的精神生活不可缺少的条件。我之所以如此详细地讲到这个问题，是因为它是充实的精神生活中非常重要的条件。在任何情况下都不能允许一个教师在执教 25—30 年之后，当他正要领悟教育的真谛的时候，却感到自己已经精疲力竭。这一点，在教育创造这个大课题中，在把教师集体变为一种统一的教育力量这个大课题中，可以说是一个非常尖锐的问题。一个具有 25 年到 30 年教龄的教师，应当仍然是精力充沛、不觉疲倦的人。对他来说，带孩子们一起去行军，在散发着清香气息的干草垛旁露宿，不应当感到是一种负担，而应当感到是一种乐趣。要使我在前面所说的那种教师集体的精神财富的交流成为可能，就必须使那些积累了多年教育经验而头脑精明的人不至于变成婚礼席上可尊敬的"证婚人"，变成老态龙钟、人们为了尊重他们的白发而把他们选入主席团，给他们献花的人；而应当使他们成为好活动的、精力充沛的、新的精神财富的创造者。

批改练习本是耗费教师精力的一个重要因素。我们制定了一套批改作业的制度。低年级学生的许多作业，采取由学生自己检查、互相检查的办法。教师并不批改全部作业本，而是进行抽查，各个年级都照这个办法做。我们不让高年级的学生写篇幅太长的作文，这没有必要。在出作文题时，我们就考虑到使这篇作文写不到两三页以上，而且要求学生只写他自己所思考的东西。高年级的数学也广泛采用互相检查作业的办法。

要求没完没了地把后进生"提上来"，这是一个最使人伤脑筋的问题，是耗费教师时间的无底洞。教师给后进生补课，就不得不一再回过头来讲以前讲过的教材，无止境地布置补充练习。多年的经验证明，要使教师摆脱这种无效劳动，必须在小学阶段就使学生牢固地掌握知识和技能。此外，还要尽力使学生做到在掌握知识的同时运用知识，尽可能少让以前的知识只是处于储备状态。

3."思想之室"

好多年以前，就有一个疑问一直使我不得安宁：为什么青少年不喜欢阅读一些好书，一些文艺作品，特别是科学著作呢？书，是重要的、永放光辉的明灯，是学校集体的丰富精神生活的源泉。读书，是一个富有智慧而又善于思考的教师借以通向儿童心灵的门径。如果书籍没有成为学生获得精神财富、享受和满足的源泉，那么学生也就不会有其他的精神需要，他的精神世界就会变得贫乏而毫无生气。没有阅读，师生之间就没有精神上的一致，教师也就无法了解自己学生的个性。当我更加细心地观察青少年在读些什么和怎样读的时候，我发现许多人不懂什么是真正的阅读，不会深入思考、体会书中的含义。不少学生只知道读一种书——教科书。

我越来越认识到，一个人如果缺少真正的阅读，缺少那种震撼他的理智和心灵、激发他去深思生活和考虑自己前途的阅读，那将是很大的不幸。我们应当尽量让好书成为青少年的朋友，并使他们每天都跟这个朋友单独相处，哪怕一天只有一小时也好。现在已很清楚，要教少年怎样读书。

我们学校里建立了一个"思想之室"，这实际上是一个不大的阅览室，收集了三百多种最好的图书。给阅览室起这样一个名称，这就引起了学生很大的兴趣。当"思想之室"第一次开放时，我给学生们介绍了一本有关罗蒙诺索夫的书。这本书的内容很有趣。我还让他们看了我已经记了二十多年的读书笔记。我向他们描绘了一个有文化修养的人的最大的幸福，那就是在精神上跟书籍交往的幸福，

▲ 帕夫雷什中学的"思想之室"

一个人安静地得到智力上和审美上的享乐的幸福。

起初，来"思想之室"的人并不多，加上这个阅览室设在校园一个僻静的角落里，室内非常安静。室内看书的人谁都不得高声说话，破坏这种宁静的气氛。

我仔细端详过那些正在埋头读书的学生。当看到年轻人的一双双眼睛闪射出内心活动的火花时，我感到十分欣慰。

书籍不仅在青年们面前展开了周围世界，而且揭示了这样一条真理：他们对世界的认识就如同刚刚掀开巨著的第一页而已。一个人在读书时也在认识自己，这正是书籍给人的精神生活带来的可贵财富。这财富在于认识之乐。当一个青年一旦和一本有益的书交上了朋友的时候，他便会越读越认识到自己知道的太少，但这种认识不会使他感到失望，而是在他面前展开一个无止境的认识的世界。书籍在他面前打开了一个新的天地。

我们在室内设了一个专柜，里面集中了一类特殊的图书——关于杰出人物生平事迹的书，关于为人民的自由和幸福而战的斗士们的书。这里集

中的几十本书，是写那些刚毅顽强、为维护真理而宁死不屈的人物的，这些人物中有乔尔丹诺·布鲁诺、亚历山大·乌里扬诺夫、尤利乌斯·伏契克、穆萨·扎里尔和卡尔贝舍夫将军等。描写英雄人物的书是教育青少年的百科全书。只有当那些堪为世世代代所敬仰的人物的名字在青少年面前闪耀出灿烂光辉的时候，青少年才会真正地看到自己。

理想是一个人精神的核心。对理想的追求和信仰是青年时代的精神生活的核心。我们竭力使每个学生都喜爱这个专柜，都有一本心爱的书，一本读了还要再读的书。

追求理想是一个人进行自我教育最初的动力，而没有自我教育就不能想象会有完美的精神生活。我认为，教会青年和少年自己教育自己，这是教育技巧和艺术的一个高峰。衡量一个学校集体的精神生活如何（其中起主导作用的是教师和高年级学生），就要看这个学校的学生是用什么标准来衡量自己的，看他们思想上是以什么人、什么事来对照自己的行为和自己的道德面貌的。

我们感到高兴的是，"思想之室"逐渐地成了丰富学生精神生活的一个源泉。青年们开始一遍又一遍地阅读同一本书。他们带来了记录本，抄录亚历山大·乌里扬诺夫、费利克斯·捷尔任斯基、格奥尔基·季米特洛夫、恩斯特·台尔曼等人的火热的语句。我们看到，当一个人的面前正展开进入生活的道路时，他已经在用英勇战士的眼光来查看自己，试着用英雄行为的尺度来衡量自己。一个人能进行自省，面对自己的良心进行自白，这是精神生活的最高境界；只有那些在人类的道德财富中找到了自己的榜样的人，才能达到这个境界。

如果你想使学校集体的精神生活变得丰富多彩，想使学生的理智和心灵对你的话很敏感，那么你就要去激发他们追求理想的热情。应当尽量设法使一个人在少年和青年早期就理解、感受和体验到人类最高尚的美——即忠于信念、忠于劳动人民的理想、英勇顽强、在困难面前毫不动摇。要让这种美激动青年人，点燃他们心灵中的火焰，使他们度过一些不眠之夜，认真地思考自己的未来。导致集体的精神生活空虚的最可怕的东西，就是对凡事都无动于衷，对什么都无所谓的态度。

据估计，一个最勤奋的读者毕其一生能读的书，也不会超过2000本。这就要求我们严格地去精选书籍，准确地给青年人指出通向这些生活"绿洲"的途径。我们努力让青年人在这个"思想之室"里，不要错过这些"绿洲"中的任何一个。最重要的是要让每个青年都找到一本合适的书，这本书能拨动他的心弦，使他精神振奋，并在他的心灵中终生留下痕迹。阅读这本书应当成为他的精神生活中的一个转折点。

"思想之室"里还有自然科学图书专柜，有物理学、数学、化学、天文学、电子学、生物学、地理学等方面的图书。教师根据学生的兴趣、爱好和才能，向他们推荐适当的书。阅读科学著作逐渐地成为学生的一种精神上的需求，成为他们享受认识之乐的源泉。我们认为，如果青少年没有迷上科学书籍，如果这个图书专柜里没有他心爱的书籍，那就是我们没有找到通向他们心灵的门径。

4. 读书和创作

怎样才能使阅读科学书籍成为学生的精神需要呢？这是一个不容易解决的教育问题。只有当学生中形成了勤奋好学的风气和广泛的兴趣时，图书才会进入他们的精神世界。书籍的教育作用的大小，取决于教师的精神生活的丰富程度。教师的智慧跟学生的智慧有着千丝万缕的联系。如果教师上课不局限于课本上的知识，而是一步步地引导学生去接近科学，那么他们就会对科学书籍产生兴趣。我们经常举行各种专题的科技晚会，教师和高年级学生都是晚会上平等而又积极的参加者，这对于丰富学校的精神生活起着很大的促进作用。

有些学校存在着一种奇怪的弊病，这初看起来是不合常情的，那就是学校里"没有图书"。也许，学校图书馆的书柜里放着不少书，但它们都像沉睡的巨人一样躺在那里，并没有进入学生的精神生活。我们应当唤醒这个"巨人"，为学生打开通往书籍的大门。不要害怕占用一些上课时间，让学生到浩瀚的书海里去漫游；不要吝惜在每门学科上占用几节课的时间，去进行几次人类最奇妙、最美好的活动——接触书籍。要让青年的心灵在这种活动中充满激动和欢乐。要让书籍像心爱的音乐旋律一样紧紧扣住青少年的心弦。假如书籍对学生来说总是那样新奇、那样有魅力，假如年轻人总想独自一人去钻研书本，假如他们当中出现许多爱书胜于爱其他一切的"书迷"，那么学校生活中许多令人头痛的问题就会自然消失，首先就不会有那种对待知识冷漠和无所谓的现象了。

如果你想让青年如饥似渴地追求知识，你就要关心精神文明最重要的基地——图书馆。我指的不仅是学校图书馆，还包括学生的个人藏书。当你的学生快要毕业时，他个人有多少藏书？如果他的书架上只有教科书，而且准备把它们转送给低年级同学，那就说明你对他的教育不是成功的。个人藏书——这是精神文明的源泉，也是一面镜子。一个快要毕业的学生应当有一些个人藏书，即使为数不多也罢。儿童刚刚进入你的学校时，你就应该告诉家长，子女的个人藏书是他们最大的财富。希望做父母的每年能在孩子过生日的时候，把书作为礼物送给孩子——这应当成为一个好传统。要让"图书节"成为你们学校最愉快的节日。在这一天，我们的集体农庄总要给学生们赠送图书。要让国内外那些不朽的文学名著在每个青年的个人藏书中占有最显著的地位。要教育学生不仅要读书，而且对某些书要反复地读。反复地读一本好书，就像反复地欣赏喜爱的音乐作品一样，应当成为学生的精神需求。那么，怎样才能使学生做到这一点呢？当然，主要还是教师要教好文学课。要让学生从小就能体会到语言的优美、馨香和其中的细微色彩，要让他不仅领会到蕴含在语言中的丰富思想，而且感受到语言的美，这样才会产生反复阅读好书的精神需求。我们学校在低、中、高各年级都拨出一些课时，让学生朗读他们喜爱的文艺作品。有时由几个学生（有时是全班学生）朗读同一篇作品（例如普希金的《我徘徊在喧闹的大街上……》）。这就变成了一种朗诵比赛，如同大家都演奏同一首曲子的音乐比赛一样。

我们学校有好几个文学创作小组，由低年级教师和语文教师进行指导。小组活动时，学生朗诵优秀作家的作品以及他们自己写的诗歌、小说、短文。我们把文学创作看作是培养学生精神文明的一项基本活动。我们的学生将来无论是当农民还是当工程师，当饲养员还是当数学家，对他们来说，美的感受就像基础文化知识一样必要。我们把对语言的爱好、艺术思维以及用语言表达自己的思想、情感和感受的能力，都看作是人的文化素养的主要标志。有时候，各年级文学创作小组还举行旅行活动，到艺术语言的发源地去，即到大自然，到美的世界中去。

春天，在明媚的阳光照耀下，苹果树上花朵盛开，蜜蜂嗡嗡地叫着，百灵鸟在蓝天上歌唱。孩子们，看一看这美景吧，用优美的语言来描述它，从祖国语言中去寻找恰当的词语，来表达各种色彩和声音的细微差别吧。孩子们通过创作一些短诗，他们的艺术思维得到发展。周围世界的美感能陶冶学生的情操，使他们变得高尚文雅，富有同情心，憎恶丑行。孩子们创作的一些富有诗意的小作品，就记录在学校的文艺记录簿《我们的创作》里。

下面是四年级和五年级学生写的几篇小作文的片段。

"红色的玫瑰花瓣上有一滴露珠。我摘下花朵，露珠在花瓣上颤动着滚来滚去，它的色彩变幻着，但没有跌落下来。"

"清晨，我家房子旁边那棵老橡树的叶子，在微风中不安地颤动着。一群鹡鸰飞向天空，在农舍上空盘旋了一阵之后落到了巢边，低下头向远处张望。秋天就要来临了。"

"柳树枝低垂在池塘边，枯黄的树叶飘落在水面。一群群燕子在空中飞旋。秋阳灿烂，蛛丝在透明的空气中飘浮。"

下面是一至四年级学生自编的几个故事。

"青绿的谷草丛中住着一只蝈蝈儿，白天怕热，躲藏起来。太阳一落，它就高高地爬上谷秆，蹲在绿叶上，调调它的琴弦。蝈蝈儿是一个多么好的音乐家呀！它的琴声悠扬动听。它的琴弦一动，就会奏出美妙的乐曲来。小兔、小狐狸都来听，整个田野都在欣赏这音乐。"

"几个小姑娘到野外去玩。她们走在绿草地上，突然发现一朵鲜红的罂粟花。小姑娘们奇怪地问道：'罂粟花，你为什么生长在野外的草丛中？'罂粟花回答说：'在战争中，这里曾流过英雄的鲜血。他们的鲜血浇灌了我，我就生长在这个地方。'姑娘们向罂粟花行了少先队队礼，深深地向它鞠躬。罂粟花像英雄的鲜血一样红。它象征着革命的旗帜。一个蓝眼睛的女孩轻轻地说：'也许，我爷爷就牺牲在这里。'"

"果园里有棵苹果树，树上的苹果已经成熟了。一只苹果像布满朝霞的天空那样绯红。一个小男孩从远处望见了这只苹果，不由得想走近它仔细瞧瞧。可是他不能走过去，因为果园四周有高墙，大门上了锁。孩子向墙边走去，摸摸门上的锁。锁是铁的，很坚固。

铁锁感到惭愧起来。这时候要是它能把自己所想的说出来，它准会说：'小朋友，请原谅我。我真想让你进园子去，可是我能做些什么呢？要知道，我是铁锁呀！'然而铁锁不会说话，它只是又气又羞愧，羞愧得真想钻到地底下去……。那男孩呆呆地望着绯红的苹果，两行泪水从眼睛落到地下。这时候，铁锁再也忍受不住了，它由于羞愧而脱落了。那男孩便进了果园。"

"冬天，外面非常寒冷，但是太阳还照耀着。一个男孩走进了温室，里面鲜花盛开：有白色的、红色的、蓝色的、淡蓝色的、紫色的……。孩子偷偷地摘了一朵淡蓝色的小花，藏在衣兜里。他对自己的行为感到羞耻。但是因为他妈妈在生病，他想送朵鲜花给妈妈。

路上，小花感到很闷气，就央告小孩说：'小朋友，把我从兜里掏出来吧！我闷得喘不过气来了。'小孩惊奇地说：'外边很冷，你会冻死的。''不管怎样你还是把我掏出来吧！'小孩把花掏了出来。小花又说：'请把我放到地上。'

小孩把花朵放在雪地上。小花的腰挺直了，花瓣也舒展开了，轻松地吐了口气，对着太阳微笑着说：'我终于又见到了太阳。'"

对于我们来说，这些小作文要比许多冗长的作文宝贵得多。因为这些小作文是鲜明的艺术思维和细腻的情感的表达。

或许有的读者会认为，只有有了很强的教师集体，只有在有才干的教师的指导下，学生才能写出这样的文章。然而，我们写这本书的目的，正是为了帮助某些较弱的教师集体变成强有力的集体。至于才干，那是对工作的热爱跟对孩子的信任的乘积。如果你想使你的学生也写出这样的文章来，那么首先就要引导教师热爱书籍和语言。任何成功都是来之不易的，一切好的东西背后都是巨大的劳动。很重要的一点是要用长远的眼光来看我们所从事的活生生的教育工作：一天从一堆沙土中淘出一粒金子，一千天就能淘出一千粒金子。

这里我们就要谈到学校生活中我认为是（至少应该是）最微妙，也是最困难的事——这就是准确地用词的问题。词应当在孩子们的创作中，在儿童和青少年的关系中成为有生命的东西。我深信，准确地用词，这是学校生活文明的最本质的东西。现在让我来介绍一节课，这节课大概可以称之为"准确用词的课"吧。

那是九月的一个宁静而晴朗的早晨。我带领孩子们到田野里去。田野里是那么寂静，以至连天上高飞的雁群的鸣叫声都可以听得见。我对孩子们说："你们看看天空，夏天它是灼热的，散发着火辣辣的热气……。可现在的天空是什么样子呢？你们想一想，从我们的语言中找出恰当的词来形容现在的天空。"

孩子们沉默了，望着天空在思索。几分钟后我便听到了孩子们所找到的词：

"天空是蓝色的，就像池塘里累乏了的水一样。"

"为什么说水累乏了呢？"我问孩子。

"因为夏天的水在翻滚，掀波浪，到秋天它就累了，蓝蓝的，静止着，显得很疲乏的样子……"

孩子们又沉默起来，又在搜寻词儿。

"天空像刚被雨水洗过的一样……"

"天空是清净的，连一根羽毛也没有……"

"天空是碧蓝的，好像切列西卡的童话里的天空一样。一会儿天鹅就要飞来了……"

"天空是秋天的天空……在夏季是夏天的天空，到秋天就是秋天的天空了。"

孩子们又沉默下来。小女孩瓦莉娅站在一旁。

"瓦莉娅，你怎么不说话呀？"

"我想说个自己的词儿。"

"那你找了个什么词儿呢？"

"天空是柔和的。"瓦莉娅微笑着轻轻地说。

又是一阵寂静。然后每个人都想再说一个自己的词儿。

"天空是忧郁的。有乌云已经从北面涌过来了。"

"天空是宁静的。当有雷雨的时候，天空是多么不平静啊！"

"天空在沉思，它在回忆着云雀的歌唱。"

"天空贴近地面了，夏天的天空比现在高，有燕子在天上飞。现在看不见燕子了。天空在凝神静听：燕子是不是躲到树丛里去了？"

"天空在晒太阳取暖，很快太阳就要被乌云遮住了。那时候它会觉得多么冷呀……"

词语的活用是一个充满思维的王国。我感到，我的工作中最幸福的时刻，就是充满丰富的思想和创造精神的那些时刻，是词语和思想在孩子的心灵中汇合成湍急的洪流的那些时刻。思想要求通过词语来表现，在这种时刻，思想在搜寻和挑选鲜明的、带着清香味儿的词语，产生富有诗意的形象，孩子们为创造了这样的形象而唤起自豪感来。

音乐在学校集体的精神生活中具有很大的作用。我们全体教师深信，音乐修养是道德修养的一个极重要的条件。音乐形象能触动人的心灵，陶冶人的高尚情操，具有强大的感染力。进行音乐教育，目的不是培养音乐家，而是培养和谐的人。

我们从学龄初期起，就引导儿童逐渐进入音乐文化的世界，教他们对音乐进行欣赏、理解、感受和体验。我校已经形成了适用于低、中、高各年级学生的整套音乐欣赏曲目，我们培养了学生反复地欣赏优秀音乐作品的内心需求。

在童年、少年和青年早期去了解祖国，能丰富一个人的精神世界。如果一个人到中学毕业时有幸到过莫斯科、列宁格勒和基辅，那当然是很好的。但是，使学生了解祖国并不一定要从此入手。我们尽力使每一个学生在青少年时期都能真正看到田野、森林和河流，去过那些无名的、偏僻的角落，因为正是这些东西的独特的美构成了我们祖国的美。拄着棍棒，背着行囊，到家乡各地去旅行，这跟阅读好书一样是不可缺少的。只有青少年时期在家乡的土地上旅行过几百千米的学生，他才能对祖国产生深厚的感情，才能体会到祖国的美，对祖国产生眷恋之情。我们的学生经常去第聂伯河和克列缅楚格海的沿岸旅行。他们每年都发现一些惊人的美丽地方。

多年的工作经验使我们全体教师认识到，只有学校的团队组织都积极参加到各种课外活动中去，才能使书籍、音乐和艺术进入学生的精神生活。我们学校的"图书节"就是由共青团委员会和少先队大队委员会负责筹备和举办的。这种"图书节"通常都在学年的开始和终了时，或在纪念著名作家、画家、作曲家的日子举行。学生家长也会参加图书节的筹备和举办活动。我们在"家长学校"的讲课中要讲到书籍在家庭精神生活中的作用。我们已经做到每个学生的家庭里都有自己的文艺藏书。

学校集体和个人的丰富的精神生活离开劳动是不可想象的。每个学生个人的爱好和创造活动，我们认为都是精神生活中的劳动。我们尽力使每个青少年都能体验到劳动创造的幸福，使他们感到劳动不仅是一种义务，而且也是自己喜爱的事情。一个人的个性就表现在他创造了什么，表现在他的智慧和技巧上。要让每个学生都从劳动的物质成果中看到和感受到自己的荣誉和尊严，这样就能使劳动跟精神生活融为一体。在劳动中确立个性，用双手和智慧创造成果，把精神和品质外化出来，用形象的话说，这就是把劳动跟精神生活连接起来的纽带。

要把为社会的劳动变成大家喜爱的劳动——这是我们全体教师的座右铭。我们把劳动教育看作一个长期的过程，这是人探索自己、探索所喜爱的能发挥自己能力、天才和志趣的那种劳动的过程。要使学生进行这种探索，就必须具备一定的物质条件，此外（我又要重复这一点了），学校里要确立一种用创造性劳动的精神鼓舞人心的气氛。我们学校的每一个学生都有他从事自己所喜爱的劳动的那个角落。学生们可以在教学工厂或工作间里，在无线电实验室或化学专用教室里，在"绿色实验室"（这是我们的一个研究工作中心）里，在教学试验园地或温室里，在学校果园或养蜂场里，在机械化工作者生产队或生物角里，从事他们心爱的劳动。这种情况之所以成为可能，是因为学校集体的劳动已经成为一种经常性的、永不中断的交流精神财富的活动。只有依靠这种交流，劳动才会进入集体和个人的精神生活。

如果你想使学校里充满有趣的、鼓舞人的劳动气氛，使劳动不仅成为强有力的教育手段，而且成为集体和个人的巨大精神财富，那么你就要想办法让年龄较大的、较有经验的学生把人的最重要的财富——技巧和才干传给年龄较小的同学。

这里也存在着校长进行观察、研究和创造的广阔天地。从你任职的第一天起，生活就会向你提出这样一些问题：学校是否已形成一个集体？是什么把学生们联系在一起的？学生的生活内容是什么？每一个人对集体有什么贡献？他为自己的全面发展、为充实和丰富自己的精神生活而从集体中得到了什么？你正是应当从这些问题出发去观察和研究学校集体的精神生活。

总结这一章里讲的主要意思就是：校长和教师应当设法使学校集体过一种生气蓬勃的、富有思想性的精神生活。

第4次谈话

难教儿童 ①

在一所学校里发生了这样一件事，它迫使教师们对师生关系问题进行深思。

一年级来了一个叫尤拉的学生。这孩子活泼好动，刚开学就连续几天给女教师添了许多麻烦。

女教师对尤拉的母亲抱怨说："他在课堂上太不守规矩，连一分钟也不能安静地坐着。"

这类抱怨逐渐变得越来越强烈了："尤拉不经允许就随便说话……今天在课堂上无缘无故地高声大笑……他对同桌的同学叽咕了一阵，逗得那个同学也笑了整整一节课……"

"那该拿他怎么办呢？"母亲发愁地问。

"这么办吧，"女教师提议说，"我们搞个联系手册，我每天给他打个操行分数，再把他所有的过错都写在里面。您就采取措施吧。"

母亲高兴了。但是女教师说的"采取措施"的话却又使她不安。她想："采取什么措施呢？"

于是，联系手册里开始出现这样的记载："尤拉在上课时投放纸叠的飞机""老师提问别的学生时，尤拉给他暗示""您的儿子变得没法教育了"……

---

① 原文为"трудные дети"，直译是"困难的儿童"，意指在品德修养和智力发展上都有困难的学生。译文中视具体情况亦译为"难教的"儿童。——译者

每一次，妈妈都问："尤拉，你在干些什么呀？你为什么不听话？为什么你的表现不像其他孩子那样呢？"

　　尤拉不吭声，只是用他那明亮的蓝眼睛望着远处的什么地方。妈妈觉得，尤拉对她提出的问题不理不睬，这使她恼火，她终于控制不住自己了。

　　妈妈打了尤拉一下，尤拉叫喊着说："您干什么呀？妈妈！"

　　尤拉惊呆了，他的双眼瞪得很大。他不仅从来没有经受过这种痛楚和屈辱，而且他在童年所经历的那种环境里从来还不知道，人可以打人。

　　儿童的心灵是易受伤害的。在教学中，以及在整个学校生活中，如果对儿童采取不谨慎或者漠不关心的态度，就会出现许多尖锐的矛盾，给儿童造成他们无法经受的精神伤害。这种精神震撼是不应当有的。我们作为学校领导人，应该深入地思考这一点。

　　解决这个问题最切实可靠的保证，是要求教师、家长和所有与儿童教育有关的人，都具有高度的教育素养，都能认识到自己对儿童的命运负有公民的责任。

　　儿童对于善恶、是非是十分敏感的。成年人能够认识到不公正的事是错误的，儿童却还无力理解生活的全部复杂性。遗憾的是，并不是所有的成年人都对儿童的内心体验有所了解。儿童的内心状态——这是指当别人的行为或多或少地触及儿童的人格时，儿童所做出的带有鲜明情绪色彩的评价。儿童对这些行为的反应（首先是情绪上的反应）是十分敏锐的。他对不公正的事极其敏感。儿童对粗暴的斥责、冷嘲热讽，甚至对随便说出的一点责备（有时成年人也不一定感到其中的冷淡意味），都会感到不公正。尤其是当成年人对儿童抱着轻视的、冷淡的态度时，问题就更加严重了。

　　不公正会伤害儿童的自尊心，引起他的愤慨，使他的内心产生各种各样积极的或消极的反抗意图。有些事在成年人身上只会引起轻微的激动，而在儿童心里却可能造成巨大的痛苦。我们学校里发生过这样一件事。我从五年级学生彼嘉身旁走过时，偶然地对他的脸瞅了一眼。我停下来了，感到极为震惊：这孩子的眼睛里流露出一种巨大的、绝望的、不是儿童常有的痛苦神情。事情的起因在成年人看来可能是微不足道的：生物教师要每个学生把收集的植物标本交上来，彼嘉晚交了一天。教师说，没有按时交，现在不要了。这孩子还向我诉说了他的其他一些不幸和烦恼，我听了心里很不安：原来这孩子在家里还遭到那么多痛苦！屈辱和痛苦接踵而来，而生物教师的严厉态度正好是火上浇油。这件事教会了我要时常留心周围的人特别是儿童的内心状态。

冷淡的态度会刺痛、伤害天性细腻而敏感的儿童。我亲眼看到过这样一件事。

卡佳是一个小个子、蓝眼睛、梳着一条浅黄色粗辫子的三年级女生。她今天特别高兴。

她的父亲之前病了一年多，住在医院里，动过三次手术。妈妈和卡佳都很痛苦。卡佳有时候夜里醒来，不止一次地听到妈妈在轻声啜泣。

可是今天爸爸开始上班了。他恢复了健康，精神很好。卡佳的眼里流露出衷心的喜悦。她来到学校，在校园里遇到两个同班同学——彼佳和格里沙。她跟他们打了招呼，并把自己的好消息告诉他们：

"我爸爸病好了！"

彼佳和格里沙看了卡佳一眼，莫名其妙地耸了耸肩膀，什么也没说，跑去踢球了。

卡佳朝一群正在玩"跳房子"的女同学走过去。

"我爸爸病好了。"她说，眼睛里闪着喜悦的光芒。

一个女同学尼娜惊奇地反问道："那又怎么样呢？"

卡佳感到喉咙里好像是塞进了一团什么东西似的，她朝校园边上的一棵孤独的白杨走过去，哭了起来。

"你为什么哭啊，卡佳？"她听到了科斯嘉的声音，那是一个平时沉默寡言、在教室里坐在最后一排的男孩子。

"我爸爸的病好了……"

"那太好了！"科斯嘉高兴地说，"我家旁边的松树林里，铃兰花开了。放学后我们去采一些最好看的花，送给你爸爸。"

卡佳的眼里闪耀出喜悦的光芒。

往往有这样的情况：只要说一句得体的话，就能使久病卧床的人感到犹如大病痊愈。儿童在集体中的相互关系，乃是学校生活中最细腻的领域之一。为了使一个儿童不致伤害另一个儿童的心灵，就应当对儿童进行情感教育。保护人的欢乐，如同聚集阳光一样，是件很不容易的事。只有依靠心灵的敏感和力量，才能像聚集阳光一样地保护人的欢乐。教育者首先要关心的事，就是使儿童的心灵对于别人内心发生的事抱着敏感的关心态度。

有些儿童的神经特别敏感，学校里的嘈杂环境——奔跑、喧哗、叫喊，都会使他受到刺激。特别是教师的大声训斥，哪怕不是对着某个胆小的孩子，而是对班上别的孩子而发出的，这个孩子简直也会被吓得发呆。恐惧感甚至会使儿童听不见别人喊他的名字，听不懂教师在讲些什么，这样教师讲的话对他就失去了意义。常有这样的情况：一节课已经过去了15—20分钟，这个学生却还在机械地继续做着别人早已做完的事，因为恐惧心把他的意识震惊得麻木了。教师惊异地在一个孩子身旁站住了：全班学生早已在画圆圈了，而维佳还在那里画杠杠[①]。教师不明白这是怎么一回事。于是，维佳就逐渐地得到了一个"注意力不集中，头脑迟钝"的坏名声。教师的训斥也就时常直接地针对他而来了。教师哪里知道，当他走近维佳的课桌时，这孩子吓得双腿都在发抖呢！在学校里，恐怕再也找不出比这更加不能容忍的事了。在学校里，人们的每一句话都应当浸透高度的人道精神和同情心，人与人之间的关系不应蒙上恐惧的阴影。学校里不

---

① 指学写字母前的书写练习。——译者

应当有恐惧，正如美和丑不应相容一样。

虽然在绝大多数情况下，孩子们终将摆脱恐惧心理的束缚，但恐惧就其本身来说对儿童是极其有害的。在恐惧心的影响下，他们在很长一段时间内不能正常地得到发展。这段时间本来是孩子们智力充分发展的最宝贵的时间，然而却白白地丧失了。

我们可以做到使一个人习惯于生活在恐惧和威慑之下，但是养成这种卑劣的习惯后，会使人在道德上败坏，变得卑鄙、伪善和阿谀奉承。出于恐惧、害怕而俯首听命，这会使人变成一个残酷的、没有心肝的人。健康的道德的最重要的条件之一就是善良的意志，这要建立在人对他人、对集体的责任感的基础之上。

只有善良的人才能英勇无畏、不屈不挠。

一个孩子受到不公正的或者粗暴的待遇，受到缺乏机智的或者漠不关心的对待之后，内心为此而震荡，体验了强烈的激动，他却要竭力装出毫无痛苦的样子。他会采取一种人们完全意想不到的积极反抗的形式，如装模作样、故作丑态等。他宁愿充当傻瓜、无所用心的捣蛋鬼甚至小丑的角色，也不愿经常想到自己内心的痛苦。常有这样的情况，就连教师和别的孩子们，也终于对彼佳 ① 的装模作样、故作丑态习以为常了。大家在许多事情上宽恕他，教师对他采取迁就容忍的态度……，有时甚至发展到大家故意怂恿彼佳做出逗人发笑的行为。这是一种非常危险的情况——荣誉感和自豪感遭到麻痹。我们决不能允许一个儿童不再尊重自己，不再珍惜自己的荣誉，不再奋发向上。在教育上，有这样一条极其重要的规律，就是人在道德上不断完善，不断获取新的道德财富。我常想，可以对教育这个复杂过程作如下的比方：教育者是一位向导，他熟知崎岖难行的山路上的一切曲折和坎坷，他在向初次上路的年轻人指引道路。他只是指路，但路还得靠行路人自己去走。向导和年轻的行路人，在崎岖小路的艰难攀登中，共尝艰辛和分享快乐。共同的劳动使他们亲近，共同的自豪感使他们

---

① 泛指前述那种儿童。——译注

高兴。这种追求共同的目标和付出共同劳动的感情，应当把明智的领路人和经验尚少的年轻行路人结合在一起。我要再一次强调指出：教育——一种很不容易的劳动，只有当受教育者由于自己付出了劳动而感到自豪的时候，才能把道德财富引进他的心灵中来。我们要使年轻的行路人心灵里确立起自豪感和荣誉感，使这些情感植根于领路人和行路人的共同劳动。哪里有这种共同的劳动，哪里才有教育。

教育的明智就在于保护受教育者，不降低他的人格，不使他感到自己是听任命运摆布的一粒无能为力的尘埃。无论何时都要努力不让学生的意志受到压制。意志，形象地说，这是承载人的尊严感之大船的深水。性格执拗和不肯听话，要比唯唯诺诺、盲目服从好一千倍。

如果说我们对儿童了解得还很少，那么许多教师听了会觉得委屈。但事实上许多人对于儿童的精神生活缺乏起码的了解，这是不能容忍的。关于儿童心理状态的问题——关于他们的欢乐和忧愁、创痛和病患问题，应该经常列入校务委员会及讨论共产主义教育理论和实践问题的专业会议的议事日程。几乎所有的学校都在举办一些讨论会。但是，有些讨论会往往脱离了儿童活生生的精神生活，而去研究一些理论问题：什么是社会教育啦，什么是人的全面发展啦，什么叫教养啦，等等。让我们想象一下，假如农学家们在讨论会上年复一年地、无休止地讨论"什么叫收成"的问题，那么研究农学能有什么实际的益处呢？可是我们教育工作者在自己的讨论会上搞的往往正是这一套：没完没了地研究什么是我们的"教育收成"。

教育理论应当是照耀教育实践的光亮，应当是灵敏度极高的指南针，指示人们怎样和向什么方向去引导儿童。伟大的俄国教育家康·季·乌申斯基，满怀愤慨地把没有理论的教育实践比作以魔术治病的巫医。给巫术披上科学的外衣，是绝不会有利于事业的。在这里，可怕的是，这种巫医治病的风气侵入到学校生活最细腻的领域——人与人的相互关系（教师与儿童、高年级学生与低年级学生、同年龄学生之间）中去了。

学习——这首先是人与人之间的关系，是精神财富的交流，是发自内心的善意和相互体贴的赠予。学校的全部生活应当充满人道的精神。

那么，这里究竟什么是最主要的呢？

要成为有人道精神的人，就必须了解儿童的心灵。人道精神不是用某些专门的方法所能制造出来的。温情主义跟真正的人道精神是格格不入的。对儿童娇生惯养、百依百顺，会使他们变得懒惰、散漫和随心所欲。教师为这种现象而深感忧虑，于是就决定把家长对子女的姑息态度所造成的影响一下子扭转过来，认为只有用严厉才能对抗娇生惯养的影响。教师为了坚决扭转某些不良影响，就在触及儿童个性的一切问题上搞"急转弯"，于是就总是要跟儿童的意志打交道。而意志这个东西是非常复杂和难以捉摸的，更何况这里指的是儿童的意志。

真正的人道精神首先意味着要公正，而所谓公正，就是尊重与严格要求相结合。在学校生活中，没有也不可能有什么抽象的公正。教育上的公正，意味着教师要有足够的精神力量去关心每一个儿童。用一个模式、毫无区别的态度去对待所有的儿童，那是漠不关心、不公正的最坏的表现。如果儿童感到别人眼里没有他，不想去知道他个人的小小的不幸，把他丢在一边不管，那么他会认为这是一种痛苦的屈辱和极大的不公正。有时候，譬如在儿童独立完成作业时，只要教师走到他跟前，问他一点什么，给他一些指点，这对他就是一种精神支持。

我坚信，严格要求是从高度尊重儿童的力量和能力开始的。所谓严格的要求，就是要理解和体会什么是学生力所能及的，什么是他力所不及的，帮助儿童竭尽全力去达到他能够达到的那个高度。使一个人相信自己所确定的目标是能够达到的，这就是真正的严格要求，同时也是真正的尊重。

所谓对儿童的人道态度，就是教师要懂得这样一条简单而明智的真理：离开儿童内在的精神努力，离开儿童要成为一个好人的愿望，那么学校和教育就都成了不可思议的东西。真正的教育能手，对学生也是有督促、有强制、有逼迫的，但是他在做这一切的时候，永远不会去扑灭儿童心中那一点宝贵的火花——要成为一个好人的愿望。教育者的真正的人道精神，就在于他有高度的技巧和艺术，能够激发儿童这样的思想：即他还没有成为他应当而且能够成为的那样的人。应该让美好的事物成为儿童的理想，吸引他、鼓舞他前进。一个真正的教育能手，即使在责备儿童，对他表示不满和愤怒的时候（教师，也像任何有情感有修养的人一样，难免有愤怒的时候），他也从不忘记：绝不能扑灭儿童的这种思想，即目标还未达到，但一定要达到。

那种认为人道精神就是教师始终用温和的、克制的语调说话的看法是错误的。善良不是指声调，也不是指说话时特别地挑选字眼。真正的教育者向来都是情感丰富的人。他对欢乐，对忧愁，对令人担心的事，都有着深刻的内心体验。儿童若能从他老师的这些激情中感受到他的真诚，他们就会信任他。

也许你会问："那么，一般地说，教师是否可以提高声调说话以至大声训斥呢？"有一位教师伤心地说："这么一来，教师连高声训斥也不允许，他还剩下什么可做呢？"看待说话的声调问题、提高嗓门的问题，一般来说，不能离开教师的情感修养和思想涵养。一个有情感修养的人，他说话不用喊叫，也能打动儿童的心。对儿童的精神世界高度敏感和关心的教师，是从来不高声训斥儿童的。教师的担心、忧愁、苦闷、惊奇和愤慨——所有这些情感以及它们的种种细微反应，即使从老师的平常话语里儿童也能体会出来。一个真正有人道精神的教师，为了使儿童领会他的情感，大可不必去进行什么修辞训练：既然这些情感发自内心，他就是不说出来，儿童也能理解。

真正的教育能手都具有高度的情感修养。我认识一位教师，他在学校已工作了 36 年，他的学生已有 100 多人当了教师，都具有很高的教育水平。这位教师也常常发火，也激动，也愤慨，但是从来不大声叫喊。这并不是因为他在尽力控制自己。儿童能够从他的声音里分辨出几十种细微的感情色彩：苦恼、烦躁、抱怨等等。的确，在儿童做事不能令人满意时，他也会深切地难过。当他为某种事情烦恼时，他说话的声音很低，全班都屏息静气地倾听他的每一句话。这不是某种特别的表演，也不是人为地控制自己的嗓门。不，这一切都是发自内心的，都是教师具有广阔的胸襟和高度的情感修养的结果。儿童每天都在亲身感受老师对他们的行为举止在他的心灵深处做出的最细腻的情感反应。这种反应就是用人道精神进行教育的强大基础，离开它，就无所谓学校。正是在这种反应中，在教师的宽宏情怀中，学生才感受到他的真诚。

对待懒惰、无所事事、吊儿郎当、虚度光阴、挥霍浪费和满不在乎等现象的不容忍态度——是一个善于以自身高度的情感修养教育学生的教师的高超教育技巧的一种突出特征。这种绝不容忍态度，乃是与人为善的真正本质之所在。

这里我要重申一下这个思想：真正的教育者要唤起学生努力成为一个好人的志向。教师基于他教导学生的道义权利对学生所怀有的真挚诚恳的感情，这正是激励学生要实现成为一个好人的志向的生气蓬勃的力量。真正的教育者很少直接对自己的学生说：你们可要成为好人啊。学生是从教师深厚而又真诚的感情中体会到他的善良用心的。真正的善良就是真诚，它并不总是令人愉快的。真理也常常是使人痛苦的、令人揪心的，真理里面包含着坚强的意志和严格的要求。但是，令人痛苦的真理却常能在儿童心灵中激发当一个好人的志向，因为善良从来不贬低他人的人格。

这里有必要再一次把善良这个复杂概念的细微含义说清楚。所谓教师的善良，首先意味着对儿童的现在和未来怀有强烈的责任感。只有能以敏感的心灵去觉察学生最细微的内心活动的人，才配称为善良的人，才有权利当学生的导师。善良的最主要的、决定性的细微含义之一，就是教育者要有坚强的意志，要对精神空虚、虚情假意的任何表现采取决不妥协的态度。

依靠教师所具有的高度情感修养和思想水平而在集体中创造的那种真挚的、坦诚相见的氛围，能使学生形成这样的信念：他们跟自己的老师在共同的劳动中是志同道合的同志。只有当教育者和他的学生在合作中能感受到同心协力的欢乐时，才能真正地把道德财富传给年轻一代。

由于教育者和受教育者共同体验着同志式的情谊，相互之间就能开诚布公。这里十分重要的是，人的最美好的品质都不会被偶然的、假装的、次要的东西所遮掩。在同志情谊的氛围中，儿童的心会变得对一切善良、美好的东西非常敏感，他们会竭力去模仿好的榜样，会把教师的意志作为一个好朋友、好同志的忠告来接受。学生被共同的同志式的劳动所吸引，就会充分展示自己的意志品质。这时他的意志不会受到压抑，相反地，他会发挥自己的意志，力求达到目标。真正的教育的这一重要规律，在实践中常常表现为：教育者很少去禁止学生，而是经常地、几乎是始终地用自己为榜样去激励和吸引学生。教育技巧的奥妙之一正在于此：儿童从一个好教师那里很少听到禁止，而经常听到的是表扬和鼓励的话。

儿童要成为一个好人的志向，正是通过他自己的意志力量表现出来的。真正教育的逻辑在于：实质上，在教育工作中，正是学生本人充当着教师的第一个助手。自我教育（从这个词的直接含义来说）乃是教育的真谛和核心。

当然，也不能简单化地要求教师尽量不去禁止学生。当教师和学生受到共同为集体劳动的思想的鼓舞，体会到双方都是为实现同一目标而斗争的同志和战友时，禁止的办法就很少有必要加以采取了。当学生跟教师一样，被同一种高尚的社会活动所吸引的时候，他们就能深刻地理解什么是"可做"的，什么是"不可做"的。

学生有了做一个好人的志向，他就容易领会教师对他的态度所包含的一切意义。学生由于有了这种志向，即使教师表现出烦恼和愤怒，他也不会认为这是不公正的。相反地，教师的烦恼和愤怒更能激励学生做一个好人的志向，因为学生感受着教师的公正。学生会由于自己的行为而感到内疚，他会首先想到教师也是一个有着自己的欢乐和痛苦的活生生的人。

这是教师和学生相互关系的一个非常重要的方面，它体现着学校生活的人道主义精神。然而我们也不能不看到，在某些学校里，儿童并不理解和体会教师的独特的个性，他们对教师在工作中遇到困难毫无同情之感。教师已很疲劳，到了放学时已精疲力竭，可是孩子们照样顽皮、胡闹，给教师增添烦恼，于是又惹得教师发火，大声喊叫……

大声喊叫足以说明人与人的关系中缺乏文明。教师的大声喊叫会把儿童弄得惊慌失措。这是对儿童的行为举止、学习态度所做出的最简单粗暴的反应。这种反应里包含着一种本能的因素。在大声喊叫中，会丧失真正的人所常有的情感。想必你也注意到了：教师在大声训斥儿童时，他的声音跟心平气和时完全不同，连他自己也认不出自己的声调。这是一种征兆：教师对学生大声喊叫，不仅是让自己的本能任意发泄，而且摧残了儿童心灵中那些细腻的、人的情感。经常受到大声训斥的儿童，会丧失感受别人的细微情感的能力，特别令人不安的是，还会丧失对真理和正义的敏感性。大声训斥会使儿童的良知变得迟钝麻木。常有这样的情况：在大声训斥之后，父亲、母亲或者教师消了气，冷静下来了，开始心平气和地劝导和说服孩子。他们对孩子可能说些好听的、公平的话，但是儿童已经丧失了接受的能力，因为儿童还处在大声训斥的影响之下。

儿童从大声训斥中会感到对方的心绪慌乱、束手无策。在儿童看来，别人对他大声训斥，要么是有意找他的麻烦，要么是在他面前因感到害怕和恐惧而实行防御，不管是前者还是后者，都会导致儿童做出积极反抗的反应。

你在上课时间走进学校，教室里一片轻微而平静的嗡嗡声，你好像站在养蜂场的蜂箱旁边一样。突然从远处什么地方传来了刺耳的喊叫声。这是教师在大声训斥学生。对于这种情况，你早已有了一种看法：这位教师跟学生的关系不大好。于是你陷入了痛苦的沉思：怎么办呢？怎样才能把大声训斥从学校里根除掉呢？

在这里，任何行政措施都不会收效。如果教师除了大声训斥以外没有任何别的办法，那他是不会停止大声训斥的。需要认真地讲一讲教师的情感和思想修养问题，以及学校工作中的人道主义精神问题。所有的教师都需要做一番自我回顾，分析一下自己跟儿童的关系。依我的建议，你应从详细分析下面几个问题开始做起：教师的大声训斥如何伤害儿童的心灵，如何破坏人的美好感情，如何培养出长大了同样也会对别人大声喊叫、漠不关心和冷酷无情的人。我想劝你用师生关系中的具体事例，来说明教师的大声训斥，将如何在他跟儿童之间造成隔阂，妨碍相互理解，有时甚至会在他们之间形成一道仇恨的鸿沟。你可以用生动的事例说明大声训斥是毫无意义的。譬如，某一位教师以为，如果当着全班同学的面把万尼亚"好好地训一顿"，舆论会帮助教师，万尼亚在同学面前会感到羞愧，从而受到良心的责备。但是，这一切希望都落空了。当万尼亚遭到劈头盖脸的一顿训斥时，反而引起了同学们对他的同情。学生们站在被训斥的同学一边。为了替同学辩解，他们甚至往往采取欺骗教师的办法，这是毫不奇怪的事。

如果大声训斥是针对整个班集体的，那情况就会更糟。任何情况下都绝对不应采用这种办法。这种办法不仅使学生感到震惊、受到压抑，不知所措，而且会使学生感到受了侮辱。如果教师的委屈、苦恼是由整个集体引起的，那你就要非常慎重。你要先使自己冷静下来，控制自己的情绪。在当天，你不要去谈到引起你苦恼的事件。你不要去训斥学生，不要急于责怪他们，而是要好好想一想。你要跟自己的学生一道交换思想。你要这样来处理这件事：要求儿童帮助你一起分析所发生的事。

儿童常有自己大大小小的烦恼、忧愁和不幸。一个具有高度情感修养的教师，一下子就能发现儿童有什么不顺心的事。首先从儿童的目光里就能看出他的思想、情感和内心体验。敏感的教师发现儿童有什么不顺心的事情时，不是马上就进行盘问，而是要设法让儿童感到教师已经猜测到他心里的烦恼、忧愁、担心和他的不幸。等到和儿童单独在一起时，教师就可以详细询问了。但是，教师如果已经确知儿童需要帮助，却袖手旁观或者干脆把他忘记了，那就会给儿童带来新的痛苦。

往往有这样的情况：按成年人的观点来看，儿童的委屈是一些不足挂齿的小事。例如，谁把他的玩具藏起来了，等等。不要忘记，孩子们对欢乐和苦恼、善与恶有自己的衡量尺度。有经验的、敏感的教师决不会忘记，他本人也是从童年过来的。必须设身处地地站在儿童的立场上，为他分担痛苦，给他以帮助。对儿童来说，最适当、最宝贵的帮助，往往就是真诚的同情和关怀。而漠不关心、态度冷淡则会使儿童的神经系统进入一种震惊的状态，由此而引发严重的心理疾病。

这里说一件发生在二年级的事。

女教师发现沙夏心神不定，字写得不好。

女教师生气地说："沙夏，想想看，你写的什么？你不是在街上玩，是在教室里……"

沙夏面对着作业本，把头垂得更低了。过了一会儿，女教师发现沙夏的作业中有一些大的错误。

"喂，你动脑筋了没有？"女教师说得更严厉了。

"他奶奶死啦！"与沙夏同座的一个女孩子说，"昨天安葬的。"

"奶奶？"女教师以疑问的声调重复了一下，就再也没有说什么。她过了一会儿就把这事忘掉了，但是沙夏却永远不会忘记。

沙夏一句话也没有说，眼泪从他的眼里滴下来。奶奶是他最亲爱的人，她的死给他带来了痛苦。可是女教师再也没去理睬这个男孩。

沙夏不能聚精会神了，他既不能思考算术习题，也不能思考语法练习。当女教师走近沙夏时，他的手和脚都在发抖。女教师忘掉了沙夏的痛苦，只是一味地要求他写得好些，不许出错。儿童的痛苦需要同情和安慰。对待儿童的痛苦采取漠不关心的态度，会使学生感到受侮辱。

还有不少这样的情况，就是儿童自己也不明白痛苦的感觉是从哪里来的。儿童身体不舒服了，但自己甚至毫无察觉。教师应当看到、感觉到这一点。如果教师是一个有情感修养的人，又有高度的机智，能够看清人的内心活动，他就能够看到和感觉到这一点。

儿童感受的许多屈辱和痛苦，其根源在于家庭生活，在于他家里的日常生活不顺利。学校不能消极地旁观，不应认为自己的作用只是正确地说明事情的根源。学校是一个社会性的教育机构，负有积极地影响环境、创造良好的教育气氛的使命。我校全体教师确信，通过宣传教育学知识，可以防止许多苦恼、冲突和不幸。在"家长学校"的讲座中，我们对家长们讲解，用"严厉的""强制的"措施来对待儿童会造成什么害处。我们向家长们说明，听话和服从不应当建立在恐惧的基础之上，恐惧只会产生欺瞒、伪善和逢迎。

为了防止家庭教育中出现麻烦和错误，必须在学校里就对男女青年进行做夫妻、做父母的教育。男女青年结婚了，但在许多情况下，他们并不懂得婚后生活对夫妻双方所要求的那种高度的内心修养。必须使他们深刻地理解和认识到：结为夫妻，已经不像婚前度过幸福的约会时刻那样，他们要每天生活在一起，住在一个屋子里，要过一辈子。这就不只是快乐和幸福，还有巨大的操劳——精神上的操劳和紧张，同时也要有丰富多彩的精神生活。为此，需要进行大量的关于如何明智地对待生活的教育。

现实生活要求在中学高年级给男女青年开设一门家庭关系修养的课程。如果我们能够给他们真正讲清楚生活的复杂性和生活的道理，他们就会认识到结婚首先就意味着养育子女。如果我受委托制订高年级所需要的这门课程的教学大纲的话，我会把关于"人的愿望的文明"这一问题放在首位。要知道，什么是正确养育子女的基础？这首先是能控制自己的欲望，为了家庭、子女、父母的利益而敢于舍弃自己的某些欲望。那些匆匆忙忙地离婚的人，首先是些利己主义者，是些把自己的愿望看得高于一切的青年人。在这份教学大纲里应当包括《家庭中愿望的和谐》一章。我会在阐述这一部分的内容时，详细地分析和睦的家庭和不和睦的家庭中所发生的事情，用有教育意义的实例来说明：人的愿望是怎样产生的，其中哪些愿望可以去满足，而且是在什么条件下去满足，而哪些欲望则需要加以克制，以及如何使自己的愿望服从于家庭的共同利益。而最重要的一点，则是如何培养子女的愿望。

我来公开一个小小的秘密：我们学校已开设了家庭关系修养这门课。我们教育男女青年：如何做好结婚的准备，如何处理好家庭生活，什么是家庭关系中的高度文明以及如何教育子女。在教学计划里没有为这类课题规定授课时间的情况下讲授这门非常重要的课程，无疑是不容易的。但是不管有什么困难，我们都要克服，因为我们知道，这门课即使不是最重要的，它的重要性也绝不次于数学、物理和化学。不是所有的人都会成为物理学家和数学家，然而所有的人都要成为丈夫或妻子，成为父亲或母亲。

我只是顺便地涉及了这个非常复杂的问题，但是这个问题跟教育和教学工作的任何问题都有直接的关系。在道德上做好当父母的准备，这是人的精神成熟的重要条件之一。我们努力使我们的学生对做父母想得美好一些，高尚一些。使爱的感情高尚起来，这需要做大量的工作，要使人在少年时代就深刻理解：爱情就是自己对别人承担道德上的责任。

有一类儿童，在对他们的教育中，教师的真正人道精神——公正、敏感、高度的道德修养和情感修养，起着决定性的作用。这里指的是那些智力发展迟缓的儿童，他们不是低能儿童，而是一些正常的儿童，只是他们学龄前期所受的教育有过失误。对这些儿童进行教育，乃是对普通学校人道主义精神的真正考验。如果对这些儿童不做特殊的、经过深思熟虑的工作，学校就没有尽到它的职责。

只要科学知识上出现了关于儿童、关于教育和教学过程的点滴的新东西，教师和学校领导人就会被迫重新观察自己的工作，用新的观点来重新研究那些很普通的、司空见惯的现象。新的观点总是跟重新评价、重新思考以前已经形成的原理和信念联系在一起的。于是，在这种重新评价、重新思考的过程中，可能发生某些夸大行为。我想提醒一下，要防止匆忙地做出判断和结论，特别是关于难教儿童的判断和结论。要知道儿童的命运在某种程度上是由教师决定的。固然，我们不能把学校里的每一种冲突、每一次相互关系尖锐化的表现都看成是神经官能症的征兆。不过每一种冲突、每一次相互关系尖锐化的表现都应引起学校领导人的不安，使他警觉起来。

如果教师们对儿童的心灵有深刻的了解；如果全体教师由于具有共同的教育信念而团结一致，而其中最主要的信念是认为学生并不是消极的被教育的对象，而是一种积极的、有创造性的力量，是教育过程的积极参与者；如果在十多年的时间里，学校不仅教育了儿童，而且教育了家长，那么，在这些地方，一般都不会发生教育上的神经官能症。建立在真挚感情基础上的师生之间、父子之间的相互信任，是有助于此的。在缺乏和丧失相互信任的那些地方，父亲或教师把儿童看成捣蛋鬼，儿童也把父亲或教师看成与自己格格不入的、对自己不怀好意的人。在许多家庭里，笼罩着

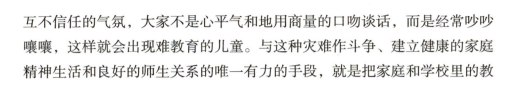

互不信任的气氛，大家不是心平气和地用商量的口吻谈话，而是经常吵吵嚷嚷，这样就会出现难教育的儿童。与这种灾难作斗争、建立健康的家庭精神生活和良好的师生关系的唯一有力的手段，就是把家庭和学校里的教育过程建立在高度文明的基础上。

学校的教育修养水平低下，这不仅会打击孩子，也会伤害教师。教师并非铁石心肠的人，他有灵魂、有精神、有自尊感和自爱心。如果教育过程是建立在伤害儿童心灵的简单粗暴的态度和感情之上的话，那么教师也有犯病的危险。这是个至关重要的问题。在关于提高教育修养水平这一复杂的问题上，教师的心理状态占有重要的地位。

教育修养水平低下的一个危险根源，就是教师总认为儿童的每一个不好的行为，或者只是教师看不惯的行为，都是出于恶意的，或者是故意的，甚至是预谋的。怀疑孩子的每个行为都是存心而为，那就是忘记了很重要的一条道理：教育在本质上就是以明智的意志治理意志薄弱、经验贫乏和感情冲动。儿童还不大会控制自己的意志，教师应当对此采取父母般的谅解态度。教师理解儿童行为的实质，这是他不会把自己跟学生摆在一个水平上的重要前提。

我在二十多年当中研究了所谓"学校性神经官能症"，现在我才敢于就这个十分重要的问题讲一点初步的意见。我也劝你在任何时候都不要匆忙下结论。但是，当情况十分清楚的时候，也不要踌躇。为了防止在学校里出现大声训斥、神经过敏之类的现象，你要一天也不迟延地采取具体措施。

对很多学校的情况进行了解以后，我们得出了这样的结论：学校集体的规模越小，儿童就越能被集体中的家庭般的和睦关系紧密地团结在一起；人与人之间的精神财富的交流越是丰富多彩，神经过敏的情况就越少发生。相反，有些学校里没有和睦的集体，到处是一片吵闹、混乱的景象，这就容易出现神经过敏症。但是人数众多的学校现在有，将来还会有。应当考虑如何防止在大的集体里出现我们不希望出现的现象。那些学生人数达千人和超过千人的学校，要设法采取措施，创造一些条件，使同年级平行班的每个集体都形成一种和睦的家庭式的气氛，防止学生喧哗和打闹。这是提高教育的文明程度的基本前提。

还有一种情况也是不正常的：在许多学校里，"延长学日班"①的作息制度，本质上跟上正课没有任何区别。还是让儿童听到铃声就走进教室，完成家庭作业，课间休息也要按铃声开始和结束，还是同样地紧张，同样地必须循规蹈矩，安静地坐着。遗憾的是，个别学校还往往有这样的情况："延长学日班"不仅使儿童感到很疲劳，而且没法学会独立阅读书籍。对儿童进行意志教育，并不是要把他的每一个行动都规定得死死的，而是要提供最大的可能，使他在独立活动中表现出意志上的努力。儿童应遭谴责的、有时看来是无法解释的行为，用形象的话来说，乃是教师一直用笼子套住儿童所造成的。儿童巨大的精神力量受着抑制，他不能使这种力量服从于自己的理智和志向。教师要善于放手让儿童发挥自己的力量，而不是加以限制和压抑，不能让儿童经常感觉受到了禁止。做到这一点是需要高度的教育技巧的。

不过教育过程中也有一些其他困难，其根源并不在于教师的教育修养，而在于其他方面。

有一批所谓难教的儿童，他们是些什么样的人呢？

1. 难教儿童是些什么样的孩子

这些难教的孩子给教师、家长带来了许多沉重的思想负担、烦恼和痛苦。

有一次，我从基洛夫格勒回来，在公共汽车上认识了一位年轻的铁路员工。他是一个三年级学生的父亲。当时，他正要回到一个偏僻的小站——他常年工作的地方去。在那个小站附近没有学校，家长们都把自己

---

① "延长学日班"是为照顾双职工的子女而设立的，学生放学后在学校里做作业和休息，比其他学生回家晚些。——译者

的孩子送到近旁一个大村子里的八年制学校去上学。这个三年级学生的父亲乘车去参加了家长会。这个年轻工人的眼神使我十分惊讶：我看到他的眼睛里充满着痛苦、困惑的神情。这是那种在考虑是否还值得活下去的人的眼神。在生活中我很少看到过人的眼睛表现出那样深沉的痛苦和绝望。

当汽车里只剩下我们两个人时，我对他说：

"你跟我说说自己的痛苦吧。或许我能给你些帮助。"

于是，那位铁路工人对我述说了这样一些话。

"我去参加了家长会。我的儿子在三年级读书。每次需要我到学校去时，都像要剜我一块心头肉一样。每次听到的都是同样的话：班里所有的孩子学习都不错，学习有良好的或者及格的，也有优秀的，而我的孩子却是个笨蛋。当然，老师是用其他的话说的，但是我却是那样理解的，老师也希望我那样理解。如果我的儿子有什么能得个三分，这对他来说就已经非常好了。别的孩子一节课能解三道题，我的孩子连一道题也解不出。老师说：'在审题时，他读到后面，就忘了前面。'我注意到，老师怜悯我，没有把所有的话都直率地说出来。当别人不在时，我就问老师：'以后我的孩子怎样办呢？能不能把他送到一个什么特殊的学校去？'他说：'不，不必送，那里不会接受他的，因为他并不是低能儿，而是正常儿童。'既然他的智力发育是正常的，那么为什么他的学习连三分都得不到呢？这到底是怎么回事？请你相信，我愿意拿出我全部的心血，只要能够把我的儿子培养成人。要知道，如今没有知识，便谈不上做人……"

请深思一下这些话吧！我们社会成员的智力和道德，现在已经发展到很高的水平，所以家长们都抱着这样一种想法：他们要在孩子身上再现他们自己，并且希望再现得比他们自己更好一些，更美一些。每一个落后的、成绩不好的孩子，都是一个严重的人间悲剧。

难教的儿童是些什么样的孩子呢？直到不久之前，这样一种说法还是相当流行的：没有不好的学生，只有不好的教师。既然这样，那就应当没有难教的学生了。而所谓的难教的学生，是无能的教师臆想出来为自己的教育无能找借口的。因此，为了保险起见，"难教"这个词经常被加上引号，这样做比较安全。没有难教的儿童，只有加引号的"难教的"儿童，这样一来，意思就大不相同了。

对于我们教师来说，听到这些是很痛心的。我们听到学生不好、成绩不良是我们工作不好的结果，为此感到痛心。报刊上关于单纯追求及格率的讨论时起时伏，反复多次了。如果我们不停止解释那些本来就无须解释的事，如果我们不明确而肯定地说，那些掌握大纲规定的知识比一般学生困难得多的儿童，必须留在普通学校里学习下去，那么关于单纯追求及格率的辩论，就永远是徒劳的、无意义的。① 这就产生了一个问题：既然这些孩子掌握知识比一般学生要吃力得多，那么应当用什么样的标准来考查难教儿童的知识呢？

难教的儿童总是会有的，无论如何也不能摆脱他们。教师都十分了解这是怎么一回事。所谓难教的儿童，是一些由于种种原因而在智力发展上有偏差的孩子。那些常用的教育方法和措施，在对一般儿童的教育工作中会取得良好的效果，但是用于难教儿童则会徒劳无益。这就需要探索某些特殊的教育方法和措施。

"难教儿童"是一个复杂的概念。每一个难教儿童都具有自己特殊的、跟其他儿童不一样的个性，也就是说，他们有各自的特点，有各自偏离常规的情况和原因以及各自受教育的经历。

听了上面那位年轻的铁路工人的话，我向他谈了一个难教儿童的情况，这个孩子的命运好多年一直使我不能忘怀。很可能，你们当中的每一个人，都正在为这样的现象伤脑筋。

一个班里的儿童都在聚精会神地听教师讲解数的乘法，彼佳也在听。看上去他甚至比其他孩子更聚精会神，更用心，至少他是非常希

---

① 苏霍姆林斯基一贯主张，学习上有困难的学生，只要不是真正的低能儿童，就应当留在普通学校学习。如果把这些学生排除在外，讨论及格率就毫无意义。——译者

望听懂的。结果，其他的孩子都听得懂并掌握得很好，做完了习题。但是，彼佳却什么也没有听懂。教师布置了独立作业题，大家都在分析题意，一个一个地着手解题。不一会儿，班上所有的孩子几乎都把题解出来了。只有彼佳一个人坐在那里，对着习题发愁，垂头丧气：他无论如何也弄不明白题意。好几次他试图把式子列出来，加呀，减呀，但是得不出任何结果。更确切些说，他自己也不知道结果是求出来了还是没有求出，因为他不明白这道算术题是什么意思，老师要他从中求出什么。

有这样的儿童，他们能懂得教师的讲解、提问和布置的作业中的个别词句，但是弄不懂句子之间的相互关系。

在每一所规模较大的学校里，想必都会有像彼佳这样的学生。一般说来，这类学生成绩不好，学习跟不上，以致最终留级，但是原因却各不相同。如果教师费了很大的气力能把彼佳"拉到"五年级，这固然很好，但是也有这样的情况：这个孩子读到三年级，就再也升不上去了。这里有一种情况似乎有些奇怪和难以理解：彼佳比较容易学会阅读，一开始似乎也能够跟上其他孩子的进度，但是到了要同时掌握技能和知识的时候，他就越来越跟不上了。在这种情况下，校长常常责备教师不会教学生，而教师又责怪学生不用心、不刻苦，花在做家庭作业上的时间太少，懒惰，抄袭同学的作业等。往往，看上去，教师的所有这些说法好像是正确的：儿童理解能力差、反应迟钝，常常是跟不用心联系在一起的；而不会思考、不善集中精神则会转变为懒散。

为了帮助难教儿童克服这些毛病，教师在课上和课后都要对他们进行个别辅导。如果难教学生能勉强地跟班升级，那主要是由于对他进行了补课，对他降低了作业的难度。当了解到难教儿童不管怎样努力也掌握不了跟其他儿童同样多的知识时，教师就开始用特定的标准来评定这类学生的学习成绩，并且对每一个难教儿童都用不同的标准。这类孩子会竭尽全力来完成教师要求他做到的事情。他信任教师，尊重教师。他珍视自己每一个微小的进步。教师的表扬，是促使他学习进步所不可缺少的内在动力的活的源泉。教师从不责备彼佳懒散或者脑子笨，对他的力量也不丧失信心。他在精神上给孩子以支持。如果这个孩子以不可思议的勤奋在学习，这种力量的真正来源就是他对教师独有的信任。这种教师确实是高明而又有极大耐心的：虽然他看到这孩子一连几个星期都没有任何收获，或者看到他花了很大努力才取得了一点微小的、极其有限的进步；但是他确信，这孩子最终一定会达到他所追求的目标。我想把教师的这种信心、这种希望，比作医生对卧床不起的重病患者的那种信心和希望。

教师的这种信心和希望，终于获得了报偿：在彼佳的智力活动的某一个阶段上，出现了乍看起来无法理解的豁然开朗的局面。突然间，这个孩子读完了习题以后，一下子就解了出来，而以前这种习题他是根本解不出来的。他体验到一种十分兴奋的欢乐感。他胜利了，一种豁然开朗的难忘时刻到来了：那些以前弄不明白的、搞不清楚的东西，忽然间在他面前敞开了，变得清晰了。这不是偶然现象，而是一个人在脑力劳动中永不丧失信心的合乎规律的结果。的确，关键就在于要使儿童相信自己的力量，并有情感的动力。

我们不可能用什么异乎寻常的办法对难教儿童的意志施加影响，使他们的意志活动发生质变，不可能用强制的办法使一个人变聪明。谁要试图用强制的、用"意志的"手段来影响儿童，他就会犯难以纠正的错误。这种错误之所以难以纠正，或者一般地说无法纠正，是因为使用了这种手段之后，就使那些必须采用的而且唯一可以采用的方法，也变得不起作用了。要求于教师的最重要的一点，乍看起来似乎是非常简单的，但事实上是一种最细致的教育技巧，这就是：要加强儿童对自己力量的信心，并且要耐心地等待儿童智力活动中哪怕只是微小进步的时刻的到来。这种进步，这种豁然开朗的局面，并不意味着这个儿童今后在学习上将会一帆风顺，会完全变成另一个人。事情远非如此简单。这个进步实际上非常微小，乍看起来它好像不过是偶然的成功。但是这个进步能使孩子体验到取得胜利的快乐，从胜利中汲取新的力量。你们要爱护难教儿童的这种快乐情绪，这种快乐情绪乃是教师施展教育技巧的基础。由一个胜利到另一个胜利——这就是对难教儿童进行的智育过程。如果他今天有什么还没有掌握，你不要给他打"2分"，不要急于根据评分标准十分严格地评定他的学习成绩，使他受到打击。娇嫩的、纤弱的幼苗需要特别的照料。我的看法是，教育问题不能用什么万能的方法一下子就解决。

用乐观愉快的心情对待事物，对自己的力量充满信心，这是照亮难教儿童前进道路的火光。如果扑灭这个火光，儿童就将陷入黑暗、孤独之中，感受到无出路的悲哀和绝望之苦。

现在让他们来看看，如果儿童丧失了自信心，将会产生怎样的后果。

教师认为儿童跟不上班是由于不用心、不刻苦、懒惰，因此就在课上和课后尽量地加重这些学生的作业负担，并且叫他们留下来补课。可是这样做却收不到任何积极的效果。学习对彼佳来说变成了苦恼的、讨厌的事情。他知道，不论怎样反复地读课本和做作业，反正总是得"2分"。他似乎觉得，老师之所以把他留下来补课，只不过是为了再给他打一个"2分"罢了。他已经学会了对教师和父母撒谎，学会了抄袭别人的作业。他甚至在能够独立完成作业的情况下也如此。因为抄袭作业不用费脑筋，而且他的同班同学都同情他，总是"帮助"他——把作业给他抄，因为他们知道这样可以使他在学校里和家里免去许多不愉快的事情。

对于把家庭作业借给自己的同学去抄的行为，无论怎样禁止，怎样恐吓，一般说来，都是无济于事的。你们仔细想过这是为什么吗？这种给同学以帮助的动机，实是出于对不会做作业的同学的同情。但是那些懒惰的学生也逐渐地习惯于抄袭作业了。同学们出于习惯，而懒惰成性的学生也不拒绝提供这种帮助。何况要求儿童分清谁是懒惰，谁是确实不会做，也是不可能的。

懒惰，通常来自散漫，但常常也产生于无知。彼佳逐渐地变懒了，有时候他也会变成一个恶作剧的人：当教师不愉快时，他反而幸灾乐祸。因此，毫不奇怪，"脑筋迟钝"的、"什么也不懂"的学生常给教师带来很多不愉快的事。我们听到许多关于智育和德育相互联系和统一的议论。譬如，历史课上学习了斯巴达克思领导的奴隶起义，学生们便对压迫者充满了仇恨；学生认识了宇宙的无限性，便形成了唯物主义的信念；等等。这一切确实非常重要。但是这里必须具备这样的条件，即在学生掌握知识的过程中，要使他确立起自身的尊严感，珍惜自己的荣誉、名声。如果这些情感迟钝了，学生感到自己什么都不行，那么关于智育和德育统一的一切安排都会变得毫无用处。因为心灵麻木的学生对周围发生的一切都会采取漠不关心的态度。

看到一个孩子的自尊心丧失到如此程度，看到他竟然因为自己成了同学嘲笑的对象而感到得意，心里真有说不出的难过。

某种程度的、可能不是很明显的智力异常发展，会逐渐地转变成道德方面的现象。有多少这样难教的学生正坐在课桌旁（多半是坐在最后一排），他们给自己的家长和老师带来多少麻烦啊！让我们设想自己处于彼佳的地位。如果我每时每天、月复一月、年复一年地总是感觉到自己比同学落后，不能做到同学能做到的事，那么我的心情将会怎样？我会怎样对待老师？那些关于斯巴达克思和宇宙无限性的很生动的讲述，在我的心灵里会留下什么呢？

这些感到自己是失败者的学生怨恨、恼怒、任性、不听劝告、无礼，甚至变得残酷。他们坐在课桌旁边，心焦地等待下课的铃声，在教室里放起纸折的仙鹤（这是往好处说）。他们用小刀刻桌子，或者把电灯泡拧下来。有一次，好似晴天霹雳一般，传来了彼佳离家逃走的消息，教师大为震惊……

观察表明，在某些班级里，教师对这类儿童，特别是对这类少年，花费了那么多的心血，以致他往往再也没有精力去对其余多数学生进行正常的工作。同时还不应忘记，如果一个班里有两三个对什么事都无所谓，丧失了信心的学生，那么教师对这个班集体的教育影响实际上就大为削弱了。

2. 他们为什么变成了难教儿童

学校里有难教儿童，虽然不能完全归咎于教师和校长，但遗憾的是，我们的过错在于没有努力考察孩子变成难教儿童的原因，而这种考察正是教师的神圣职责。如同医生仔细地检查病人的身体，寻找和探究病源，以便着手治疗一样，教师也应深思熟虑地、细致耐心地调查并研究儿童在智力、情感和道德方面的发展情况，探索和研究难教儿童形成的原因，并且从每个儿童的困难和特点出发采取相应的教育措施。教师还可以做工作来预防使儿童变得难教的原因的产生。当然这不能只靠教师的力量，还要得到社会上的帮助。

我们很难想象，一个真正具有人道主义精神的医生（每个医生首先应该是一个人道主义者），会对病人说这样的话："你的病治不好了，你没有希望了……"这样的医生是一天也不容许留在医院里的！但是，在我们教师当中，却有些人每天都在让儿童感觉到他没有希望了，而且有时甚至就直截了当地对儿童这样说。我在前面提到的那个年轻的铁路工人之所以感到绝望，就是因为他儿子的教师使他感觉到：对他的儿子什么法子都用过了，再费劲也绝不会有效果。这样做是不能容许的。我们必须珍惜我们神圣的职业荣誉，高举人道主义的旗帜。医生长年累月地医治某个病人，他很可能比我们教育工作者有更充分的根据做出悲观的结论，但他还是相信科学的强大力量，相信患者本人的精神力量。教育上的人道主义精神就在于：当一个人无法做到大多数人都能做到的事情时，我们不要使他感到自己是低人一等，而要使他感受到人间崇高的快乐——掌握知识的快乐、脑力劳动的快乐、创造的快乐。我们工作中的人道主义的最高境界，就是依靠对于自然界的深刻认识，来征服那些似乎是先天已经决定了的东西。要成为一个真正的教育工作者，就必须深入地研究心理现象、人的精神现象的自然科学的与解剖生理学的原理，研究儿童的心理过程对于周围环境的极其复杂多样的因素的依存性。

多年的教育工作实践，对儿童的智力活动和精神生活的调查研究——所有这一切使我得到了如下的认识：儿童变得难教，学习跟不上，功课不及格，在绝大多数情况下，其原因都在于他们在童年早期受到的教育和所处的环境。学龄前儿童和学龄初期儿童的父母和老师与之打交道的，是自然界中一种最精细、最敏感、最娇嫩的东西，即儿童的大脑。如果一个孩子成了难教儿童，别人能做到的，他都做不到，这就意味着他在童年时期没有从周围人那里得到对他的发展来说是应当得到的东西。难教儿童的形成正是在一至七八岁这个年龄段。如果教育者没有发现或不懂这一点，没有查明儿童智力发展异常的原因，那么这个儿童以后在智力活动中的困难还将继续加深。如果对这些原因进行了调查研究，把它们弄明白了，那么就可以使教育这个强大的手段发挥作用，这正像依靠建立在同样严密的科学基础之上的医学为病人治病一样。

我们教师应当记住，对于难教儿童，不管他的学业已经荒疏到什么程度，我们都要把他引到一个公民应有的劳动生活和精神生活的道德之路上去。我们的崇高使命就是使我们的每个学生都能选择一条正确的道德之路，使他感到他的职业不单单是能给他一份糊口的面包，而且能给予他生活的欢乐和自身的尊严感。

智育在形成人的精神面貌、道德面貌和公民性格方面，一年比一年起着更大的作用。决不能允许在学校里存在一批感到自己学不下去、什么也学不成的儿童。存在这样的儿童，不仅对他们来说是一种精神上的创伤，而且直接会造成这样的后果：在一些地方，有一定数量的少年脱离学校集体，长大后又脱离生产单位，游荡街头，使社会不安宁。未成年人和青年中一些人违法犯罪，其起因就是他们感到自己在智力上低人一等而造成的精神苦闷。如果再加上不良的家庭环境，那么难教儿童在道德行为方面出现崩溃的危险性就更加严重了。我想特别强调指出：我们教师必须使难教儿童首先成为我们所教育的人，使学习成为他确立高度自尊感的领域。

我们应当明确地认识到，我们的难教学生彼佳，不管他将来会成为学者、工程师、哲学家，还是会成为工人、农民，他首先将成为共产主义社会的公民，他有享受人的幸福的权利，而幸福离开创造性劳动、离开思想、离开知识是不可思议的。由无知到已知的道路是非常复杂的，而且每个孩子走这条路的方式都各不相同。这条道路，对于一些孩子来说是没有什么困难的，但是对另一些孩子来说却需要再三的帮助，不然他们的困难就无法克服。不管一个孩子难教到什么程度，都必须使他学会思考。书籍应当成为他的欢乐的源泉。书里的话应当进入他的精神世界，成为他的个人财富。

难教儿童的理解力差、头脑迟钝，常常表现为缺乏求知欲和钻研精神。我曾多次见到过，教师对这种理解力迟钝的现象感到困惑莫解甚至大为惊讶：真理明明就在眼前，你只要好好地看一看，用思维的链条把两样东西联系起来，你一下子就会弄懂，可是学生却什么也没有看见。难教儿童在智力发展上的特点，表现为求知欲减退、观察周围世界的兴趣淡薄。有经验的教师正是从这个特点入手，抓住问题的症结，从而找到那些促进难教儿童智力发展的手段的。

人的品质是在人出生以后，靠人与人的关系即社会关系而形成的。每个教师、每个家长都必须记住这个非常重要的真理。为什么彼佳在读应用题的条件时，读到末尾就忘了开头？为什么他在自己的意识中不能把几样东西，如苹果、篮子和树木联系到一起？莫非大自然亏待了彼佳，他的大脑跟其他孩子不一样？为什么彼佳学习起来那么困难？

这是因为他在童年时期所处的那个环境，没有给予他作为儿童在那个时期所应当获得的一切。人的思维是从提出"为什么"的疑问开始的。当儿童看到周围世界的无数现象时，他才只有一岁半或两岁，但是他已经不是单纯地感知现象，而是以人的眼睛来看事物了。他感到惊奇：蜜蜂向花儿盛开的苹果树飞去，落在白色的花瓣上，后来又飞走了——飞到哪里去了呢？为什么呢？有的小鸟在树上做窝，而有的小鸟在屋檐下筑巢——为什么呢？草原在晚上是一片灰暗，而早晨却铺上了白色的毛茸茸的地毯——为什么呢？太阳落山了，天空里闪烁着星星——这是怎么一回事呢？雪花落到小手套上，雪花很美丽，好似能工巧匠用银子雕刻出来的小巧玲珑的花——这么美丽的东西是从哪里来的呢？冬天树枝光秃秃的，没有生气，而到了春天就发芽、长出绿叶——这是怎么回事呢？夏天燕子飞来飞去地忙于筑巢，而冬天看不到它们——它们躲到哪里去了呢？做梦时我看见了一种非常奇怪的、从来没有看见过的鸟，而醒来就不见了——这是怎么回事呢？我到底看见了鸟，还是没有看见呢？

　　人的不可遏制的好奇心和求知欲，对大自然的奥秘或者对周围世界美的惊异和赞叹（请注意，这是非常重要的），所有这些都不是由大自然赋予的，而是从其他人那里获得的。这正是人的正常发展必不可少的最重要的因素，即人的社会关系。如果儿童看到黄蜂钻进墙上的一个小洞里，感到惊奇，要问"黄蜂为什么钻进小洞里"，那么，这并不是因为他生来就有好奇心，而是由于父亲、母亲、他周围的大人，已经教会他感到惊奇，教会他问"为什么"了。儿童的好奇心是逐渐形成的，周围的人不大容易觉察到这一点。我们成年人经常把各种东西、事物和现象展现在儿童面前，这正是好奇心形成的根源。因此，我们让儿童看的东西（事物、现象）越多，他们就越会感到惊奇、感到喜悦。在儿童的意识和下意识里，也在逐渐形成着对于美的惊奇和赞叹、对于人的智慧和双手的技巧的赞赏。通过所有这些情感的折射，来自周围世界的信息进入了儿童的思维。儿童在认识、理解、发现的过程中，他的发展不是"自动地"进行的。不是的，是人的思维在千百年间积累的经验在促使他发展。

　　36 年的学校工作使我确立了这样的信念：教小学儿童，首先要教他们观察，教他们发现世界。请你们观察和研究一至四年级的教育、教学工作，看看儿童通过自己的努力看到些什么、发现些什么。

▲ 苏霍姆林斯基带领孩子们观察大自然

发展孩子的思维，首先要培养他的观察技能，使他通过对周围世界的视觉感知来丰富思想。但是，观察的技能（这里指人类的这一技能）不是自然界的恩赐，从有意识的生活开始，它就是人的相互关系的产物。人观察世界的技能的形成，取决于在童年早期是一些什么人在教育儿童，他们在周围世界里都看见些什么，以及他们是怎样教他观察的。教育者的任务就在于，要使儿童看出事物之间最细微的差别和变化，思考其间的因果联系。但凡聪明伶俐的学生都来自这样一些家庭：他们的家长教会了儿童能够看出周围事物的色彩和细微差别、它们的运动和变化以及它们之间的相互依存关系。

　　儿童正是在看到新奇的、不了解的东西而产生惊异感的那些时刻，才进行最积极、最紧张的学习的。

　　人在出生后，他的智能教育开始得越晚，他就会变得越难教。遗憾的是，有些教师忘记了这一点，很多家长则根本不懂这个道理。在家长中直到现在还流行着一种错误的见解，说什么在儿童入学之前，应当让他的意识成为一张白纸：不要教他认一个字母，也不要让他学习阅读——这样会使他在入学后学得更好一些。在学龄初期暴露出来的学前教育的一个严重缺陷，就是儿童在学龄前期所处的环境不能促进他的求知欲的发展。缺少了求知欲，实质上就没有智育。我想，如果每一个小学教师都能设想一套在几年内对学生进行智能教育的基本大纲，这倒是不错的。这种大纲应说明：让儿童应当在周围世界中看到和发现哪些东西以及哪些因果联系，他在对认识的渴望的不断增长中应当经过哪些阶段。学前教育机关尤其需要这样的大纲。如果我们不让儿童每天都去发现周围世界的一些因果联系，儿童的求知欲和好奇心就会逐渐消失。

　　当儿童不能处于正常的人际环境时，情况往往就会更糟糕。

　　彼佳的情况正是这样。在向那位年轻的铁路工人讲述彼佳的遭遇时，我问："你的头生子是不是也曾生活在那样的条件下呢？"彼佳的情况是这样的：在童年时代，这个孩子是自然成长的。父亲和母亲都有工作，把他交给祖母照管。家庭的物质条件很优裕，而且也可以送彼佳进幼儿园，但是父母怕那里对他照料不好。祖母是一个善良而细心的人，对他关怀备至，但是她的关怀只限于满足孩子物质方面的需要：按时地让他吃饱，安排他睡觉，给他洗澡。祖母的听力非常差，后来就完全聋了。

彼佳是个很结实、很好动的孩子。当他满两周岁时，夏天来到了。父母用篱笆把绿色的草地围了起来，把院子跟街道和果园隔离开来。彼佳虽然能够随便地在草地上玩，但是他的活动天地被限制住了。因此，这个孩子没有跟比他大一些的孩子交往的机会，后来年龄大一点时，也没有跟同年龄的孩子交往。附近也没有什么儿童可以使彼佳从他们那儿学到一些什么，听到一些什么。彼佳看到很多有趣的和美丽的东西：啄木鸟沿着粗大的树干跳跃，云雀在天空里歌唱，一群蜜蜂从蜂箱里飞出来，落到苹果树上……。成千上万种景象在他眼前一个接一个地晃过去了，但是却没有在他的意识里留下任何痕迹。孩子已经两岁半了，但是还不知道周围许多东西的名称。有时彼佳的眼睛里燃起了好奇的火花，他喊他的祖母，但是她听不见。有时她即使发现了小孙子在喊她，走过去，看见彼佳只是用手指指使他感兴趣、使他兴奋的小鸟或者蜜蜂，确信并没有发生什么危险的事情之后，她就又走到凉快的地方打瞌睡去了。

冬天来到了，彼佳的天地就变得更加狭小了：大房间里铺上了地毯，他可以尽情地在上面走呀，跑呀，爬呀，碰不到任何硬的东西，不会受伤。从早晨到晚上，祖母十分留神地看护他，有丰富的饮食，还有玩具（这孩子不知为什么一会儿就把玩具弄坏）……似乎一切都挺好。邻居们的看法是，彼佳受到了非常理想的照看。那些家里没有老人帮助照料孩子的年轻父母都很羡慕彼佳的父母。他们只得把自己的孩子送进幼儿园，而在 10 年前，农村幼儿园还不具备良好的物质和教育条件。有些四五岁的孩子从早到晚都在街上，晚上往往鼻青眼肿地回到家里，这些孩子的父母也都羡慕彼佳的父母。

但是，彼佳所处的环境年复一年地没有变化：绿色的草地或者铺着地毯的房间，耳聋的老祖母（她的思维力和记忆力正在逐渐减退）。每年父亲和母亲一起出去走亲戚，一去就是一个月，在这期间彼佳受到祖母特别

的照看，但这些日子对他来说恰恰是特别枯燥无味的。

在 5 岁多一点时，彼佳开始被放出了围着篱笆的草地，可以到邻近的街上去稍微玩一会儿。开始时这孩子得到了很大的快乐。他拼命想去跟别的孩子一起玩。但是他们很快就开始给彼佳和他的父母带来不快。5 岁的彼佳不懂捉迷藏是怎么一回事。三四岁的孩子都懂，而他却不懂。按照游戏规则，大家应该四散跑开，然后躲藏起来，而捉的人要一个一个地把藏起来的人找出来。彼佳找不到藏起来的人，他就躺在草地上哭起来。当他把谁从灌木下面或小土丘后面找出来时，他就抓人家的头发，用拳头打人家，打得很凶。所以，孩子们不再邀彼佳参加游戏了。对此彼佳并没有感到特别不高兴，他坐到灌木丛旁边，折下一根树枝，用它敲打着地面，他这样能敲打整整一个小时。有时他会想出一些其他什么名堂来玩——把树叶子摘下来，然后把它们一个一个整齐地放在兜起来的衬衫下摆里。有一次他捉到了一只从窝里跌落下来的雏鸟，他毫不怜悯地把它的羽毛都拔光……。当大家向彼佳的妈妈抱怨，说彼佳毫无恻隐之心和残酷无情（这些都是一个小孩所不应有的）时，彼佳的妈妈却不假思索地为儿子辩护，责怪大家对他抱有成见。孩子们十分惊讶地发现，已经将近 6 岁的彼佳，数数还不会数到 5。人们发现，这个孩子在学龄前期有一个奇怪的特点：他没有幽默感（这个特点到他上了学之后，就特别惹人注目）。这使他在集体里惹了许多不愉快的事情。我现在还不能十分确切地解释这个现象的原因，但它却是事实：在学龄前期被剥夺了真正的人的环境的儿童，他们的幽默感或者完全没有，或者非常微弱。这给教师对班级集体的教育造成很大困难：没有幽默感的儿童，往往会引起同班同学哄堂大笑，会逐渐与集体疏远。

这就是彼佳的情况，是使彼佳成为一个难教的儿童的原因。孩子周围的人们是善良的，对他是关怀备至的。但是这种关怀缺少了主要的东西——人的智慧，人和人之间的交往，人的探索精神、求知欲。彼佳的父母万没有料到，正是他们自己扑灭了彼佳对周围世界的兴趣的火花。孩子智力发展最好的时期被错过了。

　　以上就是我对那个因自己的不幸而非常苦恼的年轻铁路工人所讲述的内容。我们坐的车到达了一个村庄。这个村庄跟他工作的小站相邻，他的孩子的童年就是在这个村子里度过的。孩子的遭遇给父亲带来了巨大的痛苦。铁路工人对我说："现在我明白了，为什么孩子变成那样。在他童年时，他周围也是没有什么人的。我和他妈妈都上班，他奶奶的耳朵聋了。奶奶去世之后，我们每天一清早就把他送到离我们有一公里远的一个林业工人家里。这个家庭的情况是怎样的呢？有一个老爷爷和一个跟我们的托里亚同年的小姑娘。那个林业工人和他的妻子也是整天在上班。如果我知道会出现这样的后果……"

　　的确，如果当父母的能懂得这些道理就好了。这个想法已经不止一次使我感到不安：不应该有任何一个孩子在童年时缺乏人的环境，人的环境是能激起儿童的好奇心和求知欲，能教他发展思维的。如果孩子不在幼儿园，那么孩子就应当受到学校的教育影响，他的父母就必须学习如何教育孩子。几年来我们的教师集体在解决如何提高家庭教育水平这一重要问题方面，已经做了一些工作。这项工作乃是整个教育、教学体系的一个重要方面。在对"家长学校"里的"学前组"的讲课中，我们谈了儿童从出生到入学前所不可缺少的人与人之间的关系。在儿童教育机构里并不是总有这种关系。通过跟同龄儿童的相互交往，儿童只能走过人的实践的很短一段路程。他们只有同父母、哥哥、姐姐交往时，才能获得人与人之间的关系方面的充分的实践。我们向家长们讲述，要跟幼儿讲些什么话，如何引导他们进入大自然、美和艺术的世界，如何使儿童产生无数个"为什么"。经验证明，对形成完美的人际关系最有利的条件，乃是儿童跟父母和祖父母两代人的交往。老一代人向儿童传授许多世纪以来积累的生活经验，用体现在故事、歌谣、传说里的人民的智慧来滋养儿童，这些在儿童的智育方面具有巨大的意义。

　　故事、歌谣在学前儿童的智育方面的作用，是怎么估计也不会过高的。我想给校长和组织课外活动的教师提个建议：你们要教母亲和祖母给孩子讲民间故事。是的，特别要讲民间故事，这是因为民间创作里不仅有

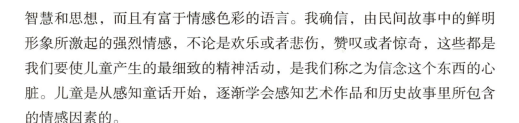

智慧和思想，而且有富于情感色彩的语言。我确信，由民间故事中的鲜明形象所激起的强烈情感，不论是欢乐或者悲伤，赞叹或者惊奇，这些都是我们要使儿童产生的最细致的精神活动，是我们称之为信念这个东西的心脏。儿童是从感知童话开始，逐渐学会感知艺术作品和历史故事里所包含的情感因素的。

难教儿童如果碰到一个对他智力发展落后的原因以及对人的心理形成的实质毫无所知的教师，这个孩子的命运会是怎样的呢？遗憾的是，这有可能会给家庭带来痛苦，给社会带来很大的麻烦：儿童永远被剥夺了我们社会绝大多数成员能够享受的东西，即科学财富和精神文明的成果、智力活动和创造的快乐。决不能认为这种儿童是低能儿，他是正常的儿童。只要懂得了儿童的心理过程，懂得了思想是怎样产生的，记忆是怎样发展和巩固的，才能理解儿童在智力发展上的偏差。遗憾的是，在很多情况下，这些儿童最终成了学习很差的学生。如果智力发展方面的偏差（实际上往往是很小的偏差）还没有在人的精神面貌上打下烙印，那还算是没有完全把事情搞坏。而如果这类孩子感到自己在精神上也低人一等，那就是很令人痛心的事了。他们终究将成为不幸的人。如果在我们的社会里，还有由于这种原因而变得不幸的人，那还谈得上什么社会的和谐发展，谈得上什么普遍的幸福呢？社会幸福跟每个人的幸福是分不开的。我们关心每个人，就是为了使我们的社会成为幸福的社会。

对于儿童的智力发展，我首先是从他将来的个人幸福的观点来考虑的。然而，决不能把幸福看作是某种完全个人的东西。在我们这个以人为最高目标的、和谐的、公正的社会里，个人幸福乃是极重要的社会福利和财富。我们社会的每个成员都应当在他那完全不受侵犯的、属于他个人的精神世界里成为幸福的人。如果没有这种幸福，那么和谐的、幸福的社会就成为无法想象的了。

3. 关键是要有富于经验的、懂得儿童心理世界的教师

童年时代缺乏真正的人的环境，这是一些孩子成为难教儿童的主要原因。当然也有其他的原因，例如，童年时得过传染病、父母患有酒精中毒症等。

能力强、有经验的教师，把儿童在低年级学习的几年作为对他进行思维训练的重要时期。教师常常带领这些儿童到大自然中去——到田野中、森林里、河岸上去，带他们到工厂的车间去，到实验室、工作室去。在那里，好奇的、爱学习的学生会不断地提出问题：是什么？怎么样？为什么？教师就要在儿童面前渐渐揭示各种自然现象的起因及因果关系，以唤醒他们昏昏欲睡的大脑。这是一项相当长期的、耐心细致的工作。缺乏耐心和体谅，缺乏对未来的信心，一般说来是不能从事这项工作的。对难教儿童的这种教育，就是要使周围世界的事物和现象通过思维和情感的折射成为一种刺激，使处在昏睡状态中的儿童大脑苏醒过来。在带领难教儿童到大自然去或到劳动场所里去的时候，我总是努力使儿童对周围世界的事物和现象的认识带上鲜明的情感色彩。惊讶、诧异的情感——这就是我在思维练习课的时间里，努力要在儿童头脑里唤起的东西。

这类思维训练课对于那些智力发展缓慢的儿童，就像空气一样不可缺少。与所有儿童都要学习的基本课程相并行，对难教学生进行的这种特殊的教学，一般需要进行两三年，这要依儿童智力发展的落后程度和所收到的效果如何而定。需要再次声明一下：效果的取得不会是一蹴而就的。100 节思维训练课可能都没有收效，而只有在第 101 节课上，你才发现儿童眼里闪烁出最初的求知的火花。

在这种情况下，能够看得见的，在某种意义上说是可以测定的成果，并不是儿童已经掌握的知识量，而首先是求知欲、好奇心，是找出不懂的东西并探求其答案的能力，是不断增长的对知识的渴望。

有些教师和学校领导认为，只要强迫难教儿童学会一定数量的教材，就能把他们"拉上来"，这是十分错误的看法。有时把事情弄糟的原因恰

好就在于教师走了这条错误的道路。不要强迫儿童长时间地坐在那里抠书本（教科书），而要培养和发展他们的智力，教他们去观察世界，发展他们的智能——关于这一点，教师和校长都永远不应忘记。

我想再讲一遍，把难教儿童与其他能力较强的孩子放在一起上课时，教师应当对难教儿童特别关心，特别有耐心。教师不要用任何一句话、任何一个手势，让这些儿童感到教师对他们的前途丧失了信心。在每一节课上，都应当使难教儿童在认识的道路上前进那么一步——哪怕是十分微小的一步，获得某些成功——哪怕是一点点成功。如果一连几个星期，甚至一连几个月，让难教儿童完成的作业都比一般儿童做的容易得多，你也不要担心。要让难教儿童完成专门为他们选定的作业，而且一定要对完成的结果给以评定。只要你始终如一、坚持不懈、耐心、细致（还要对难教儿童的头脑不灵活表现出充分的耐心），那么，难教儿童的思维就总有一天会豁然开朗。这将成为一种强烈的情感动力。真诚的同情，对儿童心理的了解，耐心和坚持——这一切都有助于使儿童的智力发展逐渐赶上来，使他们不再是难教的儿童。

如果这个豁然开朗的时刻迟迟不到来呢？这种情况也是有的。在这种情况下，更加重要的是在学习中首先要对难教儿童进行智力训练，不要让他们在童年就为低人一等的自卑感而痛苦，而要设法让他们充分地展示自己的才能。在这种情况下，要把劳动教育提到首要地位：必须使每个人在某一方面发现自己的长处，在某一方面表现出自己的才能来。不管这个学生在学习上多么困难，不管他接受知识多么吃力，都不能让学生时代在他的心灵上留下痛苦的痕迹。对待这类学生，要特别注意做好这样的教育工作：在他们的心灵里培植起对书籍的终生的尊重、对智力生活的兴趣。在我们的社会里，不应当有任何一个人把生活仅仅看成是为了糊口而奔波。

关于难教儿童的讨论，是一个重大的课题，也是一个难题。实际上这是最复杂的教育问题之一，对这个问题采取忽视的态度，就要为此付出高昂的代价。这篇谈话中主要谈的是智育方面的困难。还有其他方面的困难，例如道德教育方面的困难：在儿童的心灵中，任何创伤和震动都会留下深刻的痕迹。

第 5 次谈话

关于道德教育的几个问题

我旁听过人民法庭对一个 15 岁少年罪犯的审判。

审判员问被告：

"难道你不觉得你的犯罪行为可耻吗？难道你在人们面前不觉得羞耻？"

"我没什么可羞耻的，我是流氓……"少年阴沉沉地回答。

这个少年并不是真的不觉得羞耻。他的话里蕴藏着羞愧、恐惧、忏悔，还有怨恨，这些反映了他深重的心灵创伤。审案过程揭示出一个最可怕的现象，这种现象在教育中是可能遇到的，那就是少年心灵的空虚。法庭的判决是公正的——罪犯同社会隔离开来，保护社会免受其害。然而社会是否相信，通过惩罚就能使那年轻的心灵充分感受到高尚的情操呢？

我为什么要从讲一个少年罪犯的事，来开始这篇关于道德教育问题的谈话呢？这是因为违法和犯罪是教育不力的最明显的标志。有一些儿童、少年和青年堕入罪犯的行列，这种情况对一个教师来说，是使他一刻也不能安宁的，因为他的工作的意义就在于使个人利益和社会利益保持和谐。学校和家庭教育的缺点、错误又在哪里呢？我提到的这个 15 岁的少年，他的家庭好像并没有什么问题。他本人在上学，念完了八年级，可是恰恰就在领了八年制学校结业证书的那一天，他犯了罪……

这里要说的是一个困难而又细致的、重要而又棘手的问题，这个问题往往使那些善于思考的教师和关心子女成长的父母惶恐不安，乃至彻夜不寐。要知道，这个故意装出无所谓的样子并把自己称作流氓的少年，再过1/4 世纪只不过才 40 岁——那正是创造能力极盛的年纪啊！我们今天的学生将成为共产主义社会的什么样的公民？这需要深思，再深思。在人们的意识中和人们的相互关系中确立共产主义，就像在原始森林地带建造几十座大型水电站或城市一样艰难。造就人是一项极细致的工作，它有自己特殊的困难。一个教育者所做的工作，一般总要在 10 年之后才能见到效果。因此展望未来，树立明确的远景目标，这在今天的教育工作中具有前所未有的特殊意义。

1. 怎样才能使每个人心中确立起神圣的不可动摇的原则

我们不怕使用"神圣的"和"不可动摇的"这些词语。千百年来，宗教把人置于神的威慑之下。我们揭穿了神灵，告诉人说：你自由了。我们在人的面前展示了宏伟美好的理想——共产主义社会。在这个社会里，人既是伟大的主宰，又是伟大的目标。当谈到新人的道德面貌时，我们赋予"神圣的"和"不可动摇的"这些词语以具体含义。所谓"神圣的""不可动摇的"东西，是指一个人如同珍惜自己的荣誉和尊严一样而加以珍惜的东西，是指他在任何情况下都绝不放弃的东西。我们培养的人，心目中应当有神圣的真理和神圣的人物，应当有神圣的原则，有神圣的、不容争议的、不可动摇的行为准则。

要使我们的社会里没有一个道德上不坚定、心灵上不纯洁的人，一方面要培养人对于美好的、惹人喜爱的、令人神往的东西的敏感性；另一方面也要培养人对于丑恶的、不能容许的、不可容忍的东西的敏感性。每个人都应当懂得，违背共产主义道德原则就意味着行为越轨而陷入一种令人极其厌恶的境地。

道德的核心内容乃是义务：一个人对别人、对社会、对祖国所负的义务；父母对子女、子女对父母所负的义务；个人对集体所负的义务，对最高道德原则所负的义务。整个教育过程都贯穿着一条道德义务感的红线。

义务感并不是束缚人的枷锁，它能使人获得真正的自由。恪守义务可以使人变得更高尚。教育者的任务，就在于使义务感成为自觉遵守纪律这个极其重要品质的核心，缺少了这种品质，学校教育就是不可想象的。

我相信，你是常常见到和经历过这样的（或是类似的）事情的：一个淘气的一年级学生（甚至是五年级学生）在跑着，他精力旺盛，满心欢喜，边跑边喊，嬉笑着，尖叫着。他碰到一棵小树，它是这个学生前不久跟他的同学一起栽种的。可是现在这孩子一把抓过树梢，把它折断了，又顺手扔掉了……。他继续往前跑，转眼间他已经忘记了小树，也忘记了自己这个莽撞（岂止莽撞）的行为……。一天之后，他再也记不得这件事了，而且当你问到他为什么要这样干时，他还会感到十分诧异。

一群一年级的小孩子：头发蓬松的男孩和梳着细辫子的女孩，他们那一双双黑色的、蓝色的、淡蓝色的、灰色的眼睛里闪着好奇的光彩。他们曾经那么急切地期待过这一天——学校生活开始的一天。他们有千百个"为什么"要问，他们对什么都感兴趣，什么都想知道。但是，他们有一个令人担心的弱点……

一个天气炎热的日子，我们从树林里回来。离学校越近，越觉得口渴。不一会儿，孩子们看见了一口水井，那里经常放着一桶清凉的井水。这时候一位上了年纪的大娘来到井边，摘下头巾，正要喝水。看得出，大娘是远道而来的，她在这个阴凉的地方停了下来，轻松地舒了一口气。教师从她的眼神中看出她已疲劳，同时又很高兴：她知道，现在可以坐在长凳上，在繁花盛开的椴树下歇一歇了。她的双手已经向水桶伸去，却突然被猛冲过来的一帮孩子的叫喊声和脚步声吓了一跳，浑身战栗地退到一边去了。她即使不离开水井，也会被推搡到一边去的。大娘惊讶地看着孩子们，不禁摇摇头。而孩子们却旁若无人。教师看到这一切，感到十分寒心：孩子们，对你们应该从哪门功课教起呢？对你们的理性和心灵，教些什么才是最重要的呢？你们曾在哪里生长？为什么是这种样子呢？

在许多家庭里，大人没有帮孩子培养起一种重要的人的品质——教会他们关心人。他们的发展还仅仅停留在只知按自己的需要行事的那个阶段。父母娇惯他们，只知为他们享受到幸福——样样需求都得到满足的那种幸福——而高兴。结果长到 7 岁了，孩子身上出现了看起来难以理解的现象：愿望野蛮化了。这些愿望没有闪耀出人的美德和高尚精神的光辉，反而带有了兽性，即只知道一条法则，那就是"我想怎么做就怎么做"。义务感的培养则要求从这一点做起：教育儿童体贴别人，理解别人的利益和愿望，使他们自己的行为与人的尊严感协调一致。

那么，现在的问题在哪里呢？并没有人这样教小孩子：你要对人冷漠无情，要毁坏树木，要践踏美好事物，把个人利益看得高于一切。道德教育有一条很重要的规律：教人为善，并且教得明智、得当、坚定又严格，结果就会有善；教人作恶（这很少见，但也有），结果就会有恶；如果既不教人为善，也不教人作恶，那么结果人就会作恶，因为人生下来只是被称作"人"的生物，不是完美的人，完美的人是造就出来的。A. B. 卢那察尔斯基在论及人的形象时这样写道：我们大家"只不过是材料，是需要加工成形的钢锭，但这是自身有意识的活的钢锭①"。我们的任务就在于，把大自然提供的这些人的毛坯全都造就成真正的人。人是大自然之子，具有人的激情。而人性之美恰恰就在于人能自觉地使自己变得高尚，在于人总是有志于向上，努力使自己的品德趋于完美。当儿童一旦能自觉地看待他周围的世界，当他能有所见、有所思并能对事物表示自己的积极态度时，就不能把他跟消极被动的"钢锭"相比拟了。他已是一种积极的力量，他已负有义务，并能体验到责任感了。教育者的任务，是去激发每个人身上的这种巨大的人的力量——在改造环境的同时也提高自己的能力。然而，如果说千万年的劳动把这颗小生命变成了世界和他自身命运的主宰，而他在长大之后却依然不能成为名副其实的人，那么这过错就在社会，而主要责任则应当由那些以培养和造就人为职业的人来负，即由教师来负。我们的过错就在于，我们未能紧紧地携手带领好我们所培养的人，未能为他树立起受崇高目的激励的意志，未能使他们具备不屈不挠的精神和对邪恶不妥

---

① A.B. 卢那察尔斯基，A. B. 卢那察尔斯基论国民教育 [M]，莫斯科：俄罗斯联邦教育科学院出版社，1958：71。

协的态度。

人是要教育的，为此必须懂得用什么去进行教育和怎样进行教育。这里我们要涉及一个非常困难而又迫切的问题，不仅是理论问题，还是实践问题。

2. 是否需要一个道德教育工作大纲

道德教育大纲好比是蓝图，我们教师就是按照这张蓝图对材料进行加工、锤炼而使之成为人的。德育大纲中应当非常明确、具体地规定，在每个人身上要确立些什么，并把哪些东西变为他的精神财富。这是要在人的心灵里培植善良的大纲。至于德育工作大纲应当包含什么内容，仅用十几行字是很难说清的。但是我认为，编写大纲的人应当遵守一条很重要的原则：大纲应当明确规定，我们的学生要爱什么和恨什么，用他们整个生命、行动和斗争去维护什么和摒弃、鄙视、反对什么。大纲应当规定，什么东西将成为学生心目中唯一的、神圣不可动摇的真理，什么是共产主义理想，怎样引导学生向着这个理想攀登。——这就是德育大纲的实质所在。

德育大纲应当为教师提供一个如何达到意识、信念、情感和意志统一的总概念。信念是在积极的活动中形成的，而活动则要为思想、信念和追求理想的意志所激励。我们对学生讲些什么，学生在做些什么，他的活动是在什么环境中进行的，以及他受到哪些思想的影响，所有这些对于达到教育目标都是同样重要的。

有人认为，没有必要制订一个德育大纲，因为它的内容在科学基础知识的内容中，在共产主义思想体系中，在我们的社会意识中，在马列主义经典作家的著作中，在党和政府的各项决议中都有了。如果这种论据也可以站住脚的话，那么我们也可以说，各门学科的教学大纲也是多余的，因为我们有各门科学，有科学家们撰写的学术巨著。然而我们却在（进行这方面的）争论和论证，譬如说文学教学大纲或物理教学大纲究竟应该把什么写进去，不应该把什么写进去，等等。那么为什么在确定道德教育内容

的时候，我们又不能表现出同样的认真精神呢？

有些人之所以做出"德育工作大纲无用"的结论，在我看来，是由于许多学校在教育实践中没有很好地贯彻德育的一条重要原则——远景性原则，是由于忽视了德育大纲的特殊性。人们曾期待这个大纲，对它抱着很大的希望。可是有了这个大纲之后，有人却又像执行基础学科的教学大纲那样来执行它，即按季度来分配德育工作大纲规定的内容：在这个季度搞完谦虚品质的教育，下一个季度搞忠诚老实品质的教育，等等。有的地方则要求教师写大量的计划、日记和汇报。这件工作本来只要教师发挥创造精神就可以搞得生动活泼，却被文牍的浪潮给淹没了。

我们要培养学生某种道德品质，并不能靠某一项专门的措施一蹴而就。德育大纲的实质是树立道德理想，而道德理想则是信念和生活实践的和谐统一。

人并不是由一个个螺丝钉装配而成的，而是靠和谐培养成的。不能今天培养一种道德品质，明天培养另一种道德品质。在制订和实施德育大纲的时候，都要考虑如何使人的全部品质和谐地确立起来。这些品质包括：共产主义的世界观和信念，对共产主义道德原则的真理性和正义性的坚定信仰，以及为我们的理想而斗争的献身精神，等等。实施德育大纲的一个重要问题是要把我们灌输到人的心灵中去的东西跟他本人所表现出的东西统一起来。德育工作大纲应当在青少年的心灵和理智面前展示出我们的道德理想，并说明它是我们社会衡量道德水平的标准，是我们的精神财富和生活指南。

我坚信，如果教师不能从学生的活生生的思想、情感和意向中发掘出意志力量的无尽源泉，使他凭借这种意志力量不仅能够接受教育，而且能成为个人命运的主宰——如果做不到这一点，那么教育工作大纲将仍然只是一纸空文。可以把德育大纲称为火花，应当用它去点燃人的内在精神力量的火焰。而不能把它当作某种用不完的燃料储备，认为靠它就可以永远维持人的积极的社会生活所必需的那种热量。教育人的最主要的力量应该是人本身。教育的全部技巧就在于，教育者在明确了应该培养什么样的人之后，善于鼓舞人自己去努力实现他的理想。

3. 是数学的世纪，还是人的世纪

某些同志在确定教学、教育内容时过高估计技术成就以及整个自然科学知识的作用，我认为这是很危险的。有人曾经建议把文学改为选修课。这个令人惊讶的走极端的建议突出地表现了一种广为流行的思想：我们生活在一个数学、物理学和电子学的时代，应当把全部注意力都放在这些学科上。不论在什么地方，当人们讨论普通中等教育的内容时，总是异口同声地讲：学生应当知道些什么，因而应当把什么列入教学大纲。

自然科学的重要性是无须争辩的，但是必须考虑另一个同样重要的问题，即道德教育的内容问题。"数学的世纪"——这是一个巧妙的用语，但是它并没有反映出当今世界上所发生的事情的全部实质。世界正进入一个"人的世纪"。我们现在应当比以往任何时候都更多地考虑：要用什么来充实人的心灵。知识在道德面貌的形成中起着非常重要的作用。但是应当说，在普通教育体系中，对于那些同人的心灵和信念直接有关的知识是不够重视的。我们的学生在学校里学到许多重要的和不可缺少的知识：关于基本粒子和引力的知识，关于生物奥秘的知识，以及关于斯巴达武士的装备的知识，等等。可是他们关于人的知识却那么贫乏，像文学和历史这些人文学科的知识，对于学生的自我意识和自我教育所起的作用又是多么微弱啊！当你看到16岁的少年犯了强奸罪而被关进监狱的时候，当你看到20岁的青年为了几个卢布而犯了杀人罪被法庭判处死刑的时候，你是绝不会因为这只是些极个别的事例而心里感到轻松的。我们没有权利对这种现象泰然处之。

陀思妥耶夫斯基说过这样一句话：让我们带着我们自己也有罪的心情走进法庭吧。让人的这种可怕的堕落使你们大家——父亲和母亲们、教师和学者们，都为之担忧吧。你们之所以应受到惊扰，首先是由于未成年的杀人犯曾经就生活在平常的、似乎毫无问题的家庭里。然而为什么，为什

么一个还远未成年的人却堕落到如此严重的地步？道德上严重败坏的根源
又在哪里？我考虑了很久才做出结论：这些人堕落的根源在于缺乏道德教
养，在于需求、愿望、追求和兴趣的极端粗俗。那些抢劫或行凶杀人的人
十分清楚，他们的行径是不可饶恕的，社会道德和法律是要鄙弃和严厉制
裁犯罪者的。一个人在道德上缺乏教养，内心生活处于原始状态，表现为
他对道德的美没有积极的追求，对一切丑恶的事物没有憎恶和仇恨。人之
所以堕落，是因为他没有提高到高尚的人的情操、思想和志向的高度。你
只需深入察看一下堕落者的心灵，就会看出他的精神发展走上了一条本能
占上风的道路。在我们的社会里，同时可以看到两种互不相容、截然对立
的现象：有的人达到了人道精神的顶峰，做出了高尚的行为——为抢救别
人（往往是素不相识的人）而牺牲自己的双手、双脚和双眼，而另一个人
则在遗弃生身的母亲或亲生的儿女……。想到这些，确实令人痛心。

对青少年的精神世界持漠不关心的态度是不可容忍的。精神上的贫
乏会导致道德上的空虚和堕落。最严重的损失是人的损失，这是任何东西
都无法弥补的。要把这种损失减少到最低限度，以至减少到零，我们首先
就应当关心人的心灵的培养。不应当把任何一个少年"推出"校门，当作
"包袱"甩掉，或者给个"3分"就打发他走，说什么"让生活去教育他
吧"。生活本身是不会自发地教育人的。哪里有放任自流，哪里就会有不
坚定的、处处遇到危险的年轻人。学生时期应该特别重视那些对心灵、意
识、情感和信念有教育意义的知识。

"生活会教育人"，这种说法一般来讲只是一种比喻。每个人都是由一
些具体的人进行教育的。一个人如果在学校里没有受到很好的教育，进入
生活后仍然是个道德粗野的人，他就会给社会带来危害。对"劳动会教育
人"（"去做工吧，劳动会教育你"）的说法，则需要做更多的说明。劳动
如果脱离了社会生活的其他方面，它本身是不会起教育作用的。只有当劳
动具有崇高的目的时，只有在高尚的人与人的关系中，它才能发挥教育
作用。

如果我们不去认真地进行道德教育，就不可能在人们的心灵中树立共

产主义理想。我们一刻也不能忘记列宁所说的话，即苏维埃学校里最重要和最主要的任务是培养共产主义道德。

在某些学校里，教养和教育之间存在着脱节现象 ①：那些本应用来培育高尚心灵的知识却没有触及学生的思想，没有转变为他们的信念。

关于人的知识具有极大的教育作用。学校的任务是要使学生了解人类智慧所创造的一切，懂得艺术，认识人的行为美，对邪恶采取毫不妥协和毫不容忍的态度。在学习所有这些知识的时候，必须使学生联系自己，树立起做一个完美的人的坚定志向。生活本身如今提出一个很重要的教育、教学工作的问题，这就是道德与知识之间、精神文明与知识水平之间的相互关系问题。

4. 道德与知识之间、精神文明与知识水平之间的相互关系

有人认为，学生在学习理论知识的同时，就在形成信念，形成观点，也就在道德上受到了教育。然而假如教学跟教育结合的问题能如此简单地得到解决，假如这一问题的解决只取决于课堂上所掌握的知识的内容和分量的话，那么所有的人特别是正在成长的新一代人的道德修养就不会落后于他们的文化程度和知识水平了。

产生这种道德落后于知识的现象的原因，首先在于一部分学生掌握的知识很肤浅，他们意识中留下的只是一些零碎的知识。个别教师在教育、教学工作中未能确立这样的宗旨，那就是要使知识在学生的意识中按一定的方式发生转化，从而变成他们个人的修养（信念、情感、志趣、需要和兴趣），在他们的一生中留下深深的痕迹。有些知识之所以应当永不忘记，只是因为它们不可能被忘记。如果一个人把这些东西也忘记了，那么这是十分令人忧虑的，这说明他生活在道德上贫乏的、空虚的天地里。我们无

---

① 在这里，教养（образование）一词指知识的传授，教育（воспитание）则指思想品德教育。——译者

法忘记普希金和果戈理、莎士比亚和塞万提斯、柴可夫斯基和列宾。我们普通中学教师首先应当关心的是必须使知识永远进入每个学生的精神世界，转化为他们的情操和志向。

　　思想修养落后于知识水平的原因还在于忽略了这样一个事实，即现代人在智力上的超前发展不断对人的道德提出新的要求。这里必须注意知识水平与道德水平的一种重要的相互依赖关系：现代人的劳动、素养、生活乃至他的全部活动，正在越来越大的程度上依赖于智力，依赖于他的思想、创造性和内心体验这些极其微妙的精神因素。智慧赋予人以如此巨大的支配自然界的权力，以致于一个人就可以决定成千上万人的命运——这并不是指个人在某种重大历史事件中的作用，而只是指他在日常劳动中的作用，譬如在水电站、矿井、原子能发电站、铁路枢纽的调度室里等。现在，一个所谓的普通劳动者，就必须非常细心，思想高度集中，具有顽强的耐心和极其沉着冷静的头脑，而所有这些品质又都取决于人的道德感——对于人们的义务感和责任感。

　　所有这一切都对人的品德修养、内心世界提出了全新的、极高的要求。现代人掌握的关于自然界和社会的知识越多，他所掌握的关于人、关于自己的知识也就应当越多，这条规律是从共产主义社会的人性素养的实质产生出来的。显然，我们今天所教的科学基础知识的内容已经不能适应社会对人的品德修养所提出的新要求了。令人惊奇和不可理解的是：我们的学生在学习许多知识——关于星球和海底的知识、关于遥远的星系和基本粒子的知识、关于古埃及和巴比伦的国家体制的知识等，但是他在感知和认识周围世界的时候，他的头脑里发生着什么过程，他的情感和内心体验的实质是什么，以及怎样培育自身的文明，对此他却并不进行研究，以致毫无所知。学生知道古代斯巴达人的生活方式，却不知道自己在公共场所应当怎样行动，不知道应该怎样使自己的行为和愿望跟别人的利益协调起来……

　　有人说，科学基础学科的内容中已经包含着很多道德思想和政治思想，只要把这些思想变为学生的信念，变为他们的精神财富，就可以完成道德教育的任务。在这里，人们不知何故忽略了教学过程中的一个重要特点，那就是不论课堂上所学的教材包含着多么丰富的政治思想和道德思想，学生在掌握知识的过程中都常常把认识目的放在首要地位，那就是学会、记熟和弄懂教材。教师全力以赴追求的也是这一目标。这一目标（学会、记熟、弄懂教材）越是被置于首要位置，它占去学生的精力就越多，它的思想性就越是退居次要地位，知识转化为信念的效率就越低。学生很少进行思考，很少深入分析事实、现象和规律的实质，于是这种效率本身就降低了。

遗憾的是，在某些教师的课堂上，脑力劳动是按"听讲——熟记——回答"这样一个公式进行的。按照这种公式，思想在学生的意识里只是一掠而过。我曾跟这样一位青年妇女谈过话，她中学毕业后成为一个虔诚的教徒，进了修道院，但是之后又因为阅读自然科学书籍而渐渐摆脱了宗教世界观的影响。

我问她："难道您当时在学校里所学到的那些知识，不能使您认识宗教的反科学实质吗？"

"我当时只是一部能熟记课本和回答老师提问的机器而已。问题就出在这里。那些思想没有触动过我的内心。当时的主要目的就是记熟教材和回答问题。我在这一点上达到了很出色的地步。"

"那么书本呢？莫非书本对您的心灵也毫无启示吗？"

"悲剧就在于我当时是在背书，而不是真正在读书。直到现在我才懂得了真正的读书——是那种出自兴趣、出自求知需要的读书。"

这是一个值得深思的问题。如果我们扪心自问，就该直言不讳地说："我们有多少学生是在那里背书，而不是在阅读，教材里的思想并未进入他们的内心深处！"死记硬背不仅危及智力发展，而且对道德发展也是极其有害的。死记硬背会抹杀教材的思想内容。真正的教育者为了防止死记硬背的危险，他会竭力使学生在第一次感知教材时就深入地认识各种事物、现象及其相互联系中所包含的思想内容。一个教师要成为真正的教育者，就应当向学生打开通向知识世界的窗口，同时又能触及他的个性，打动他的思想、情感和良知。

讲到道德教育的方法，写一本书是不够的。在这篇谈话中，不可能详细谈论道德教育的那些最主要的方面。我只试图根据实践经验来谈谈道德形成过程的实质。依我看，这个实质就取决于下面这条最重要的真理：课堂教学是师生相互接触的一个精神生活的领域，它虽然不是唯一的，却是极为重要的。

5. 课堂教学是师生相互接触的一个极为重要的精神领域

我们平时所说的教师对学生的教育，在什么时候进行得最鲜明、最积极、最深刻呢？那就是在教师的情感接触了学生的情感的时候。这种接触的机会很多：进行推心置腹的交谈，参加共同的劳动，还有你和自己的学生一起默默地欣赏着那繁星闪烁的夜空，等等。但是最经常的接触还是在课堂上。这时候你既在传授知识，也在教学生思考和生活，培养他的认识和情感。学习——这是对人的精神生活的各个领域（思维、情感和意志）发生影响的一种极其复杂、细致和多样化的过程。有经验的教师在讲述斯巴达克思领导的奴隶起义时，关心的不只是让学生知道斯巴达克思其人，而首先是青年公民对英勇、刚毅和坚忍不拔的斗争精神的想法。有经验的教师在课堂上提问学生时，不仅在了解学生知道了什么，而且在了解学生的观点、兴趣、志向、信念和疑问。例如，一个十年级学生给你讲科学共产主义的伟大先驱者托马斯·莫尔和托马佐·康帕内拉，他的讲述对你来说就不仅是谈论早已过去的事件，而首先是关于那些为真理而献身的人们的讲述。

我们的工作中有一种极其微妙和难以捉摸的东西，它可以称作对待知识的态度。真正的教育者不仅告诉学生真理，而且向学生表明他对待真理的态度，以此来影响学生，培养他们高尚的情操，激发他们赞美善良和憎恨邪恶的情感。传授对待知识的态度，要比讲解知识和使学生识记、保存知识困难得多。但是要使脑力劳动达到高效率并有充分的价值，这里的一个秘诀，正在于你在讲解真理的同时必须培养学生对待真理的态度，点燃他们心中的火花。这时你就可以确信，知识会在学生的意识中燃起熊熊的火焰，具有长久的生命力，并能教导他如何生活。你不仅要向学生传播真理，而且要培养他们对待真理的态度，只有这样，你的学生才能算作真正受到了教育。如果学生对真理没有鲜明的态度（或者更确切地说，只有冷淡的态度），那么他就不能真正受到教育，而只能成为书呆子。知识在他意识的表面滑过去，并没有进入他的心灵。

你要和学生多接触。例如，在课外小组里跟他们一起思考科学上的新问题（这时候用不着操心学生是否记熟了所研究的材料），跟他们一起体验读完一本书后的愉快心情，跟他们一样入迷地参加有意义的劳动，跟他们一起享受那艰难行军之后的休息，等等。只有这样，你上的每一节课，才能对学生产生更有效的教育作用。

对待真理的态度——这就是我们所说的思想，是教材的思想内容。而思想内容有时是很难捉摸的，也无法让人把它背诵出来。单凭学生对问题的回答，无法判断他有无思想信念。给学生传授真理，首先就要跟学生想到一起。只有这样，他们才会信任你，才能从你的话里听出隐藏的含义来，而这种"潜台词"在道德信念的培养中，有时比"台词"的作用还大得多。教师只在课堂上跟学生有共同思想是不够的，还要在社会活动中，在公民生活中跟他们经常接触。这里我们就要讲到道德教育的又一条带规律性的结论：教师是学生的朋友和同志。

6. 教师是学生的朋友和同志

学校教育的一个不幸，就是教师的命令、指示、要求提得太多。如果儿童，特别是少年，从教育者那里听到的总是命令，他的精神就会受到束缚，而孩子们是多么不愿意受束缚啊！

教师做学生的朋友，这意思并不只是跟他们一起到树林里去，坐在篝火旁吃烤土豆。那只是教育者跟学生的最简单的接触。如果教师找不出别的更丰富的东西来，那么光靠一起吃土豆是办不了事的。因为学生特别是少年很快就会察觉你的意图有假。而友谊应当有牢固的基础，我指的首先是思想上和智力活动上的广泛的共同兴趣。真正的教育者跟学生有许多东西可谈，这样学生才会珍惜跟老师的友谊。

我认识一位文学教师，他限于年龄和健康状况，不能带学生到森林和田野里去，也不能去远足或者钓鱼。他跟孩子们的见面地点就是教室，偶尔也在校园里。而孩子们却是那样急不可耐地盼望着同他会面！

这位教师之所以能成为学生的朋友，是因为他能为学生揭示令人惊叹的美的世界，用高尚的激情和动机鼓舞和激励他们，使得他们总想做点什么——看书，认识世界，领略美。教师的建议成了学生的指路明灯。

如果教师有可能同他的学生一起到集体农庄去，到森林里去，一起坐在篝火旁边，这当然很好。所有这些都会加强他的智慧和精神财富对学生的影响。但这里主要的还是精神财富本身和对学生的传授。

做学生的朋友和同志，这意味着能和自己的学生共享为崇高目的而斗争的欢乐，共同去克服困难，感受思想上的鼓舞。生活中的这种斗争机会无穷无尽。比如在傍晚，庄员的农舍里正有 20 来人在聚会，这时候如果你和学生一起到那里去，你的学生向人们讲讲科学、技术和文化上的成就，那么你们师生都会在精神上受到这种争取人的斗争的鼓舞。① 这时你就会感到你和自己的学生是真正的朋友和同志。此后，你在课堂上讲到共产主义的伟大思想的时候，青年学生就会受到为共同目标而斗争的精神的感染，因而他们也会信任你。在我们国家的任何一个角落里，都有这种为文明而斗争的阵地。而在劳动中，在征服和利用自然力的活动中，又有多少为社会和道德而进行斗争的机会啊！我认识一位生物教师，他鼓励学生设法培育出比通常的麦粒大一倍的麦种，从而博得了他们的信任，学生自己也受到鼓舞。

所有学校的教学大纲是统一的，教科书也是一样的，然而各个学校

———————

① 指教师带领学生向农民进行无神论的宣传。——译者

的情况却并不相同，这是因为各校的师资条件不同。学校如何首先要看师资如何。教师的人格是进行教育的基石。教育工作中所实施的一切——观点、信念、理想、世界观、兴趣、爱好等等的形成，都在教师的人格这个焦点上汇合。社会上各种政治的、道德的、审美的思想、真理和观点，都会在教师身上反映出来。而所有这一切，又都将通过教师的个人世界反映在学生身上，并在学生身上得到更高基础上的再现。教师应当在他的学生身上再现的最主要的东西是他的理想。一个把为他人做奉献视为自己最高心愿的教师，才是共产主义信念的真正培育者，才能造就具有共产主义思想的新人。一个人为了使他人幸福而奉献自己的精神力量，并由此享受到高尚的、无私的欢乐——这是照耀青年一代生活道路的强大的光芒。让学生在刚刚开始认识生活的时候，就能有一位敬爱的老师，这种学校才会拥有强大的教育力量。

你作为校长，不仅是教师的教师、学校的主要教育者，而且形象地说，也是一个特殊乐队的指挥，这个乐队是用一些极精细的"乐器"——人的心灵来演奏的。你的任务就是会倾听，而且听到每个演奏者（教师、教导员、班主任）发出的音响，你要看到并从心底里感觉到每个教育者在学生的心灵里留下了什么。教育工作中最令人痛心的一种现象，就是一个教师工作了几年离开学校以后，没有一个人怀着感激的心情追忆他，他也没有在人们心里留下任何痕迹。建立教师集体的技巧，就在于要使每一个教师都成为他的学生的榜样——有高尚的品德修养和丰富的精神生活，热爱知识，不知疲倦地探求新事物。

教师成为学生道德上的指路人，并不在于他时时刻刻都在讲大道理，而在于他对人的态度（对学生、对未来的公民的态度），能为人表率，在于他有高度的道德水平。谁能唤起学生的人的尊严感，能启发他们去思考活在世上是为着什么，谁就能在他们的心灵中留下最深刻的痕迹。年轻人特别是少年，总是信赖这样的教师：形象地讲，他永远在进步，他坚定地朝着提高自己的学识修养和道德修养的目标前进；他在学生心目中在日新月异地变化着，今天比昨天更好，而明天更胜于今天。

一个教师热爱自己的学科，热衷于科学，已经把共产主义信念变成他心灵的一部分，愿为共产主义理想的胜利而贡献自己的全部生命，这样他才能够在自己学生的意识里确立坚定的思想信念。

面对勤学好问、满腔热情的青少年，教师只有每天都有新的东西表现出来，才能受到他们的爱戴。如果你想成为受学生爱戴的老师，那你就要努力做到使你的学生不断地在你身上有所发现。如果你过了几年还是依然故我，如果逝去的一天没有给你增加任何新的财富，那你就可能成为一个令人生厌甚至憎恶的人。你要像怕火一样地惧怕精神上的僵化。在当前这个时代，只有把道德美和智力的丰富性结合起来，不断地向青年们揭示出人的新的品质，你才可能博得年轻人的心灵和理智。

不能把师生间的友谊看作用以防止学生不守纪律的手段。如果教师过着贫乏的精神生活，而又企图把自己的友谊强加给学生（特别是少年），那么他很快就会发现，学生并没有成为自己的朋友，反而老在跟他捣乱。怀着空虚的心灵去接近学生是危险的。教师如果不能在精神上具备很大的优势，学生（尤其是少年）就会企图跟他建立一种狎昵的关系。而这种情况在教育上是跟脱离学生同样有害的。教师在精神上的贫乏，会使他无法去实现道德教育和师生关系中很重要的一条原则，这就是：尽量鼓励学生多参加积极的活动。

7. 尽量鼓励学生多参加积极的活动

一个人能理解"应当""不许"和"可以"这些道德准则的含义并能身体力行，这就说明他有了高度的道德修养。要使自己的学生提高到道德发展的这个高度，教师就应当懂得和实施教育上一条简单而明智的真理，那就是：你向自己的学生提出一条禁律，就应当同时提出十条鼓励——鼓励他们从事积极的活动。要想使人理解"不许"意味着什么，就应当使他确信什么是"应该"的和"必须"的。孩子怎样对待他周围的东西和生物（一本书、一本练习簿、一株花、一只鸟和一条狗），这正是人性素养的开端，是对人的态度的开端。任何一条规定都可以让学生看不出是对他的禁止，而让它变为鼓励他行动的号召，用来帮助他在善良的土地上站稳脚跟。不需要处处都用禁律去约束孩子，而要解除对他们的这种禁律，给他们以充分的自由，鼓励他们去活动。例如，用不着教训孩子说："不许摘校园里的花。"而应当对他们说："你们每个人都应当在校园里栽一株花，精心地去照料它。"

▲ 孩子们在精心饲养小兔子

　　教育的艺术就在于，要让受教育者把他周围的东西加以"人化"，使他通过对待物品来学习如何正确地、有人情味地去对待人。应当使孩子把生活中接触的物品都看成是有"灵性"的东西，从这些物品中感受到人性的东西——人的智慧、才干和对人的爱。如果孩子感受不到这些，他就不懂得什么是真正的人的细腻情感，就会缺乏知觉的敏锐性，在他身上就会形成一种可以称之为道德上的冷心肠、冷漠无情、无动于衷的东西。实质上这就是道德上的愚昧无知。

　　总之，要使孩子能把各种物品加以"人化"，即通过对待物来学习有人情味地对待人，那就要更多地鼓励他去积极地参加活动。没有精神上的努力，没有儿童特有的积极性，年幼的公民（孩子在一定意义上应当是公民，他应当理解人性的、社会的、集体的事物的含义）永远也不会懂得什么是"不许"的、"不可容忍"的和"不可能"的。那些任性的儿童和少年之所以不懂得抑制自己的无理要求，就是因为他们没有从幼年起就把自己的精力用在为他人、为集体谋福利的劳动上。建立在清规戒律基础上的教育，实际上会把儿童变成孤独的人，会使他对周围世界失去人的情感。

　　要促使孩子去积极活动，那就要做他们的朋友。这对小学教师来说尤其重要。只有当你跟孩子们一起做点什么事的时候，他们才会真正地信任你。鼓励学生参加积极的活动，正是从这"做点什么事"开始的，这会进入你和你学生的精神生活。这里所说的"做事"就是创造出一些我们衷心珍爱的东西，因为这些东西在某种意义上说是世界上独一无二的（这里说的创造是广义的，它不一定是指制造出什么东西，但一定要有所创造）。有一次，我们去树林里旅行，找到一粒橡实，它已经长出了根，幼芽也眼看就要露头了。我们把这颗发了芽的橡实带回学校。在返校途中，每个孩子都想亲手捧一会儿橡实，他们小心翼翼地保护着它的幼芽。这颗橡实便成了我们所珍爱的东西。我们把它种在了地里，不久绿色的幼苗就钻了出来。这棵娇嫩的小树成了我们在世上独有的一件东西。我们每个人都把自己的心血花在了它身上。这就是物的人化。于是我便促使孩子们从事积极的活动：给小橡树浇水，保护它，给它施肥。孩子们都很乐意做这些事。不许摘树叶，因为树木是靠叶子呼吸的。每个孩子都知道这种禁止是理所当然的，因为他们从物的世界中感受到了人性的东西。而如果他们没有被这种创造性劳动所吸引和鼓舞，他们就不可能领悟其中的人性的东西。

　　下面我就要谈到教育的几个结论、几个原则，它们对于掌握教育技巧起着很重要的作用。

8. 道德标准（准则、规则、原则）要体现在事物、现象、关系之中

伊尔夫和彼得罗夫说得好："不要只号召讲卫生，而要去打扫。"这些话里包含着深刻的教育哲理。遗憾的是，人们在实践中有时违背了这条朴素而明智的规则：让学生参加名目繁多的活动月、竞赛、评比等活动，而在这些活动下面掩盖的是对周围一切事物的漠不关心。一位校长说："各种活动毁了我们。从 9 月到次年 4 月就有 92 项活动（活动月、竞赛等）。每搞一项活动都要写总结。就是因为搞这些活动，我们才顾不上去教育学生……"如果一个领导想出种种活动是因为怕不搞活动教师就会不好好工作，那么他就是一个不中用、没能耐的领导。哪里把精力全都花费在各种突击的活动上，哪里的教育工作就要失掉远景目标。

不要只号召讲卫生，而是要去打扫。要少说多做。要给孩子揭示出人性的世界来——只有在这个条件下，道德真理才会成为每个人的财富。

共产主义道德的一条准则，就是要尊重人，关心人，无微不至地体贴人。如果在一个班集体里，有一个或几个学生一天天、一月月地总是得"2 分"，感到自己是不合格的人，那里就谈不上有完满的道德教育。

儿童具有一种他们特有的美好天性——他们怀着赤诚的心对待生活，把自己的全部情感倾注在周围的事物和有生命的东西上。圣埃克苏佩里创作了《小王子》，这是写给成年人的一篇出色的童话。要让我说，这是给教师们写的童话。小王子驯养了小狐狸。对于小狐狸来说，小王子变成世上唯一可以依靠的人，小狐狸对于小王子来说也是世上独一无二的。他们两个都感到幸福。"我们要对我们驯服的对象负责……首先是对人负责……"圣埃克苏佩里的这些话已传遍世界。

只有让每个孩子都"驯养"一样什么东西，对某种东西倾注了心血，使某种东西具有了灵性，才能使他们富有同情心、恻隐心和人道性。我确信，只有当每个儿童都把同学的喜悦放在心上的时候，儿童集体才能培养出真正的人。如果班上有同学总得"2 分"，学习总跟不上，并且对自己

的成绩满不在乎，而别的同学对这种情况竟习以为常，并未感到不安，那么这里的集体就谈不上是强有力的教育工具。一个善于思考的教师，总是设法让学生对集体的每一成员的学习成绩都感到担心和不安。他教育学生用情感来认识事物，分享别人的欢乐和分担别人的痛苦。责任感的培养即由此开始。教师对学生说，你们有一位同学写不好字母，要有人在课后留下来帮助他，写给他看，给他以精神上的支持。于是，几个孩子下课后留下来，帮助那位同学。受帮助的同学有了进步，他们感到高兴，受帮助的同学也高兴。每个学生的心里都有了别人。于是，一个人除去他个人的兴趣和需要以外，还拥有了对他来说是很珍贵、很需要的某种东西。

这就是我所说的道德标准在人与人的关系中的体现。教育上非常重要的一点就是，要让一个人在童年时期就体验到这种高尚的情感——希望别人变得比现在更好。这种愿望是集体主义的源泉，也是防止利己主义的有力手段。

在儿童集体中，道德准则也会通过物品体现出来。我记得有一届低年级学生在二年级的时候制作了布娃娃，建立了自己的小木偶戏团。娃娃都是用旧碎布做的，外表并不美观。当时还处在困难岁月，我们连水彩都没有，木偶"小红帽"的眼睛是用铅笔画上去的，它的头发也常常粘不住。到三年级的时候，孩子们得到一份礼物——从莫斯科百货商店里买来的真正的木偶。孩子们很高兴，可是到了排演的时候，他们却把崭新的漂亮木偶放在一边，拿起了在他们看来比什么都宝贵的自制木偶。

亚努什·科尔恰克在《当我返老还童的时候》一书中，讲到他童年时父母怎样送了他一样很稀罕的东西——冰鞋，而他却拿冰鞋跟别人换了一个木制铅笔盒。"难道一个旅行者在沙漠里不会用一袋珍珠去换一罐水吗？"亚努什·科尔恰克在故事末尾提出了上面这个寓意深刻的问题。这是我们教育工作者应予深思的。我们所培养的人，应当能感受到人的渴望，渴望跟同龄人交往，渴望给对方带来快乐，自己也从中得到快乐。

每个孩子都应当努力追求自己认为最珍贵的东西，应该感到没有它就无法生活。起初可能是对某些物品或植物的依恋，随后则是对动物、对人怀着一种依恋的心情，这是培养人道精神的有力手段。正因为如此，我们竭力要做到使每个孩子都有自己的一棵树、一丛玫瑰、一株菊花，在工作室里有自己的工具，并要他能在几十把工具里一下子就认出自己的那一把来。照料生物能从精神上鼓舞孩子，培养他高尚的情感和动机。我们校园里有一条栗树林荫道。这些小树都是用栗子培育出来的。孩子们在前一年的秋季，趁着晴天去采摘栗子种子，把它们放在温暖、僻静、各自知道的"秘密"地方，保存了整整一年。第二年每个人都把自己保存的栗子种子拿来种在土里。人人都怀着急切而又不安的心情期待幼苗破土而出。每个人都体验过喜悦、苦恼、忧虑和愤怒——没有这些情感就不可能有物的"人性化"和"驯化"。所以当孩子们第一次听到"要爱护和尊重长辈的劳动，劳动者是生活的创造者"这些话时，他们就能领悟到这些话里包含着我们生活中的一条重要的道德准则——伟大的和神圣的东西是人类在艰难的斗争中取得的。这些话能在他们心里唤起强烈的反响。一个孩子，如果他曾经把自己的心血倾注在一种生物上，曾经创造过一种他"驯化"的东西，那么当他读了《共产主义建设者道德法典》时，就会产生深思。如果他心里没有任何最喜爱的人或物，那么神圣的共产主义真理就不会打动他的心。而当儿童在世上有了最为心爱的事物，这事物已经在创造、在建立、在获得灵性的时候，他也就能真心诚意地去倾听关于人、关于劳动和关于责任感的专题谈话了。

这一切都指向一个最高的目标——人。对于每个学生来说，世界上最可贵的应当是人。我们的教育中有这样一条极重要的原则：在童年、少年和青年早期，要使学生获得尽可能多的精神力量，锻炼出强壮的体力。这里需要的不是一般的劳动，不是那种仅仅被当作义务的劳动，而是这样一种劳动：它引导学生进入一个最幸福、最欢乐的世界——即人们亲切地交往、人与人之间充满诚恳和信任的世界。儿童是在什么时候才真正爱另一个人，爱他的母亲、父亲、祖母、祖父、兄弟和姐妹的呢？是在他为这些人做了一些事，并在其中倾注了自己的心血的时候。一个孩子还很年幼，还在念一年级，但是他应当有一个无比亲爱的人，能让孩子把自己所能做

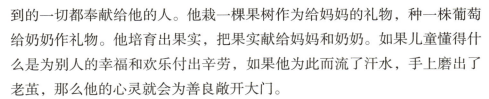

到的一切都奉献给他的人。他栽一棵果树作为给妈妈的礼物，种一株葡萄给奶奶作礼物。他培育出果实，把果实献给妈妈和奶奶。如果儿童懂得什么是为别人的幸福和欢乐付出辛劳，如果他为此而流了汗水，手上磨出了老茧，那么他的心灵就会为善良敞开大门。

只有当儿童的心灵被各种事情、被劳动、被现实的社会关系所鼓舞的时候，教师的话才能对他起到鼓舞作用。你也许不止一次地听到过教师这样的抱怨："孩子们什么话也听不进去，不管你说什么，一点反应都没有……"为什么会有这种情况呢？这是因为儿童或少年还没有被培养到这样的程度：能把教师的话当作珍贵的神圣的真理，并受到这些话里所表达的思想的鼓舞。要使儿童的精神受到语言这个人类最精细的工具的影响，须得经历一个长期的教育过程。在这项工作中最主要的是使儿童在实际行动和创造中受到精神鼓舞，在劳动中表现出人与人的关系。

指导道德教育，这意味着要在学校生活中创造一种道德气氛，使每个学生都有他所关心的人，都有他所保护和为之操心的人，都有他为之倾注心血的人。在我们的教育领域里，这方面实际上还是一片未开垦的土地。请你仔细观察一下自己的学生，深入地想一想：他们彼此间的关系如何，他们对家里人的态度如何，他们对待一切活生生的、美好的事物的态度如何？这些都是能使人变得高尚、在人身上确立人性的东西。谈到这里，我们就要讲讲道德教育的另一条原则：只有创造并且不断完善育人环境，才能使教育手段收到预期的效果。

9. 只有创造并且不断完善育人环境，才能使教育手段收到预期的效果

忘记这条原则便会导致种种不良后果。但遗憾的是，这种忘记还是时有发生，其后果就是言行不一、行为与认识脱节。

环境这个概念含义很广，方面很多。它既包括学生周围的事物，也包括成人的行为和教师的榜样，还包括学校集体生活的道德气氛（即关心人

的思想是怎样表现的），以及人与人的相互关心、以诚相待等。其中，家庭更占有特殊的地位。如果感染人的环境和号召人的美好言词不相一致，那么教师的言语就会对学生产生相反的影响，使他们变得口是心非，不相信善良。近年来，广泛流传着一种错误观点，似乎积极的活动，特别是劳动，变成了比言语更为有效的教育手段。不能把这两者对立起来。离开环境（这个概念中也包括活动）的言语是没有教育力量的，必要的教育环境也离不开言语。如果你想使人的道德发展达到完美与和谐，那你就要创造环境与言语之间的和谐。

这里所说的环境，其中最主要的东西是什么呢？就是每一个学生随时随地都在为别人、为集体做一些事，在为集体利益进行积极的活动。没有这一条，集体便会失去生命力。环境不是一旦建立起来就不再变化的东西，它需要不断地创造和完善。我们的每个班集体都有自己的"审美角"。这可能是几丛蔷薇，或是一架葡萄，或是一小片桃树林，或是一小片柞木林，等等。如果没有这个极其重要的环境因素，那么我们的道德教诲——要爱护生物和美好事物、要做善良和富有同情心的人等，都会变成无用的空话。

这里说的只是"小环境"。人只有感到自己是一个在广阔天地里为人民服务的劳动者时，才能树立起真正的责任感和集体归属感。必须使学生在学校这个小天地里所做的一切，通过某些线索跟社会上的大事联系起来。

但是，劳动的社会方向性并不意味着抹杀个性。在学校环境中，要使每一个学生都有他最心爱的东西，唯有如此他才会珍视别人所创造的一切。这个真理已成为我们的一条教育原则。如果你的学校里有 500 名学生，那么校园里就应当有 500 棵树，或 500 丛灌木，或 500 株玫瑰，让每个学生都在这些花木上倾注他的心血。劳动没有落实到人，这往往是环境对学生失去教育意义的原因之一。

环境不仅要能促使人积极活动，而且要能起抑制作用。比如，校园里有一条两边种着核桃树的小林荫道。树的栽植布局，要考虑到能使一个欢蹦乱跑的男孩子看到这些树就不得不抑制自己的热情，小心翼翼地躲开它

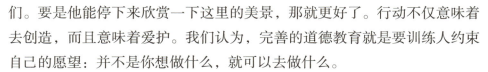

们。要是他能停下来欣赏一下这里的美景，那就更好了。行动不仅意味着去创造，而且意味着爱护。我们认为，完善的道德教育就是要训练人约束自己的愿望：并不是你想做什么，就可以去做什么。

环境中有一个对教育特别重要的因素，这就是：教育者与受教育者、年长同学与年幼同学、同龄同学之间这三种关系的细微性、人道性。

10. 教育者与受教育者、年长同学与年幼同学、同龄同学之间这三种关系的细微性和人道性

这里讲的是精神生活中的情感美的方面，这是道德教育中研究得最少的问题之一。学校里应当充满一种尊重人、相信人和师生相互信任的气氛。不论学生由于家庭环境的关系而变得多么放肆，多么没有希望，也不论他心里带着多少委屈来到你的学校，他身上总会有一些善良的东西。一个真正的教育者要坚持去发掘这善良的、人性的东西。如果你仔细探究一下儿童或少年心灵中埋藏着的邪恶的话，你就会发现它的根子总是长在不尊重人的土壤里。学生对教育者缺乏信任，怀有戒心，甚至抱着怨恨、冷酷、仇恨的态度，所有这些东西的产生，都是因为有人用粗暴的甚至往往是污秽的手摧残过他们敏感而嫩弱的心，使它变得粗糙，失去了敏锐感和反应力，因而使教育者很难去触及每个学生（特别是孩子）身上都有的那些美好的东西。

如果你想成为一个真正的教育能手，那么你就不要企图用某些断然的、闪电式的、异乎寻常的措施，一下子就把孩子心里结成的冰块融化开。离开自我教育，心灵的完美是不可能实现的。谁想闯进儿童的心灵，一下子就清除掉里面的邪恶，谁就必定遭到儿童的反抗。儿童之所以要反抗，是因为邪恶的根扎在他那受了伤害的人格之中，突然的拔除反而会使儿童遭受更大的痛苦。要知道，邪恶的根深深扎在他们心底最敏感、最不容易触及的地方，你不可能一下子就拔掉它，否则心就会流血，会变得更加冷酷。

真正的教育就在于，要让孩子心里的冰块逐渐融化，让孩子的心自己发出热来。

教育上的明智和技巧在于精心保护和珍惜孩子心灵中对美好事物的向往之情，以及他们要成为一个好人的志向。如果儿童还没有这种向往和志向，那就要去培养。我在学校工作中最爱护的一种精神财富，就是对个人身上和人们相互关系中的美好东西的追求。应当使儿童喜爱、赞赏乃至醉心于追求这种精神财富。如果说少年和青年早期的浪漫主义幻想具有一种巨大力量的话，那么这种幻想最鲜明的表现就是那些完美的人物和高尚的人与人之间的关系。我认为教育者的首要使命在于帮助自己的学生赞赏道德美并被这种美所鼓舞，使他坚定地相信，美和真理总是会胜利的。

应当让儿童特别是少年在人们的具体生活和现实关系中看到真和美，这也就是说让他们经常感受到自己生活的道德力量的支撑。我们要儿童、少年和青年去赞赏、仰慕和追求的理想人物，不应当是某种神化的偶像，而应当是具有鲜明的思想、情感和激情的活生生的人。这种人身上最吸引儿童和青少年并使他们敬仰的美德，乃是对原则和信念的忠诚不渝和道德上的坚定不移，特别是对邪恶的毫不调和、绝不容忍的态度。能使青少年受到鼓舞并成为他们所仰慕和赞赏的人，首先是满腔热情的斗争者。学生在童年时期能见到不屈不挠、毫不妥协和思想鲜明的榜样，这对于他的成长来说是很大的幸运。

真正的教育者关注的是在自己的学生之间建立细腻的情感。也就是说，要使学生愿意把自己心里的温暖给予别人，愿意为别人做好事和创造快乐。对于心里埋藏着痛苦的人，不应当把他当作不幸的人去对待，不应让他感到别人只是在怜悯他，只是出于怜悯才好心对待他。难教育的孩子常常拒绝跟老师诚恳地谈心，这多半是教师的粗心造成的：难教育的孩子从老师的温和善意的话语中感受到的只是怜悯，而任何一个有自尊心的人都不愿自己被人怜悯。只有当集体中的每个成员都能把自己心里的温暖给予别人，只有当人对人的关心和尊重并不是某些特殊场合的产物而是平时的一种自然气氛、是人们相互关系的一条准则时，这个集体里某些儿童心

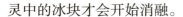

灵中的冰块才会开始消融。

　　幼年就失去父母的关怀和爱抚的不幸孩子是需要怜悯的。而善于怜悯则是教育者必不可少的一种道德特征。这种怜悯应当是去激起年幼心灵的内在力量和自尊感，从而激发孩子自己去对丑恶的东西进行不妥协的斗争。

　　在道德教育中，有一件非常细致、复杂而不容易做到的事，这就是使每一个学生都来做好事，都给别的同学带来欢乐，从而在这种精神活动中产生对人的需求，即学生彼此怀着深刻而真挚的依恋心情。教会学生为别人做好事，这也是一种教育技巧。明智的教育者总是细心地、机智地、委婉地向儿童示意：把你的书借给你的同学看看；你给他画一幅好看的画；放学时你跟他一起走，就是不大顺路也没关系；等等。教学生做好事的机会有千千万，教师应该抓住这种时机。教学生做好事的工作做得越细致，学生之间的人道关系和高尚的情感关系就越深。

　　这并不是提倡某种抽象的博爱主义。这里讲的是如何在年轻的心灵里培育起真正的无私精神。我们的任务是让儿童的行动从幼年起就不是出于个人利益，而是出于崇高的道德动机，让儿童能为真善美的胜利而牺牲个人利益。只有无私的人才可能真正成为对邪恶毫不妥协、绝不容忍的人。自私自利——这是无原则性、阿谀逢迎和道德不纯等恶劣品质的根源。

　　在一个集体中，大家都能与人为善，为别人做好事，这是集体精神生活的特征。它微妙地决定着人与人的相互关系的性质，决定着人的行为（这些行为反映了人对人的态度）的实质。多年的经验证明，这种特征的形成，取决于人的心灵在童年时期是从哪些快乐源泉和乐观精神的源泉获得滋养的。创造性教育工作的技巧中最精巧细致的一件事，就是保持每个孩子在学校集体中的精神生活的欢乐与和谐。要让儿童为了他人的平安和幸福献出自己的力量，并以此作为第一乐趣。要尽量让孩子多有这样的精神感受："人们需要我，我给人们带来幸福，因而我自己也感到幸福。"这种复杂的情感是由大量的行为积淀而成的，每个教育者都要去鼓励和引导这些行为。学校领导要努力做到使学校里没有一个人不关心别人。课外活动的组织者应当注意使学生集体从事的每一项活动，都以关心别人的思想

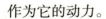

作为它的动力。

教师要把许多善良的东西给予孩子。你一定会问："教师这样照顾到所有的学生，他的精力够用吗？"是的，如果教师能把学生变成他创造善良事物的得力助手和亲密朋友的话，他的精力就会够用。道德教育的重要原则之一，就是要在年轻人的心灵里激发起想变得更好的愿望。

11. 激发起学生心中想变得更好的愿望

不论一个学生变得如何孤僻、如何冷漠无情，你都要想方设法触及他心灵中尚有的人性。譬如，他从来不完成算术家庭作业，或者经常抄别人的作业。当你把他找来时，你要忘掉他是一个惯于欺骗老师和家长的学生，要以完全平等的态度，跟他谈怎样独立解答应用题。不以对待犯错误者的强制态度同他谈话，而是以人和人的通常方式交谈。

这并不像某些人理解的那样，一提到"尊重、同情、亲切"这些词，就认为是鼓吹宽容无边。我赞成要有严格的合乎人性的要求。我赞成那样的对劳动、思想和人与人的相互关系的严格要求和纪律，即当学生的精神生活还没有走上正确的道路，向着使人变得高尚起来的目标前进，向着道德美、增长智慧和创造力的顶峰前进时，教师就无法安然入睡。

教师既要激发儿童的信心和自尊心，又要对学生心灵里滋长的一切不好的东西采取毫不妥协的态度。真正的教育者就要把这两方面结合起来。这种结合的真谛就是教师对学生的关心。也只有这种关心才能如水载舟，载起我们教育界称之为严格要求的那条很难驾驭的小舟。没有这种关心，小舟就会搁浅，你用任何努力也无法使它移动。如果在儿童失去自信心或者教师已经不相信学生能够变好的情况下来提严格要求，那么这就如同苦思冥想地要找到可以在沙漠中划船的船桨一样，不论你到哪里去找，也不会找到的，因为沙漠行舟这个想法本身就是荒谬的。

关于教育儿童特别是严格要求儿童的经验，不可能作为某种直观的、可以触摸的东西加以传授，因为情感是无法拿来演示的。有两位邻近学校的教师来观摩我校一位低年级教师上课。他们对所看到的一些情况感到十分惊讶：没有完成作业的孩子能主动向老师报告，并请求给他补加作业，以便弄懂教材。老师从来不收学生的记分册，总是由学生自己把分数记在里面，带给家长看，从没发生过弄虚作假的事。

"请您告诉我们，您是怎样做到这些的？"来学习经验的两位教师提出要求说。

为了激发学生使自己变得更好的愿望，教师自己要先有这种真诚的意愿。如果没有教育者的真实情感和敏锐的智慧赋予真理以活的灵魂，那么即使最高尚的道德真理，对学生来说仍旧只能是空洞的词句。

如果没有教师这样一个活生生的人的炽热的心、高尚的情操和审慎的理智，任何一种教育理论，不管它多么高明，都会变得毫无用处。要让孩子感觉并领会到人们在信任他、希望他好，只有信任人，才能唤起人的自尊感，才能有自我教育。

我为什么要给校长讲这些呢？难道这跟对教育和教学工作的领导没有直接关系吗？不，这里的关键就在于领导掌握着作用于人的心灵的那些精细、复杂的影响手段。正是因为这样，他们才能洞察教师们所做的一切，才能理解某些错误产生的原因。也正是因为这样，他们才能做到平常在学校里不容易做到的事，比如消除个别家庭环境对儿童的不良影响。

12. 消除个别家庭环境对儿童教育的不良影响

有些家庭的生活方式、家长之间的关系以及家长对社会义务的态度，会把学校在儿童身上培养的一切善良、美好和积极的东西都破坏掉。通过教育宣传手段是可以做很多事，然而学校在这方面的能力毕竟是有限的。有一些儿童生活在充满丑恶、谎言、虚伪和贬低人的尊严的环境里，学校的使命就是把他们从这种环境中解救出来。

解救的办法并不一定是要把他们送到寄宿学校或儿童之家去受教育。在个别情况下，这样做是必要的。但是生活是如此复杂，以致无法用一种现成的方法去处理所有的矛盾和难题。在许多场合下必须考虑实际情况。如果一个儿童每天受着家庭环境的不良影响，那么学校的任务就是：当他在校时，让他处在足以消除上述影响的气氛之中。如果已经没有任何办法使家长转变过来，那就不能再让子女去步他们的后尘。

校长作为学校的主要教育者，应当了解儿童、少年和青年受到哪些不良的环境影响，了解他们的精神生活。这里很重要的一点是要设法使这些学生尽可能多地处在学校环境的影响之下，要用在学校集体的精神生活中确立起来的善去战胜家庭环境中的恶。而这就意味着应当使学生对恶采取不容忍和不妥协的态度。要使学生只受学校良好环境的影响而不为家庭的不良环境所支配，就应当使他憎恨各种丑恶的东西。

人不可能离开人生活，人的思想也是在人与人的关系中体现出来的，因此，重要的是要在这些学生身上发展高尚的对人的需要。我们在自己的实际工作中总是竭力使道德真理和准则能在儿童、少年和青年的行为和他们活生生的相互关系中鲜明地表现出来，使学校环境充满人道精神。这是对来自不良家庭的那些学生进行正确教育的一个先决条件。实际上，这就是要教他们过一种有智力的、审美的和富有创造性的丰富生活。但是，这里必须考虑一个重要条件，也是道德教育的一个特点：学生特别是少年不喜欢当被教育者。

13. 学生特别是少年不喜欢当被教育者

如果少年觉察到你是故意找他谈话，是特意在教育他，他对你说的话就会报以不信任和戒备的态度。学校教育中有一种弊病，它就像古代神话中描绘的那副喜欢训人的"驴耳"那样，使孩子望而生畏，疏远我们。有时人们企图用种种教育措施的梳妆打扮加以掩饰，但是梳妆越美，那"驴耳"反而显得越发愚笨，使教育变为无聊的空话的危险性也越大。

这里要谈到一种令人不安的现象，我把它叫作戏弄孩子。个别学校有时会举办一种所谓观摩性的共青团辩论会。少年们事先排练好自己的发言，然后邀请外校教师来听他们辩论。这种活动被称为"交流经验"。少先队有时也如法炮制。前不久，有位校长告诉我，他们学校每个月都为生日在本月份的孩子搞一次庆贺生日的活动。也就是说，有人在他生日过后庆贺，有人则预先庆贺；有祝贺性的发言，还有赠送礼物……

我真想高声疾呼：同志们，清醒一下吧，你们在干什么？！不要把神圣而珍贵的东西变成一文不值的游戏。不要戏弄孩子。孩子们喜欢玩耍，但不喜欢人家把他们当作玩物。他们会为此使你付出沉重的代价：他们会对神圣、伟大的事物抱无所谓的态度。这是比教育工作中的无意疏忽更加危险的。这里举出一个令人震惊的事例：在一次预先排练好的"观摩性辩论会"上，一位 16 岁的共青团员把他预先准备好的插话不合时宜地提前背了出来，结果使得那些充满崇高精神的言辞带上了讽刺含义。大家好不容易才忍住没有笑出声来。这场表演使前来观摩的人们感到哭笑不得。

在道德教育中要确立这样一条原则：使你的教育意图通过学生自己的积极活动来实现。我们绝不主张把教育意图掩盖起来，对学生"保密"。我们的目标是伟大而崇高的，我们应当跟我们的学生一起，为我们的理想、为共产主义教育的实质而感到自豪。我的意思是说，不要把教育强加于学生的精神生活，而要使教育的理想自然地融入他们的生活，成为他们生活的本质。

我们在结束这篇谈话时，要概述一下我们上面所说的意思，这就是知识转化为信念这个过程的特点。文科各学科的教材都贯穿着马列主义思想：热爱祖国，忠于共产主义理想，决心为共产主义理想而斗争，对养育了我们的劳动人民怀有义务感，对邪恶毫不妥协，人道主义，诚实谦虚，等等。但是，正如前面谈过的，学习有它自身的逻辑，学习的目的在于掌握知识，并把它们保持在记忆中。然而与此同时有必要注意：我们不仅要在那些必须记住和背熟的东西中向学生揭示出道德的、社会政治的和审美的思想，而且要在精神生活的其他领域里也这样做。

14. 想法、情感和内心体验构成的思想财富

这应当成为一个集体的精神生活的突出特点。当课堂上学习的教材中贯穿着构成道德信念基础的思想时，就要特别关注每个学生的精神世界。要结合当前所学的教材让学生去阅读一些有着丰富思想内容的好书，以便让他们体验到与教材有关的那些纯洁而高尚的情感。

一个人只有在不是为了背诵，而是为了思考、为了体验认识真理的喜悦而看书的时候，他的想法才能有丰富的思想性。他思考得越多，对事物的态度越鲜明，他就越想对别人表明自己的想法，抒发自己的情感。于是，他便产生了跟老师、同学谈心的诉求，产生了同人讨论和争辩的诉求。学生有了这种诉求，我们才能在没有拘束的气氛中毫不勉强地对他们实施教育。

假使你想就某个问题举行讨论会，你首先要考虑一下，学生集体中是否有进行这种讨论的情绪准备，社会政治思想、道德思想和审美思想是否在激励着他们。如果没有这种激动的情绪，教育意图就不可能实现。

一个人思想的丰富性来源于他的各种想法、情感、内心体验与行动的和谐统一。而对这个统一体起主导作用的因素是道德教育中的公民教育。学校的任务在于使每个青少年的精神世界不仅仅局限在个人和家庭利益的狭隘圈子里。在将来的《德育工作方法》一书中，我认为关于道德教育中的公民教育这一章是阐述德育这个政治和教育学问题的最新颖、最有意义的一个章节。

人是从童年起就受教育的，离开公民教育这个德育的核心就无法想象能培养出合格的人。因此整个道德教育中的公民教育是校长首先要关心的。一年级孩子来到我们的学校，我们就为他们规划思想、情感、内心体验与行动和谐一致的发展前景。在这个远景规划中，我们确定要逐渐扩大儿童的公民眼界、增长他们的见识，要逐年地使他们由近及远地关心周围的世界——由家庭到学校，由农庄到本乡，由本区到本州再到全国。

我们在规划如何逐渐培养学生以公民的眼光来看待世界。我们在考

虑怎样使学生的公民态度和爱国主义思想跟他们为人民服务的劳动和为崇高理想而进行的创造活动融合起来。如果你打算拟订规划，你就要研究如何培育作为公民的人。你会感到这是最有意思和最有必要的规划。这里特别重要的是，要把一个人的所学所思同他的所作所为结合起来。我们跟班主任共同考虑这样一些问题：怎样才能使关心和热爱祖国的思想逐渐融入学生年轻的心灵并变成与他们个人心情密切相关的事；每个学生在他的童年、少年和青年时期必须做到些什么，才能使自己在公民的活动舞台上站稳脚跟；应当用哪些线索把学生的活动和思想、行为、情感、创造和体验连接起来。

教育人，最重要的是要认清其中起主导作用和决定作用的东西。今天，一个刚满 7 岁的孩子怯生生地跨进学校大门，在习字本上练习简单的笔画；而再过 10 年，我们就会看到他已成为一个公民。这是首要的、高于一切的事情。今天刚刚掀开识字课本第一页的小男孩，10 年之后就将手握钢枪保卫我们的祖国，一旦需要，他将和敌人进行殊死的搏斗。对于他来说，最宝贵的东西应当是祖国，是祖国的自由、独立、荣誉和尊严。我们的伟大使命，就在于让他脑子中的每个细胞都渗透进伟大、神圣的东西——祖国的利益，让社会精神和公民精神在他的内心世界中居于至高无上的地位。

教育技巧正在于能使人从幼年就开始他的公民生活，树立爱国思想。为此需要做些什么呢？首先是使儿童站在公民的、爱国主义的立场来看待和理解他们周围的世界。我们竭力使儿童和少年从内心深处关注在他们周围发生的一切，体验到一个公民应有的喜悦和忧虑。

第 6 次谈话

怎样指导学生的脑力劳动

　　近来，教育学越来越多地关注"劳动的科学组织"① 的问题。人们也已经提出了这样一些问题：教学过程是一个统一的整体；必须在教学的组织因素和教学法因素之间建立起相互联系。

　　但是，在许多情况下，人们仅仅将学校中的科学地组织劳动的问题，归结为诸如课堂提问、家庭作业、教师备课等教学过程的组织方面和教学法方面的问题。所有这一切固然都是很重要的，但是它的基本问题应当是如何指导学生的智力活动，帮助他们掌握、深化、巩固和运用知识以及引导智力发展。

　　教育和教学是一种创造性的工作。它们的科学性，并不在于一步也不离开事先计划好的东西，而在于善于对事先计划好的东西做出必要的调整。究竟要叫哪几个学生来回答问题，对他们进行检查，这原本是教学工作中的一个微不足道的细节，对此事先做出规定是没有多大意义的。有经验的教师从来不把课堂上究竟提问谁做事先安排。在没有走进教室以前，看不到全班学生的普遍情绪，我们在"提问谁"这个极其具体的问题上是不能做出任何决定的。至于检查知识时要提哪些问题，那就是另外一回事了。对于所提的那些问题，我是事先考虑好的。在这里，教师会接触到一

---

① "劳动的科学组织"是管理科学的一个术语，指如何科学地管理人的有目的的活动，提高活动的效果。教学过程中也有如何组织师生的脑力劳动问题，即下文所说的"组织的因素"。——译者

些很微妙的东西，如学生个人的思维特点、兴趣、爱好等。

我们不应当离开教育和教学工作的整个体系来看待检查知识这个问题，不应当把它作为某种单独的东西来加以考虑，它只是整个教学过程的一小部分。学生对脑力劳动是否胜任，取决于教师对教学过程的安排是否得当，取决于他能在多大程度上控制这一过程。许多校长都坚决地认为，实行网络规划（即对一定的过程——如工艺过程、生产过程、教育过程——的两个端点之间的现象、事件和情境都做出预见并加以规划）的原则，这是领导教育过程的科学基础。应当把学校的实际工作，把学校工作中最落后的那一部分——对教学的领导、对学生脑力劳动的指导、对教师和学生活动的控制等置于这个科学的基础之上。

这里谈的是学校的领导，而学校又是一个复杂的机体，它里面交织着成百上千种相互制约的因素，时时都在发生着无法预见的事情。在我看来，所谓领导，就应当把教育和教学工作中那些无法（也没有必要）预见和规划的东西排除在外，同时把最重要、最主要的东西找出来，把那些不仅可能而且必须科学地预见的东西都规定下来。

我们不能把网络规划机械地搬到教育和教学工作中来。必须说明的是，这里只能采用网络规划的一般原则，即在什么阶段、什么时期要完成什么工作，在什么阶段、什么时期开始向新的、更高的质的状态过渡等。但同时必须说明事情的另一面，即教学工作中有许多东西，也像生产计划的各个组成部分一样，是能够精确地、具体地做出估计和分析的。否则就没有任何教学科学可言了，教师也只好在暗中摸索了。学校的许多教学工作办不好，究其原因，正是由于人们天天、月月、年年都在重复同样的缺点，无休止地议论却又不能改正这些缺点。无论是校长、视导员，还是教师，往往都是只看见缺点，而看不见产生缺点的原因；不去分析并力图从源头消除产生缺点的原因，然后再研究后果。

关于学生的读写程度很差这个问题，实在是谈论得够多了！但同这种不会读写的现象进行斗争的办法，至多不过是经常给学生布置些补充练习，或者要求他们再复习一下语法规则。语法教学大纲明文规定了四年级学生应该掌握哪些规则，五年级学生又应该掌握哪些规则，等等。然而还是常常出现这样一种令人莫名其妙的现象：有些十年级的学生还不能掌握四五年级学生就应该掌握的东西，比如写"Объявление"（布告）这个词时，竟漏掉了硬音符号"ъ"；而把"Извините"（请原谅）错写成"Извените"。究竟应该在哪个教学阶段上让学生牢固掌握这些词的正确写法，以至永远不再犯书写错误，同时写的时候不需要再查语法手册、去想语法规则，而只需想到所写的内容呢？对于这个问题，没有人能做出回答，也没有人进行过认真的思考。于是，十年级学生写出"Извените"这种错别字，竟无人感到惊奇。大家都习惯地认为，教学是一件十分复杂而又难以解释的事，有些现象很难预见，因此把这类现象视为不可避免的东西。

如果教学过程是建立在科学预见的基础之上的，那就不会出现上述情况。为了批改学生的作业，教师白白耗费了多少精力，熬了多少个不眠之夜啊！校长在指导学校工作，尤其是在指导课堂教育和教学的工作中，又白花费了多少精力啊！人们无数次地重复着同样的意见：最好把学生叫到讲台前面（或黑板前面）来回答问题啦，让学生拿着作业簿给教师检查啦，提问不应花过多的时间啦，等等。然而，校长和教导主任指导课堂教学，更重要的是要对学生的积极的脑力劳动做出科学的预见和规划，关心学生在课堂上如何取得知识。

1. 知识的"关键点"

在备课的时候，我们力求使教师从这样一个观点出发周密地考虑教材：向学生揭示那些初看起来并不引人注目的"关键点"。因为在这些"关键点"之间交织着各种因果联系和其他有机的联系，它们将会使学生产生各种疑问，而疑问可以激发求知欲。

譬如，你就要上"光合作用"这一课了。你正在思考教材的内容：其中的"关键点"在哪里呢？你将在学生面前展示一幅诱人而又神秘的情景：植物从土壤和空气中吸收无机物，又把它们变成了有机物。这种有机物的形成是怎么回事呢？在植物机体这个奇妙的"化验室"里发生了什么？你通过自己的讲述引导学生去理解这些问题，使他们每个人都感到惊奇：无生命的肥料在阳光的作用下怎么会变成饱含汁液的番茄？这究竟是怎么回事呢？为什么我过去没有想到这个问题呢？

怎样诱导学生去进行这样的思考呢？这里没有应付一切情况的现成办法。一切都取决于教材的内容和学生已有的知识。但是有一点是必须明确的，即课堂上哪些知识是要讲透彻的，什么则是要讲一点、保留一点，以便让学生自己去思考的。

学生产生了疑问后，你就要进一步帮助他们从已经掌握的全部知识（在以前的生物课上、劳动中和各种书籍里学来的那些知识）中，把解答这个疑问所必需的那些知识提取出来。这种把已有的知识提取出来，用它去解释不懂的东西的过程，就是获取新知识的过程。可以接连叫好几个学生，对他们说："你们把自己所知道的东西说出来，然后大家来找出这个问题的答案。"一个学生的思想启发着另一个学生。有时候，会有个别学生表现消极，他们只听别的同学回答，而自己却不开动脑筋。但我们必须让所有的学生都通过自己的努力来获取知识。对于这种最消极的和漫不经心的学生，可采取各种方式使他们参与学习活动。其中一种方式就是给他们单独布置思考题，已经清楚疑点之后，再要求他们一起来思考，并把各自的思路写出来。

也有这样的情况：教师提出问题以后，由他自己来回答、解释。在这种情况下要想让学生也积极地活动，教师就必须充分地了解学生的知识情况。有的学生知识面宽些，有的则窄些；有的能牢记学过的东西，有的则有所遗忘。这里教师就要很好地指导学生的脑力劳动，使他们每个人都能细心地听讲，跟上教师的思路，从自己已有的知识中找出需要的东西。如果学生在知识上有空白，或者脱离了教师的思路，教师就要补充讲解一些东西来填补他们知识上的空白，使他们重新跟上他的思路。这就要求教师必须具有高度的教学技巧。他必须能及时发现有谁开始听不懂他的讲解了，及时弄清学生遗忘了什么，他们不能理解教材的原因又是什么，怎样帮助他们克服困难，等等。要做到这一切，常常只要向学生提一个只需用几句话便能回答的问题就可以了。

在讲解过程中，有经验的教师特别注意观察学生对知识的"关键点"（即各种联系相互交错、相互衔接的地方）是怎样进行思考的。他总是以这样的方式对学生进行检查：是否所有的学生都把我教给他们的东西用到了这里？我在教新课时，学生们各自动用了哪些原有的知识储备？这样的检查，对于促使学生去积极地获取知识是很重要的。它可以根据不同的教材内容采用不同的方式。例如可以提出问题要求学生做结论性回答，也可以布置一些简单的实践作业，要求学生在几分钟内完成。

有经验的教师发现学生有不懂的地方时，并不会将教材从头再讲一遍，而总是用上述的检查办法来帮助学生。

在课堂教学中，学生感兴趣的问题占有特殊的地位。他们对所学的东西越感兴趣，就越能集中注意，并做到深刻理解。兴趣——它在人们掌握知识的过程中，可以给人们的思想带上强烈的情感色彩。这种色彩的鲜明程度决定着学生运用记忆里的知识的能力。学习应当是有趣的、引人入胜的事情，但这并不是说，在任何教材里都必须找出有趣的东西。只要学生经过本身的努力，发现了自己所不理解的东西，那么即便最枯燥单调的教材也能使他感到极为有趣。

教学效果在很大程度上取决于教师将如何确定新知识与旧知识的关系。在讲课中，有时应当少给学生一点新知识，因为一下子讲得太多，学生接受不了，就会造成消化不良。学习的规律告诉我们，新知识只有牢固地依附在人们熟悉的知识上，才能被人们牢固地掌握。教师必须善于找出新旧知识的联结点，这些知识联结得越牢固，学生学习起来效果就越好。

2. 学生应当掌握的最重要的技能和技巧

我在 20 年前曾提出一个目标，即规定学生在第几学年、第几学季，应当达到什么样的教养水平，应当掌握哪些最重要的技能、技巧、规则、结论、公式和定律，并且要达到不会忘记的程度。我分析了中等教育所包含的全套知识、技能和技巧，好像从中看到了教养、智力和信念所赖以发展和产生的基础。这个基础就是一些具体的技能和技巧，如果没有它们，那么教学工作就很难进行下去了。这些技能和技巧包括这样一些方面：观察、思考、表达、阅读和书写，等等。一个学生在学校里学习 10 年，不应当把这 10 年时间都花在学习阅读和书写上，他在入学后的头几年内就应当学会读和写。他对读和写学会得越早，学习其他东西就越容易，他就越不会有负担重的感觉。反之，他就不能顺利地掌握知识。

我把学生在 10 年内应当掌握的最重要的技能和技巧依次排列如下：

（1）会观察周围的世界；

（2）会思考，即会类比、比较、对比，找出不懂的东西，提出疑问；

（3）会表达自己对所看见、所观察、所做和所思考的东西的想法；

（4）能流利地阅读，并理解所读的东西；

（5）能流畅、迅速而正确地书写；

（6）能划分阅读材料的各个相对独立的部分，并找出各部分之间的联系；

（7）能找到同所要了解的问题相关的书籍；

（8）能在书中找到自己所需要的有关材料；

（9）能对阅读材料进行初步的逻辑分析；

（10）能听懂教师的讲解，并做好简明扼要的记录；

（11）能阅读原文并同时听懂教师关于如何理解课文的讲解；

（12）会写作文，即能把自己在周围所看到、观察到的事物叙述出来。

通过对各年级学生的学习情况的观察和研究，我确定了他们分别应当在哪一年级（个别情况下还确定了哪一学期和哪一学季）掌握哪一种技能，并且必须达到什么要求。只要粗略地看一下上述技能技巧，就能引起人的警觉来。因为它将平时教学中学生和教师所遇到的某些困难的根源都展现得很清楚了。

例如，上面提到这样两种技能：能流利地阅读，并理解所读的东西；能划分阅读材料的各个相对独立的部分，并找出各部分之间的联系。在这里，前者是后者的基础，后者是前者的发展。

但是奇怪的是，掌握后一种技能的任务早在三年级特别是四年级就向学生提出来了。而掌握前一种技能的任务，却要等到学习文学阅读①时才提出来。这就意味着在学生还没有学会阅读的时候，就被要求对所读的东西进行逻辑分析了。例如五年级学生没有掌握前一种技能（这意味着在阅读的时候还必须考虑阅读过程本身，而对所读的东西则无暇顾及了），却已要求他们对历史、地理、生物学等学科的课文进行逻辑分析了。

这是不是说，在学生没有扎实地掌握某种技能以前，不要让他去完成需要这种技能的复杂的学习任务呢？如果是这样的话，那么在学生还没有学会阅读（即还没有学会在阅读中进行分析）的时候，就不要让他做家庭作业。但这样也不行，因为这会把目前的学习年限拖长到 15 年。由此可见，学生必须及早掌握最常用的技能，即那些用以掌握知识和其他复杂技能的基本技能。如果学生还没有学会阅读，那么对他来说，书籍就不能成为知识的源泉，学习就不会成为有趣的、有创造性的事，他的功课就不会及格。

随着学生阅读技能的不断提高，就应当要求他们学会边阅读、边思考，不仅要思考所读的东西，而且要思考别的东西，如教师的提示、自己的看法等。这种技能在七年级就很需要了，在八至十年级的创造性脑力劳动中将得到更加广泛的运用。如果学生还不会划分阅读材料的各个相对独立的部分，特别是如果他还没有充分掌握快速阅读的技能，那么他就不能在阅读课文的同时听懂教师关于怎样阅读的指导。但在实践中，我们却常常看到这样的现象：学生还不会对阅读材料进行逻辑分析，就要求他在阅读中思维离开所读内容了。

---

① 苏联将文学课设置在中学阶段。这里作者指责这项任务提得太晚。——译者

　　上述几种技能的排列次序，还使其他一些怪现象也都暴露出来了。谁也不能肯定地说出学生究竟应当在哪一学年学会流畅、迅速而正确地把教师口授的东西写下来（既没有遗漏，也没有错误），学会一边听教师讲解，一边做简要的笔记。可是事实上，我们的学生在整整 10 年时间里，都在学习快速书写。至于三四年级学生，还远远不能掌握这种技能，而我们却在要求他们写作文，这怎么可能呢？然而，正是在三年级特别是在四年级却在要求学生把他的所见写成作文。

　　至于"会思考，即会类比、比较、对比，找出不懂的东西，提出疑问"这一技能（不掌握这些技能就根本无法学习），有谁以及在什么地方专门对儿童进行过会思考的培养呢？哪里有这种练习呢？是不是每一位小学教师都有一本专门的练习簿，逐年地把一些训练思维的习题积累下来呢？没有，一点没有。原因据说是反正教师在每一节课上都要教学生思考的。儿童之所以不会解答应用题，难道不是因为谁也不负责教他思考吗？

　　不培养学生的观察技能和表达技能（这两种技能是紧密联系的），教学工作也将是不可思议的了。但是奇怪的是，我们没有见过任何培养这些技能的工作体系。孩子们没有特意（在专设的课上）学习过观察周围的种种现象，也没有一个教师能够肯定地说：我已完成了这些工作，我的学生已经学会观察事物或现象的主要的、本质的属性了。

　　实际生活表明，无论是哪一种技能（没有它就无法顺利地学习），我们都说不出也不敢说，学生是在哪一个教学阶段上把它掌握的。有一个时期，我感到自己好像是在暗中摸索，教学工作实际上是在自发地进行的。我去听一些课，无非是为了有点事可做而已。后来我觉得这种情况不应当再继续下去了。我跟一些最有经验的教师一起，分析了教学大纲，估量了学生的实际能力，把关于每一种技能的概念的内涵和外延弄准确（这一点十分重要），并且研究了各种技能之间的联系。最后，我们确定了应当在哪一个教学阶段上让学生掌握哪一种技能。例如，"流畅地阅读，并理解所读的东西"这一技能，应当让学生在第三学年第一学期末就掌握。此后各个学年就不再谈关于阅读技能的问题，否则就无法实现对教学的有计划的领导了。从第三学年第一学期起，同时也让学生开始掌握"划分阅读材料的各个相对独立的部分"这一技能。这项任务要分几个阶段来完成，第一阶段在四年级末完成，第二阶段在六年级末完成。在后一个阶段上，同时要让学生开始掌握中学阶段一种比较复杂的技能，即在阅读时，学生不仅要理解所读的内容，而且能在头脑中对阅读材料进行初步的逻辑分析。

掌握流畅书写技能的任务，第一阶段在二年级完成，第二阶段在四年级完成。到四年级末，每一个学生都应当做到书写迅速、字体端正、形成笔体，技能上以至达到书写时不用考虑字母的写法，而只把精力用在思考所写的内容上。在第四学年的第二学期，开始掌握"听懂教师的讲解，并做好简明扼要的记录"这一技能。这一项任务要求在六年级末完成。

对作文技能的掌握要分两个阶段。第一阶段是预备阶段，就在掌握快速书写技能的第一阶段之后，即第三学年初开始。第二阶段在第四学年第二学期开始，到第六学年完成。

在掌握一个个的技能时，必须实现使它们相互衔接的原则：当一种技能将要掌握时，就开始学习另一种技能。新的、较复杂的技能是建立在较容易的技能的基础上的。

在弄清楚各项技能的顺序和相互衔接的情况以后，我们就开始付诸实践了。于是，让学生掌握前面提到的一系列技能，就成了教师们在教学上的自觉要求了；对于学校领导人来说，则成了管理教育工作的一个纲领。

我们这样按照教学过程的逻辑本身提示的技能和知识体系进行工作已经有二十多年了。每一位教师在明确认识了某项技能的实质以后，就去寻求让学生掌握它的具体途径。例如，经验已经证明，学生为了掌握"能流利地阅读，并理解所读的东西"这项技能，就必须进行一定数量的练习，朗读一定页数的书籍，否则是不可能掌握的。而且，练习的数量也因人而异。又如，为了掌握思考（类比、比较、对比）的技能，就必须练习有明确规定的一定数量的思考题。再比如，为了让学生掌握观察的技能，我们就让学生去观察自然现象，讲述他们所看到的东西，逐步形成了到自然界去上的一套课。

根据学生的技能和知识的体系来领导教学工作，这样做具有一定的优越性。为了更清楚地看出这种优越性，就让我们来谈谈学生的知识体系问题吧。我们分析了教学大纲和学生脑力劳动的情况，明确认识到学生必须牢牢记住的那些基本知识乃是教学工作的基础。我们确定了每一门学科中的那些学生所必须牢记的概念、公式、法则和其他概括性的原理，而且要求他们把这些东西保持在记忆中，因为这是在脑力劳动中经常要用到的。用形象的话来说，它们是随时要用的万能工具，没有这些工具学生就无法走进知识的宝库。

　　比如说语法学习，它就首先要求学生牢固地记住最低限度数量的正写法的词。我们从词典和语法教科书里挑选出 2000 个正写法的词，这些词包含了所有最重要的正写法规则。学生在小学四年里掌握 1500 个词的写法，在五六年级再掌握 500 个词的写法。最低限度的正写法词的数量是由教师的硬性大纲规定的。教师把学生掌握这些词的时间加以妥善分配，在不同的时间布置不同的练习，并且对每个人的作业情况进行考察。多年的经验告诉我们：如果一个学生到了六年级末能对 2000 个包含了最重要的语法规则的正写法的词牢记不忘，并且是在理解的基础上记住它们的，那么这个学生的读写已经过关，他的语法知识和书写技能就变成了他的学习工具。记住必要的东西——这是学生在中年级和高年级不会感到学习负担过重的极其重要的前提。它能把学生的智慧解放出来，以便去完成创造性的学习任务。

　　再比如说算术学习，它要求学生牢记乘法表。学生在第二学年的第四学季就该牢记不忘了。学生还要牢牢记住 100 以内的数的四则运算的简便方法（例如，学生要不假思索地说出 83-69 等于几，并且牢记不忘）。在三年级，学生应当记住 1000 以内的数的四则运算的简便方法。

　　在代数中，学生要牢牢记住乘法公式。这应当在六年级末就要做到。此外，对坐标法、数的整除特点、方程式、对数函数、导函数、积分、三角函数、复数等各部分内容，也都确定了其中要在理解基础上牢牢记住的那些东西，并规定了从什么时候起应当记住它们。

各门科目都对学生应当在什么时期牢牢记住什么做出了明确规定。

为了使学生能牢记那些基本的知识，教师必须周密地备课，恰当地分配练习时间。例如，为了使学生牢记最低限度数量的正写法的词，俄语教师就要周密考虑整个学年以至好几个学年的词语默写作业。每一节课都得让学生抄录和复习几个词的正写法。每一个学生都要随身带着抄写本，回家后就复习抄在上面的词。这样在一学年中，学生能把每个词和有关的语法规则复习好几遍。

我们还要在必须记忆的东西跟只要理解而不需记忆的东西之间，画一条明确的界限。如果一个学生想把全部东西都记住，那么他将什么也记不住，甚至连那些必须记忆的东西也会记不住。忽视这一点常常是学校工作中最严重的缺点。

我们必须科学地分配学生掌握最主要的技能和知识的时间，这样领导教学工作，就能保证学生不但掌握一定数量的知识，而且在智力上得到发展，从而学会如何学习。

通过科学地安排掌握最主要技能和知识的时间来指导教学过程，就可以把掌握某些基本技能（首先是读和写的技能）和必须牢记的知识的任务提前到小学教学的早期阶段去完成，而正是在这个时期，儿童的大脑十分容易接受来自周围世界的信息。如果儿童在小学里就能熟记包括全部正写法规则的1500个词，那么他就是一个会读会写的人了。

科学地领导教学工作，有助于在教养的两个最重要的组成部分——技能教养和知识教养之间建立正确的关系。学生学习困难的原因之一，就是对技能作用的忽略。在绝大多数情况下，学生不能掌握知识，是由于不具备学习的技能。一个不会相当迅速而正确地书写的学生，是不可能写出好的作文，不可能把教师讲述的内容扼要地记录下来的。领导教学工作时，科学地安排掌握技能和知识的时间，还有助于为中等教育打下一个坚实的基础，即让学生掌握学习的技能。请你们仔细地观察一下学生做家庭作业的情况吧：他们还不会阅读，我们却已经要求他们理解古希腊奴隶制国家形成和衰亡的规律了；他们还不会写字，我们却布置他们去写以《一个阳光灿烂的冬日》为题的作文了。在给学生布置复杂的作业之前，必须先把一些基本的技能教给他们。

对教学过程的科学领导，应当促进学生在技能和知识两个方面都不断地发展和完善。学生掌握不太复杂的技能，就是为逐渐地掌握较复杂的技能打基础。而他们在掌握技能的同时，也就在学习知识，包括记住各种规则、定律、公式等高度概括的知识。知识不是靠死记硬背，而是通过运用某些知识掌握另一些知识记住的。如果说复习是学习之母，那么运用就是记忆之母。

校长靠科学来领导教学，才可能成为教育工程师。这种科学领导，能使全体教师团结一致、发挥力量，能真正地把小学、初中、高中各个阶段的教学活动衔接起来。

在领导教学工作的过程中，校长和教导主任的力量会结合起来。对技能和知识的分析，对学生掌握技能和知识的时间上的分配，以及对它们的相互关系的确定——教学领导中的所有这些问题，只有通过分析许多堂课和学生的书面作业，通过对比多年工作的结果，才能得到解决。在这里，校长和教导主任的职责是不能截然分开的。领导教学是一项集体工作，但是一些具体事情（听课和分析课，分析个别学科的教学大纲以便确定技能的体系）的分工也十分重要。

校长和教导主任指导学生的脑力劳动，首先就要体现在经常听课、观察课和分析课上。

教学领导与课外活动有着密切的联系。负责课外活动的教师要通过分析学生掌握各种技能和技巧的顺序，来制订课外阅读的一整套计划。应该指出，学生课外阅读文学和科普作品，如果缺乏经过周密考虑的一整套计划，那么他们在掌握知识和技能方面就会遇到不可克服的困难。课外阅读有助于学生及早培养和掌握流利地阅读这一最重要的技能。科学地组织课外阅读，在于学生不是死记书报杂志上的东西，而是怀着极大的兴趣去揭示那些构成基本知识的种种概念、现象、规律和观念的实质。换句话说，凡是要识记并保持在记忆中的东西，都应当通过课外阅读来加以强化。

第 7 次谈话

关于听课和分析课的几点建议

上课——这是教育和教学的主要形式。教师每天在课堂上给学生以教养和教育，并使学生得到全面发展。上课质量的高低，不仅决定着学生知识的巩固程度和深度，而且决定着他们能否树立起科学唯物主义的世界观和共产主义信念，是否热爱知识和科学，尊重人类所创造的精神财富。上课也是学生智力生活的一个主要方面。上课能发展学生的认识力、创造力，形成科学思维的能力，培育学生对书的热爱。在课堂上，生活经验丰富的教师和刚刚迈向生活道路的学生之间进行着精神交往。因此，教师的榜样作用是非常重要的。

上课并不仅仅意味着以知识来教育学生。同样的知识内容，在一个教师手里能起到教育作用，而在另一个教师手里却起不到教育作用。知识的教育作用在很大程度上取决于它跟教师个人的精神世界（他的信念、道德生活和智力生活，他对自己的教育对象即年轻一代的未来的看法）融合的密切程度。教师的榜样——这首先是指他的信念，他对科学的热爱以及他的道德面貌（用自己的智慧和知识为社会主义社会的最高理想服务）。

一个有经验的校长，他所注意和关心的中心问题就是课堂教学。经验证明，听课和分析课是校长的一项极为重要的工作。有许多东西——教师集体和学生集体的智力生活是否丰富，教师的教学技巧是否高明，学生的需要和兴趣是否多样和广泛——都取决于校长的听课和分析课是否有高度的科学水平。如果校长能对课堂教学进行深思熟虑的分析，使之得到不断的改进，那么整个学校的教育水平就能提高。课堂教学同学生的课外活

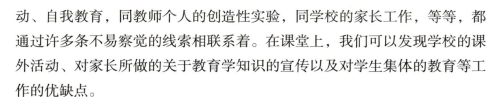

动、自我教育，同教师个人的创造性实验，同学校的家长工作，等等，都通过许多条不易察觉的线索相联系着。在课堂上，我们可以发现学校的课外活动、对家长所做的关于教育学知识的宣传以及对学生集体的教育等工作的优缺点。

下面我想就听课和分析课的问题，向年轻的校长提些建议。

1. 听谁的课，何时去听，听多少课

校长只有掌握了足够的事实和进行过足够的观察，才能高质量地做好教育教学过程中的这方面的工作。而只有经常听课和分析课，校长才能了解教师们在做些什么。如果校长不定期去听课，或因忙于开会和其他事务性的工作而无法走进教室，去接触教师和学生，那么他的其他一切工作都会失去意义，无论是开会还是做其他工作，都将毫无价值。

一所学校里可能有 15 名教师，也可能有 50 名教师。但是无论教师有多少，校长都必须了解他们每一位的工作情况。为此，校长就必须订出制度，经常去听课和分析课。多年的经验使我深信，尽管校长有各种各样的工作，但应当把听课和分析课摆在首要的地位。我给自己立下一条规定：一天内必须听两节课。否则，我就会认为这一天我在学校里什么事也没有做。如果今天要去开校长会议，抽不出时间去听课，那么明天就得去补听，一共要听四五节课。这一天将过得很紧张。要是预定出差四五天的话，那我就得在这之前的两星期内，每天去听三节课。

对校长工作的多年观察使我深信，学校工作之所以会做得表面化和简单化，首先是由于校长不了解课堂内的一切，不了解教师的创造性技巧在朝什么方向发展，不了解学校工作中是否有技巧。遗憾的是，有些学校有 15—20 个班，可是校长在整整一年里却只听七八十节课，甚至更少。这种校长好比是一个被蒙住眼睛的人在黑暗中徘徊：能听到一点，却什么也看不见、不知道、不理解。

校长要分析教师的工作，最适当的形式，就是定期地去听所有教师的

课——既要听有二三十年教龄的教师的课，也要听青年教师的课。可是有些校长却错误地认为，对于那些有多年教龄的教师，可以少听他们的课。

教龄的长短并不一定能决定经验的多少。遗憾的是，有些具有多年教龄的教师，说得形象些，就像干枯了的花朵：仅仅在外形上像朵花，实际上早已失去了芳香和鲜艳的色彩，失去了生命的气息。这种现象虽然令人不愉快，却实际存在着。教师只有不断地进修提高，才能成为真正的教师。我们有一种教育机构能帮助教师在精神上得到提高和充实，这一机构被称为教师进修学院，这是很恰当的。在我看来，教师的成长取决于他的教育学知识的深度。教师的进修提高，首先意味着他今天对于某一教育真理的看法已胜于昨天。一个在努力提高自己的教师总是不断地处理着理论与实践的关系，一方面在总结自己所积累的丰富的经验，另一方面在用理论的光芒照亮自己前进的道路。他就是这样成长起来的。

校长去听课和分析课，不只是为了给教师一些东西，提些建议而已。学校是个教育实验室，教师在这里进行创造性的工作，相互之间每天在进行精神的交往。对那些有经验的教师，校长应当多去听他们的课，为的是把他们个人创造的一切有价值的东西都吸取过来，变为全体教师的共同财富。

听课和分析课，应当贯穿学期的始终。既不要在开学初期"加速进行"，也不要在学年结束前的两三个星期就匆忙停下来，似乎认为学期就要结束，大局已定，对于教育和教学工作再加干预未必会有什么益处。这些做法与想法是不对的。正是在学期快要结束的时候，对课堂教学的分析才有更大的意义。它不仅有助于校长对学生的知识质量做出估计，而且可以使他看出教师能否拟定进一步改进自己的创造性实验的途径。

校长越是经常听课，就越能了解学生。校长应当了解每一个学生，了解他们的脑力劳动的特点。只要校长能听足够数量的课，他是不难做到这一点的。

校长除了要经常听课以外，还要对一系列的课进行分析，这在他的整个工作中也占有重要的地位。教育工作的特点，就是它的高度的复杂性和多样性。学生在今天的课上所做的事，将在以后的许多堂课上继续下去、发展下去、深化下去。知识不是某种凝固不变的东西，而是不断发展的——这是真正的知识具有的极其重要的特征。一个有经验的教师永远不会这样断言：在今天这一节课上，他就一定会使学生获得牢固的知识。这是不可能的。学生只是由于教师用了巧妙的方法来不断发展和充实他们的知识，才能牢固地掌握知识。为了分析教师在这方面的工作，校长应该系统地听课，即听一个教师在一个课题下和一个章节范围内所上的一系列课。这样系统地听课和分析课将有助于校长对自己提出的意见和建议所产生的效果和实际作用做出判断。

▲ 苏霍姆林斯基和校长们亲切地交谈

　　系统地分析课之所以必要，是为了看出和理解各种教育现象的实质及其因果联系。这一过程最便于揭示教学工作中的这样一些主要问题：牢固而又深刻地掌握知识的条件是什么？知识肤浅的原因是什么？

　　在学年开始前，我就和教导主任一起拟定计划：这一年内我们将分别系统地去听哪些教师的课。我和教导主任每年可以系统地听 15—18 位教师（校长听 6—8 位教师，教导主任听 9—10 位教师）的课并加以分析（一边进行系统听课，一边进行系统分析）。这样就有可能在一年内对每一

位教师的工作都进行考察。

2. 听课和分析课的目的是什么

有时可以听到个别校长抱怨说："我听那位教师的课已经连续几年了（也许有 5 年、10 年），但是毫无益处——他的课仍然上得不好……"为什么会存在这种情况呢？这是因为这些校长听课和分析课的目的过于狭窄：只是想发现教师上课的错误和缺点，至多也只是要对教师指出：怎样才能在备好课的情况下使教学方法获得较好的效果。

在听课和分析课的时候应当记住，今天某教师上的一节课，不仅仅是他昨天花一定时间进行准备的结果。一堂课并不只是教师在走进教室之前所读过的那点教学参考书和补充资料。

课堂是反映教师一般修养和教育素养的一面镜子，从中可以看出他有多少智力财富，他的见识和他的博学程度。谈到上课，我们不应该忘记教育和教学是相互交叉的这样一个十分重要的事实：教师在讲解教材时，不但是在向学生打开通往知识世界的窗户，而且也是在表现他自己。

我认识苏联各地的几十位出色的教育行家。他们的教育技巧最主要的特征就是表现自我，即把自己的精神财富展示在学生面前。我和戈麦尔省科尔姆寄宿学校校长米哈依尔·阿法纳西耶维奇·德米特里耶夫结识多年。他曾多次来我校做客，我也常去科尔姆。他是一位出色的教师，他的教学技巧就在于能使学生从他的讲课中感觉到一个人可以拥有惊人的精神财富。他以丰富的思想吸引着儿童。他上历史课时，能整页整页地背诵历史文献。学生在听他的课时，眼前会呈现出一幅幅鲜明的历史事件的图景。这位教育能手的一个突出的特点，是善于找出鲜明的、有表现力的形式来表达某种思想，使它能够扣人心弦。米·阿·德米特里耶夫说："我在备课的时候，从来不给自己规定一个非得遵循不可的刻板公式。我只是周密地考虑要讲的事实的范围，且特别用心地考虑如何利用这些事实来讲清楚思想。"

你今天听了一节课，这节具体的课的质量，是跟教师的精神生活有着密切联系的。因此，听课和分析课的主要目的，应该是研究教师的眼界、兴趣和精神财富是如何表现出来的。我在听课时，首先就是要看教师在生活中最关心的是什么，他在读些什么书，在他的精神生活中书籍占有何种地位，以及他是否时刻关心着科学和文化方面的最新成就。

例如，在一节文学课上，教师在讲莱蒙托夫的小说《当代英雄》。我看得出，他是了解这部作品的，能很好地复述作品的内容，但是当他开始讲解主人公的内心悲剧时，就暴露出他对 19 世纪上半期青年人的精神生活了解得很肤浅，关于这一历史时期的作品他读得很少。在这种情况下，如果只就讲述和分析文学作品的方式、方法向这位教师提出意见和建议，对他会有帮助吗？看来是不会有帮助的。因此，校长在和这位教师谈话时，应当首先建议他读些什么书，通过什么途径扩大自己的眼界，丰富自己的精神生活。

数学课上一位教师在讲授三角函数的初步概念。他下的定义和举的例子都是正确的，但学生却很难理解新教材，因为教师没有讲清数学抽象乃是对周围生活各种具体现象的概括。他也没有举出一些例子向学生说明：掌握了三角函数，就能成功地解决某些实际问题，例如可以实地测量两个无法接触的点之间的距离。学生由于不了解数学概念的生活基础，于是就竭力去死记硬背。没有理解就去识记，所得到的知识必定是肤浅的、形式的，尤其有害的是不会实际运用学到的知识。对这节课的分析，也是要从了解教师读些什么书，藏有哪些教学论和普通教育学的参考书谈起的。

我在低年级一个班听语法课时，注意到学生是通过生动的言语材料来学习语法的：女教师教儿童怎样思考，教他们讲述自己在大自然、劳动以及人们的相互关系中所看到的东西。因而，学生就不再把语法看作是必须死记硬背的抽象概念，而看作是正确地思考以及表达各种事物的性质和关系的细微差别所必需的规则。初看起来，这位女教师似乎并没有专门花时间让学生去背熟语法规则，然而学生在整节课上都通过有趣的作业反复学习和运用它们。这样的教学和教育方法值得我们特别重视。我总结了这位女教师的经验，并向低年级全体教师和其他年级语文教师做了介绍。从这以后，这种创造性的词汇教学成了最重要的语法教学法。我举这个例子是想说明，怎样利用听课和分析课来研究和发展教师的经验，怎样把个别教师的经验变为集体的财富，用以丰富全校的创造性的教育实验。

3. 教师怎样理解和达到课的目的

许多课（甚至有多年教龄的教师的课）的重大缺点之一，就是没有明确的目的，因而未能使课的一切方面和阶段都服从于这一目的。问题并不只在于课堂教案里要写明本课的教学目的。有时虽然在形式上是写了，但是教师并没有真正认识它。漫无目的的课不仅是白白浪费时间，而且会增加学生的疲劳，使他们养成一种松松垮垮的习惯和不良的道德品质——懒惰。

看起来，好像理解上课的目的是再简单不过的事。"课的目的吗？"一位一年级教师重复着我的问题说，"那就是让学生读读，复述一下。这就是课的目的呀。"

我们走进课堂，一种令人担忧的感觉控制了我：这里在白白地浪费时间，学生上完这节课就跟没上时一样，他们的技能毫无长进。为什么会这样呢？因为教师没有提出应当提出的主要目的，即：教会所有的儿童（不只是那几个被提问的儿童）阅读，发展他们的阅读技巧。教师对孩子们说：当叫到的同学在朗读时，大家应当仔细地听，记住他读的错误，然后大家来纠正。一年级的课文是很简单的，词语也很容易记住，孩子们记住那些读错的地方也不难。当发现同学朗读中的错误以后，孩子们怕忘了，就不再听了，也忘记了要仔细看课文的要求。接着孩子们纷纷举手，要求纠正那位同学的错误。气氛是很热闹，但是益处甚少：孩子们并没有学习阅读。

那么，在一年级（也可以包括小学各年级）学习阅读意味着什么呢？首先要学会把一个单词（尤其是多音节的词）作为一个整体来感知，而对词的分析，即分音节朗读，则是达到这种感知的途径。让儿童看着课本去检查别的同学的朗读并不重要，重要的是要让儿童看着课本，按音节读

词（默读或者轻声地读）。这样的教学目的，正在于让每一个儿童独立地阅读。要达到这个目的（这正是小学特别是一二年级阅读课的最重要的目的）并不是很容易。这里必须最大限度地注意每一个儿童的学习情况。有的孩子读得快些，有的孩子读得慢些，这一切都应当估计到。不要害怕有的孩子落在后头，也不要害怕孩子们读起来嗡嗡作响，好像一窝蜜蜂。并不是所有的一年级孩子都会默读的，在这一点上不必着急。孩子们朗读的声调较差也并不可怕——先让孩子们学会读词，以后就能表现出词的情感色彩来了。

在听课和分析课时，我所注意的正是那种教学目的不明确的缺点。现在教师对于教学目的有了一定的认识。多年的经验告诉我们：教学目的越是简单，看起来越是容易确定，事实上就越是难以确定。属于这一类课的，除了有小学的阅读课以外，还有外语课，要解应用题的算术课、代数课，以及联系实际问题的几何课、三角课、物理课、化学课。在外语课上，主要的学习形式是阅读课文，最好是小声地读。还应当专门分出时间让学生进行默读，这时教师必须仔细地观察每一个学生是怎样学习的，应当教会他们独立学习。

解答应用题时，应当怎样提出目的，并如何达到这一目的呢？你们可能遇到过这样的现象：教师把应用题读了一遍，几个最好的学生就把应用题的条件弄懂了，于是给人造成一种假象，好像全体学生都懂了，就连教师和校长也常常被这种假象所迷惑。但你如果去问问学习较差的学生，就能发现他对应用题的条件是解释不出的，他并没有弄懂。一个学习最好的学生在黑板上解应用题，同时教师不断地喊另外一些学生——主要也是学习好的学生回答问题，他们都能解释。于是，教师认为这节课的教学目的已经达到了：学生学会了解应用题。然而实际情况究竟如何呢？总的来说，后进生和中等生没有学会独立解题。常有这样的情况：一个学生上了七八年学，却没有独立地解答过一道应用题（无论是在学校里还是在家里）。

要提醒教师不要过分迷恋于集体作业的形式，不要被那种一切顺利的表面现象所迷惑。要把学生独立的、个别的作业作为他们学习数学的基本途径。教师可以向全班布置好几种不同形式的作业，让每一个学生都去独立地分析应用题的条件，独立地思考各个数量之间的从属关系，独立地解题。在开始阶段，教师会发现学生在学习上有很大的差距：一个学生用15分钟就解出了一道应用题，还需要再给他一道新题目；而另外一个学生直到下课还没有解完一道题。对后者，你丝毫不要着急或感到失望。在下一节课上，你还应当让他继续解那一道没有解出的题目，让他思考，再思考。一定要迫使他独立解决。

正像肌肉离开劳动和锻炼就会萎缩、无力一样，智慧离开紧张的脑力劳动、离开思考、离开独立的探索，就得不到发展。坚持让学生进行独立思考，总有一天，就连"最差"的学生也能独立地解出应用题。

我想对年轻的校长和教导主任提一点建议：请你们去听一些和分析一些数学课（包括低、中、高各个年级的数学课），其目的在于专门分析一下学生脑力劳动的独立程度。在听这些课和分析这些课的时候，特别重要的一点是，要注意每一个学生是怎样学习的，教师是否提出了让每一个学生都进行独立脑力劳动的目的。

4. 为什么及如何检查学生掌握知识的情况

许多课的严重缺点，就是在第一阶段（检查家庭作业）浪费时间。可惜，校长并不一定注意到了这个问题。正是在这一阶段最容易忽略上课的明确目的。教师在15—20分钟内提问三四个学生，给他们评分，而其余的学生却无事可做，或者至多不过是几个勤勉的学生估计教师要提问到他们，便在翻阅课本上的答案。一个学生回答完了，其余的学生便都十分紧张地等待着教师的提问。但是，只要教师一叫出某个学生的名字，其余学生便会立刻松一口气，于是就各干各的事了。在一节课的1/3时间里，他们什么事也没有做。这种惰性接着又会迁移到课的下几个阶段。这样日复一日，就使学生逐渐变得懒惰了。

课上浪费时间正是造成学生知识肤浅、懒惰、散漫的一个主要原因。校长不应该容忍这种状况：检查和评定知识变成了一种目的，教师提问学生只是为了给他打一个分数。在听课和分析课的时候，请注意观察：当教师喊到的学生在黑板前或在座位上回答问题时，班上其余的学生在做些什么。在检查知识的时候，应当让所有的学生都从事积极的、独立的脑力劳动，而在高年级（七至十年级）这种劳动则应当具有自我检查的性质。

在实际工作中如何才能做到这一点呢？在一些优秀教师那里有一种定规：每一个学生都备有一个草稿本（各门学科合用一本）。在检查知识的时候，学生都把草稿本打开，听着教师的提问，然后各自拿起铅笔，在自己的草稿本里简短地写出答案的主要意思，一般可以写成图表、示意图、详图等形式，或做简明的列举等形式。例如，一个学生到黑板前去求分数的公分母，其余学生不等待教师叫他们从黑板上抄下例题或者另解一个例题，他们都在草稿本里写自己的例题，求公分母，并同黑板前的学生进行比较。这样，教师逐渐使学生习惯于独立运算、解题，对知识进行自我检查。

在有些课上，学生的自我检查起着特别重要的作用。叫一个学生把自己造的句子抄在黑板上，其余学生把这个现成的句子照抄下来。这样做是不能鼓励学生独立地去进行脑力劳动的。在课上，学生的脑力劳动只有独立进行，才能积极开展起来。因而有经验的语文教师，总是要求每一个学生都自己造句。

总之，应当非常仔细地分析教室里的黑板是否使用得当。黑板上只应写学生不能独立完成的那些练习题。另外，听写单词时也可以使用黑板，但并非都必须使用（在黑板上只写出难以拼写的词）。生物、化学、地理、历史、物理课的教师都善于在黑板上画各种简图。应当专门给教师们讲一讲，在上新课时可以用哪些方法绘画。这需要进行长期的细致的工作。

总之，在分析课的时候，要注意分析教学是怎样进行的；检查和评定知识时，学生的知识是否得到了拓展和深化。使学生的脑力劳动积极化的途径是很多的，在这里，善于思考的教师有着发挥创造性的广阔余地。

在检查家庭作业时浪费时间，这往往还表现在教师所提的问题完全是重复教科书里的小标题，这样一来就会促使学生去死记硬背。这种错误的做法在一些学校里盛行。在文学、历史、社会常识课上，学生往往用20—25分钟的时间整段整段地复述教科书。这样经常地、一节课又一节课地背诵，会使学生智力发展迟缓、缺乏才能。校长有责任去消除这种不良现象，他必须向教师提出具体的建议：应当怎样提问题才能促进学生的智力发展，培养他们对所学学科的兴趣，防止他们死记硬背。

比如，在历史课上检查有关1861年改革的知识，这时就应该先提出一些问题，让学生说明历史事件的因果关系。下面就是一位有经验的历史教师提出的问题。

为什么沙皇政府不得不把农民从农奴制中解放出来？如果沙皇政府不解放农民，那么俄国社会的发展会走什么样的道路？

既然不分配耕地的单纯的人身解放并没有改善农民的处境，为什么又说这种改革在俄国历史上具有进步的意义？

俄国哪些阶级和社会集团只关心解放农民自身而不给农民分配耕地？为什么？

如何理解 H. A. 涅克拉索夫对这场改革的评价——"粗大的锁链被砸断了，它的一端打在贵族老爷身上，另一端打在农民身上"？

俄国农民的解放与其他国家农民的解放有何不同？

为什么俄国农民的解放迟于西欧其他国家？

提出这些问题的目的是要学生认真阅读和理解教材，而不是要他们死记教材。

在小学各年级，检查知识的形式比较特殊。没有必要花专门的时间去检查学生对语法规则和运算规则是否掌握——这些都可以在实际作业中得到检查。如果你能够说明小学教师怎样在学生运用知识的过程中检查他们的知识，那么你就等于能分析课堂上的极为复杂的教育现象了。知识的运用对儿童特别有意义。在课后跟教师谈话的时候，校长应当特别注意了解学生在做练习时运用了哪些知识，他们的知识有了什么进步。

5. 是否注意教会儿童学习

那些为教会儿童学习而采取的方法和方式，应当引起校长的特别重视。儿童在课堂上的智力发展，表现在下列两个方面：（1）获得了关于自然界、社会以及人们的精神生活的知识；（2）有了在教师指导下独立掌握这些知识的能力。学生的学习成绩和知识面，他们对书籍和科学的热爱，都取决于智力发展在这两个方面的统一与和谐。

在小学，掌握知识的能力具有特别重要的意义。校长要经常注意这样一个问题：学生的观察能力、思维能力、阅读能力、书写能力等处于一种怎样的相互联系之中？在小学里听课和分析课，应当考查和计算教师上课有多少时间是用来教儿童掌握知识的，在朗读上是否用了足够的时间，阅读是否被各种各样的谈话所取代了，教师是否检查了儿童的课外朗读。多年的观察使我们得出这样的结论：为了学会迅速地、有理解地、有表情地朗读，学生在小学的 4 年时间内，朗读的总时数不得少于 200 小时（以一二年级每天朗读 10 分钟，三四年级每天朗读 15 分钟计算）。教师对这些时间应当加以统筹分配，而校长则要检查教师是怎样指导学生的个人阅读的。

我和教导主任在小学里听课时，曾经提出一个专门的目的：听学生的朗读。同时提出一项任务：每一年要对每一个学生的阅读能力做出评价，看他迅速阅读的能力如何，以及除了教科书以外他还读些什么书。一个阅读能力不好的学生，就有可能成为一个后进生。如果在小学里没有教会学生迅速地阅读，他们日后在学习中就会遇到无法克服的困难。学会迅速地阅读和理解——这是防止学习上的惰性和学习落后的可靠途径。一个学生即使不能掌握数学、物理、化学等方面的知识（即不能掌握某一学科的足够分量的知识，以便在这一学科的领域中发挥自己的才能），即使不能像中等生那样解答应用题，但只要他掌握了阅读技巧，他作为未来的劳动者和公民也能够为自己打开通往丰富的精神世界的窗户。一个不掌握数学、不会解应用题的人，仍可以生活下去并获得幸福；然而，如果不会阅读，则不能生活，也不会获得幸福。谁没有掌握阅读的技巧，谁就是一个没有受过教育的人，一个不懂道德的人。

要学会迅速地、清晰地和正确地书写，学生应当在小学里完成一些为了培养书写速度的专门的练习。在听课和分析课的时候，校长应当不仅考查每一个学生的学习内容，还要考查他的学习分量。

思考能力（对比、比较、概括和解释因果联系以及其他联系的能力）具有特别重要的意义。在听课和分析课的时候，校长要注意考查学生解决了哪些思维任务，以及这些任务是否是在掌握知识的过程中完成的。

对中、高年级的学生来说，还有一种具有重要意义的能力，这就是自我监督、自我检查的能力。经常听课和分析一系列的课，能为校长提供足够的材料，以便判断学生的这种能力是否得到了适当的和目标明确的训练。

周围现实是知识的第一个和最重要的源泉。学生的智力和才能的发展，取决于教师是否善于利用这一源泉。有经验的教师在教学中，总是首先使自然界、劳动和社会生活的种种现象和事物成为学生思维的主要对象。校长就是要看教师是否善于把儿童带到知识的源泉那里去，使儿童通过观察周围世界和在劳动中与周围世界发生相互作用，学习分析和综合、抽象和概括的逻辑方法。在小学里听课和分析课的时候，必须特别注意教师是否带领学生到自然界里去发展他们的言语。

如果教师没有这样做，这就说明教学有脱离智力训练的严重危险。应当告诉教师如何到自然界里去上课，如何教会儿童思考。

6. 学生对新课的学习

这里的关键是要对学生的脑力劳动的积极程度做出正确的结论。这不仅对校长来说是困难的，就是对天天教学生的教师来说，也不是那么容易的。如果教师讲新课用的是讲述（讲解、演讲）法，那么要做出这样的结论就更加困难了。

教师进行叙述的时候，很难了解学生是怎样感知新教材的，以及他们的脑力劳动的积极程度如何。但是正是对于这一点，教师和校长都必须有明确的了解。这里涉及学生产生学习新课的积极性的一个极为重要的条件——保证反馈联系，即在叙述（讲解、演讲）还没有结束以前，教师就应当知道学生对教材的感知情况，以及本节课上所讲的新东西跟学生已知的哪些概念、规律联系起来了。

我听着教师的叙述，从他叙述的内容本身就能知道他是否在促进学生的思维活动，他是怎样使新的东西和学生以前所学的东西联系起来的，他向学生提出的问题能否促使学生去回想已知的东西并运用它们去解释未知的东西，他采取了哪些特殊的方式来促使学生集中精力。有经验的教师总是牢记着亚里士多德的那句名言：思维是从疑问和惊奇开始的。他们一般都是从学生已知的东西讲起，善于从中揭示出能够引起他们的疑问的那个方面，而疑问的鲜明情感色彩又使他们产生惊奇感。例如，植物课上教师向学生揭示各种事实，说明活的植物体细胞在一定的温度、湿度和阳光照射之下，能把无机物质变成有机物质。这位教师将这一事实作为自然界的一大奥秘加以揭示，从而引起学生探索这一奥秘的愿望。这种愿望对思维活动是一种强大的推动力，是情绪—意志的源泉。在这里，极其重要的是教师要善于引导学生，让他们一心一意想探幽析微，从平常的、司空见惯的东西中看出不平常的东西来。这种思维活动在实践中称之为智力主动性。

促使学生积极思维的一个重要手段，就是让他们完成独立作业，这种独立作业应是学习新课的一个有机组成部分。比如，在六年级的一堂几何课上，学生学习"斜线在直线上的投影"这一概念。有经验的教师会把学习新课的整个过程跟学生的独立作业结合起来。他给学生布置一些作业：作垂线、引斜直线、由斜线上的一些点用虚线作直线的垂线等。所有这些别具一格的数学听写习题只需做在草稿本上。这样在讲解新教材的过程中，教师就能在讲新课的过程中了解学生对教材的理解程度，包括他们所遇到的困难。学习的对象越复杂、越困难，让学生完成独立作业就越重要。

教学的技巧并不在于使学习和掌握知识变得很轻松、毫无困难。恰恰相反，当学生会遇到困难并能独立地克服这些困难的情况下，他的智力才会得到发展。必须给学生的智力活动提出这样的任务，使他集中精力，付出努力，以便用已有的知识去认识未知的东西，从而使他体验到克服困难的欢乐。

让学生在教师指导下独立地研究事物或现象，是刺激他们智力活动的一种手段。在听课和分析课的时候，校长要特别注意：学生的独立钻研是怎样成为掌握新知识过程的有机组成部分的。课堂上的理论、规律，本来就是从周围世界的具体事物或现象之间的相互联系中产生的。应当使这些事物或现象成为学生独立研究的对象。

校长必须了解教师是怎样帮助学生将可见的物质世界变成他们独立研究的对象的。这样的教育技巧是多方面的，而校长的任务就是要千方百计地去帮助教师发展这些技巧，并把他们的先进经验推广到全体教师中去。这里需要特别注意直观教学。一个真正的教师使用直观教具，不仅是为了演示，使学生形成关于事物的鲜明表象，而且是为了让他们进行独立研究。

让学生研究那些可以使他们得出和产生符合科学唯物主义世界观的结论和信念的事物或现象，这是十分重要的。这样的独立研究不应只限于在课堂上。例如，为了让学生独立研究"种子发芽"这一课题，有经验的生物教师提出了一系列作业题，要求学生去比较种子在各种条件下的生命过程，并做好观察笔记。这种作业的价值不仅在于它能帮助儿童在认识道路上迈出第一步，而且还在于它的特殊的教学目的：在独立研究的过程中，学生头脑里会产生许多问题，会在普通的、经常遇到的事情中发现许多复杂的东西，这一点会使他好奇，从而去探究事物的本质。所有这些也就是一种情绪—意志刺激，没有它，思维活动的幼芽就会枯萎。

独立研究的对象包括详图、草图、示意图、进度表、模型、语言材料（词、句）等。教师的技巧就在于，不要把现成的结论告诉学生，而要他们通过自己的劳动去获取。

对于智力上有偏差的学生来说，独立研究周围世界的各种事实或现象有着特别大的作用。应该给这些学生布置一些特别的作业，以使他们有时

间去深入思考。

有些教师刚刚讲完新课，就马上转入所谓"巩固阶段"：叫一些学生复述教师刚才讲过的东西。当然，这些学生都是最好的。这样急于提问是不必要的。讲完新课以后，要让学生有思考的时间，教室里要保持安静，让学生想一想教师讲过的东西。根据不同的教学内容，可以让学生做不同形式的作业：看书，编提纲，制图，等等。例如，在讲完三角函数的概念以后，可以让学生在草稿本上画一些草图。

一定要给学生留有思考的时间，让他们有可能聚精会神地想问题。学生不是都能同样迅速地理解新课的，也不是都能以同样的方式进行思考的。要让每一个学生独立地弄懂教师所讲的东西。

时常有这样的情况：教师讲完后，个别学生还有些地方不懂，还来不及透彻理解。而且，他们往往连自己也说不清，什么已经懂了，什么还不懂。理清自己的思想，进行自我检查——这些都需要时间，需要集中精力。有经验的教师都认为，让学生深入思考教材是上课的一个最重要的阶段。

只有教师的讲述文理通顺、清楚、有条理、合乎要求，学生才能进行积极的脑力劳动。如果教师本身思路混乱，表达含糊不清，那就必然会在学生的头脑里造成混乱，以至白白浪费掉 90% 的课堂教学时间。我经常把一些教师讲课的某些部分逐字逐句地记录下来，和他们一起进行分析，让他们注意思维的连贯性，注意学生是如何感知他们的叙述的，学生弄懂了什么，是怎样记忆的。

7. 学生的知识是如何发展和深化的

在教学过程中发展和深化学生的知识——这是教育和教学工作中最重要而又研究得最少的问题之一。学生当堂理解的那些真理、规律、规则、公式，还不能算是牢固掌握的、扎实的知识，它们只有在学生以后的思维活动中得到运用，并成为他们掌握新知识的工具和手段时，才会变成牢固而扎实的知识。

在听课和分析课的过程中，校长应当特别注意学生以前获得的知识是怎样成为他们获取新知识的工具的。在实际工作中，我们通常把这一现象称为"知识的巩固"。

就以五至八年级学生学习语法知识（如副动词短语）为例。如果教师只在教学大纲规定的几节课内让学生学习这些知识，那么他们的这些知识永远也不可能得到巩固。教师的教育技巧就在于，要使学生这方面的知识在长时间内得到运用，这样就把复习跟学习新教材很好地结合起来了，因而就没有必要再专门花时间进行复习了。例如，一个有经验的历史教师从来都不要学生在家里复习"国家""阶级斗争""剥削""革命"等概念，因为他让学生在学习各个时代的历史事件时已多次重复学习了这些概念，并由此加深了他们的理解。

特别重要的是，在分析课的时候，校长应当注意教师是如何布置作业，使学生以前学过的有关规律、规则、法则、公式及其他概括性的知识向广度与深度发展的，学生完成这些作业跟学习新教材是否联系起来。这样做当然不仅仅是为了评价一节课，而首先是为了让教师把所有的课都上得更好。

要使学生的知识向广度与深度发展，教师必须特别重视学生的课外阅读：他们在读些什么，找到了哪些喜爱的杂志和科普书籍。在课堂上学过并要求记住的东西，都应当日后在反复地思考新的事实和现象中加深理解。所谓知识的深化，就是对事物或现象之间相互关系的更深入的理解。

8. 能否让全体学生都牢固地掌握知识是评价课的主要标准

上课的效果、教师的工作成绩，并不在于个别学生能对教师的提问做出最好的回答，而在于全体学生都牢固地掌握了知识。课堂上经常出现那种由最好的学生做出最好的回答的情况，校长切莫被这种表面现象迷惑。应当注意教师是否给学生布置了要求独立完成的作业，并使他们把这些作业都做完了。让全体学生毫无例外地在独立完成作业上取得成绩，这是促使学生从事紧张的脑力劳动的动力之一。有经验的数学、物理、化学、语文教师，他们在课堂上布置作业，总是要求每一个学生都独立完成（为了做到这一点，就要给同一类型的题目选择好几种变式）。他们总是留出时间让学生去思考和理解，并能估计到在这段时间内就连最差的学生也能把作业做完。他们并不急于提问最好的学生——既然他们把全体学生的独立作业的成绩当作反映学生脑力劳动积极性的主要指标，那么他们一般都懂得这样做是毫无意义的。对于那些能够很快完成作业的好学生，教师应准备一些补充题，这些题目的难度要大一些，使得即使是最好的学生也要认真地动一番脑筋。要使中等生特别是后进生，从作业的开头直到完成，都不指望有别人来帮忙。在数学、物理、化学、语法等许多课上，教师的讲解应当更少一些，让学生安静地、聚精会神地从事脑力劳动的时间更多一些。

　　校长和教导主任要很好地了解学生（特别是小学生）的实际技能。我和教导主任各负责小学的一半班级。我们在整整一学年的听课中，着重检查学生的阅读和书写能力，我们私下给每一个学生打分数，分析学生技能的一般状况，并且跟教师一起商量做哪些工作来提高学生技能。我们对学生的阅读和书写能力做了 20 年的分析，这些总结材料使我们有可能对教学提出如下几点看法：

　　（1）一个学生如果在低年级能出色地掌握快速阅读和书写的技能，那么到了中年级和高年级就决不会变成学业不良的学生；

　　（2）掌握快速阅读和快速书写的技能越早，学生在中、高年级获得知识的质量就越高，他用于全面发展的自由支配时间也就越多；

　　（3）在低年级获得的快速书写的技能越巩固，到中、高年级时学生的读写水平也就越高；

　　（4）学生如果到小学毕业时还没有牢固掌握快速阅读的技能，那么到五至八年级，他主要的学习方法就将是死记硬背，他的智力将会变得迟钝起来。

这些结论使我们相信，对学生的实际技能所做的具体分析，是指导教育和教学工作的一个十分重要的因素。

对智力发展落后的儿童应给予特别的关注。我在听课和分析课的时候，常常要考察这样的问题：为了发展这些儿童的观察力和提出问题的能力，教师做了些什么。

9. 教师应当怎样布置家庭作业

如果教师在下课前一分钟才布置家庭作业，而且仅仅指出教科书的页码、段落以及练习题的号码，那是不能指望学生会有好成绩的。这种做法反映了教师教育素养的低下。我们多年来的观察表明，学生在课外独立完成家庭作业和独立钻研的能力不一，因而他们在掌握知识的程度方面也显得参差不齐。校长必须和全体教师一起讨论有关家庭作业的问题，必须总结这方面的好经验，以便提高教师的指导水平。

校长要努力做到不让教师把课外作业当成课内作业的量的追加。课外作业应当能使学生的知识向广度和深度发展，能提高他们的学习能力，为他们掌握课堂知识做好准备。应当让学生在课外去观察自然界和社会现象，发展个人的爱好和多方面的智力需求。

教师在布置学生阅读教科书中的课文时，应当同时向学生提出一些问题，让他们一边阅读一边思考。在布置实践作业时，教师要告诉学生，怎样把学过的理论知识跟完成实践作业结合起来。很重要的一点是要让学生在课内先做一些类似的习题。

分析、研究、比较——这些积极的思维活动应当贯穿在做家庭作业的整个过程中，这样学生就能把读书跟观察、劳动结合起来。

给不同的学生布置不同的家庭作业，这一点应当予以特别的重视。如果教师不给某些学生布置特殊的作业，那就说明他没有考查每一个学生的能力。通过对学生智力活动的考察，教师会发现，有些儿童遗忘得很快。知识的遗忘特别是技能的遗忘，是有经验的教师特别注意的问题。每个班里总有那么两三个学生，需要经常地为他们布置一些不太多的、专门为了防止遗忘的作业。在听课和分析课的时候，校长应当注意教师是否忽略了实际工作中的这一重要问题。教导主任应当经常和教某个班的所有教师商量、专门讨论这些问题：应当给某一个学生布置哪些防止遗忘的家庭作业，以及他的负担是否过重了。

10. 在分析课的过程中概括教学规律

在分析课的过程中，校长会逐步认识到一些教育和教学工作的重要规律。对这些规律的认识，反映在具体的教育和教学方法中，反映在全体教师的教育信念中，又在优秀教师的经验中得到发展，使年轻教师的教育技巧得到充实。多年的经验证明，在听课的过程中应当对实际材料加以提炼、总结，以便整理成有关教育和教学工作的报告。最近 5 年来，在校务委员会的会议上，教师们听取了校长所作的下列一些报告：学生在课堂上怎样掌握数学概念和语法概念；讲述新课的逻辑顺序；如何在课堂上考查学生的知识；知识的增长和深化；知识与实际技能的关系；知识的运用是增长和深化知识的最重要的途径；学生在课堂上的独立脑力劳动；课堂上的时间利用问题；如何通过检查家庭作业来深化学生的知识；如何在讲述新课时考察学生的知识状况；什么是掌握知识的技能；如何对自然界进行观察；如何教儿童思考；思维迟钝的儿童的智力活动；课外脑力劳动的特点；课堂上的理解和识记问题；教育和教学的统一；等等。

校长跟教师的个别谈话起着很大的作用，但我认为，通过报告总结教学规律更为重要。大家就这些报告进行讨论、自由地交换思想、开展辩论，这一切都有助于教师集体形成共同的信念、提高教育技巧、启发教师们去进行创造性的探索。

第 8 次谈话

怎样做学年总结

我是在当了几年的校长、分析了上千节课之后，才开始明白：一堂好课并不是教师一字不差地把事先制订的教案搬到课堂上来；一个好的教师也不是制订了教案之后，就再也不敢越雷池一步的。干我们这一行，如果没有预见和计划，那是不行的；然而一堂成功的课事先也只能由教师在心中粗略地勾画出它的轮廓，而它的诞生只能是在课堂上。因此，一个好的教师应当把握课堂教学发展的逻辑，洞察学生脑力劳动的细微变化，从而善于对计划做适当的改动。实事求是地讲，一个好的教师并不能预见上课时的细枝末节。这并不是说他在盲目地工作，而是说他确实理解了怎样才算是一堂好课。那么，为什么需要经过好几年，我才能领悟这样一条真理呢？这里我就来回答这个问题。

1. 学年总结为什么是必要的

和任何其他方面的现象相比较，各种教育现象相互之间有着更为复杂而多方面的联系。这种联系有一个特点，这就是：教育过程中的每一种具体现象，每一个具体事物，看来似乎是与其他现象或事物并不相关的，但实际上它们相互之间却有着千丝万缕的联系，从中我们可以得出一般的结论。因此，我们对教育过程中的每一种现象或事物都应当从各种不同的角度去观察，有意识地把它同教育过程中的其他方面、其他因素和组成部分联系起来加以考虑。

我曾在学校图书馆里看到一个六年级学生，他正在挑选课外读物。他不去理会那些饶有趣味的文艺作品，也不去注意那些新出版的、优秀作家创作的画册，却在放着物理学科普读物的书架旁停下来，拿起一本关于基本粒子的书。这时候，他的眼里燃起了求知的火花。我拿起这个少年的借书卡看了看，发现他借的都是科普读物，主要是物理方面的，并且主要是那些涉及这门学科最新成就的书籍。

看来，这个学生的物理教师非常善于组织课堂教学。他的讲课有一种推动力，能激发学生去阅读超出教学大纲范围的课外读物。关于这方面，我已掌握了某些事实，并且有了一些概括性想法。不过，现在我正要从这一点出发更加认真地考察一下他的课。这位物理教师是通过怎样一些无形的线索把学生从必修教材引导到课外书籍的呢？怎样才能把他的经验传授给其他教师呢？阅读一些远远超过必修范围的书籍，这对学生的脑力劳动会产生什么影响？这个学生是怎样学习教科书的？课外阅读对于少年的禀赋、爱好和志向的培养究竟有多大影响？学生迷恋于某些学科，这对他的其他学科的成绩有何影响？那些迷恋于科学读物的学生在课外是怎样进行脑力劳动的？

我已经得出某些初步结论，那些不仅仅学习教科书的学生的脑力劳动是由两个部分构成的：（1）学习正课；（2）阅读课外书籍，对这些书不要求熟记和背诵。初步的资料表明，学生阅读的课外书越多，他们在课堂上学习就越容易。不过这还只是一个初步的看法，还需要做进一步的检验。一个真正的教育能手，他所关心的是课堂教学的"后方保障"——如果可以这样表达的话，即为学生的学习创设一个宽阔的"智力基础"。我在那位物理教师的课上曾看到他的教学技巧的这种特点，但当时没有很好地加以思考，现在深感对这些特点应当特别加以注意。要思考这样一个问题：这位教师究竟是怎样为自己的学科创设这种智力基础的？同时也不妨从纯属学校图书馆工作的角度认真想一下：这项工作，包括对图书的宣传工作，应当怎样反映课堂教学的需要？学校的图书管理员对课堂教育和教学的内容应当了解些什么？一个酷爱物理学的少年不看文艺作品，这种情况不能不引起我们的忧虑。为什么会是这样？学生对某一门学科的过分迷恋，是否包含着片面发展的危险性？看来，这个班上所有的任课老师，在一定意义上说，在开展一场吸引学生兴趣的竞赛。这是一个非常有趣的、值得认真思考的问题。怎样才能使学生的智力在科学方面和艺术方面和谐地发展呢？

这就是我从一个偶尔看到的借书少年身上引起的思考。世界上没有比人更为复杂的了，因此，你作为学校的主要教育者，必须经常地、有意识地发展自己的这种能力：善于看出各种现象之间的联系，并且善于进行理论上的概括。请你准备一个专用的笔记本（不是那种偶尔用来记点事情的蹩脚的便条本，而是精致美观、可以保存多年的笔记本），把你所看到的现象记录下来。这些原始资料可用来进行深入思考，同时也是对教育过程做严密分析的原始材料。不要光是记录那些显眼的事物。首先要把那些不经过仔细观察便不易看到的事物记下来。要学会发现和观察事物，要善于找出各种事物或现象之间的纷繁复杂的关系。比如你去听一堂唱歌课，发现个别学生感觉不到旋律的美。那么，你是否想过：这个班级的学生家里总共有多少乐器？你要收集事实，并进行分析。你会确信：只有让儿童从小就生活在一种充满音乐气氛的环境中，才能谈得上对他们进行真正的音乐教育。

作为一名学校领导，你一迈进学校的门槛，就应当以极其敏锐的眼光去仔细观察一切热爱劳动以及懒惰、散漫的现象。你要时常思考学生参加劳动和热爱劳动的问题，在笔记本上留出专门页记载这方面的情况。你要善于洞察学生的劳动生活跟学习态度及知识之间存在的非常微妙的相互联系。

我特别建议你要学会看出下列这些现象之间的相互联系：教师的工作和学生的知识；课堂教学和多种多样的教育、教学组织形式；课堂教学的艺术和创造性的教研工作；书籍和学生的脑力劳动；师生在精神上的一致和教师的人格对学生的理想与情感的教育影响；等等。要知道，作为学校的主要教育者和"教师的教师"，听课和分析课只是你的广阔活动领域的一小部分。

　　不久以前，《共青团真理报》上发表了一位有经验的教师的文章。这篇文章直言不讳地指出：许多学校里，教师对校长和教导主任来听课是不欢迎的。每当校长出现在课堂上，教师就会觉得这课是上给校长听的。遗憾的是，这里说的是事实，令人苦恼的事实。怎么会出现这种情况呢？有一些校长把课堂教学看作是无所不包的，认为学生的知识只是取决于它。每个有自尊心的教师都对这种武断的结论从内心表示抗议。他们那种"为校长（或视导员）而上课"的做法，实质上就是这种抗议的含蓄的表示。如果教师知道（并且亲身体验到）校长能够看到并且理解学生的知识状况是取决于学校、家庭和社会等多方面的复杂因素，能够以这种理解作为指导思想来分析教师的工作，那么，教师在课堂上就会显得很自然，就会按照自己原来的设想展开教学，也就不会产生"上课给校长听"的想法，同时也不会把校长只作为监督者来看待了。

　　对学校实行教育思想的领导，其规律就在于，我们必须经常把现在跟过去和未来联系起来进行分析，否则就很难工作。善于预见，这首先就是善于回顾所走过的道路，找出取得和产生今天的成绩和缺点的原因。我愿劝告年轻的校长：你要善于回顾走过的道路，对于已经做过的事情要进行思考；总结出来的经验和教训，就是学校宝贵的精神财富。我面前放着近20 年来的学校工作计划、课外活动计划，也有 10 年前的一年级学生的书面作业。我把他们的作业和现在 10 年级学生的作业进行比较。因为它们都是学生的劳动成果。对于总结、书面作业和计划这些以物质形式表现出来的创造性劳动的成果，我们要精心爱护和尊重。有人轻蔑地把这一切称为"废纸堆"，这是错误的。有些学校甚至连 5 年、10 年以前的工作资料都一点没有保存，这是十分令人遗憾的。

　　学年即将结束。你要花上几个小时，浏览一下自己的笔记，其中既有你听课和分析课的内容，也有你对一些教育和教学问题的思考。你还要仔细想一想，学生的知识与整个教师集体的丰富的精神生活有着怎样的关系；想一想作为一个学校的领导人，怎样才能成为教师进行创造性工作的鼓舞者和引路人。

孩子们的书面作业，特别是作文，是学校的重要资料。我面前放着近20年来的低年级学生所写的童话故事。把孩子们的作业加以分析、比较，我们就可以看出他们思维发展的复杂而长期的过程，就可以看出他们的思维是怎样在各种因素（包括在大自然中的活动和课外阅读等）的影响下得到发展的。

我们如果能够经常不断地回顾过去，对自己的工作进行分析，就会使学校工作避免一些令人可悲的意外之事。比如教师突然发现，万尼亚到了六年级还不会解应用题，让他解五年级的题目，他还是不会，再让他解四年级、三年级的，结果也是一样。那么，这个万尼亚是从哪儿来的呢？当初我们这些人又在干些什么，怎么会没有看出来呢？于是，大家为万尼亚忙碌起来：又是个别辅导，又是补课……。为什么会突然发现这个万尼亚呢？难道在这之前谁也没有发现万尼亚的弱点吗？不，人们是知道的，只是当时的万尼亚没有迫使人们去进行总结罢了。早在万尼亚上一二年级的时候，我们就应该看到，他不会审题，不会从具体的数量关系中列出算式来……。因此，教师要善于从每一事实中看到蕴含着的实质。只有这样，才不至于出现那些意外的事情。

要善于对事物进行分析、概括，并灵活运用概括出来的结论，这正是对学校实行教育思想领导的实质所在。学校领导者的这种能力在工作中是随时随地都要用到的。而当教育和教学工作进行到一定阶段的时候，这种能力就显得更为重要了。看一看这是一些什么样的周期阶段：

（1）学年结束；
（2）教师教完了小学的全过程；
（3）学科教师教完了本门学科；
（4）班主任完成了一个时期的教育工作；
（5）从一年级到十年级的教育和教学工作的整个周期。

对以上各阶段的工作进行分析是非常有意义的。我们每年都对应届毕

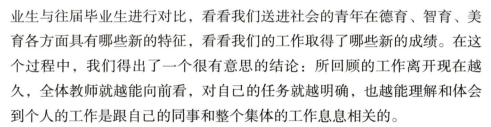

业生与往届毕业生进行对比，看看我们送进社会的青年在德育、智育、美育各方面具有哪些新的特征，看看我们的工作取得了哪些新的成绩。在这个过程中，我们得出了一个很有意思的结论：所回顾的工作离开现在越久，全体教师就越能向前看，对自己的任务就越明确，也越能理解和体会到个人的工作是跟自己的同事和整个集体的工作息息相关的。

为了对 10 年期间的工作进行自觉的回顾，就必须对它进行科学的分析。每当有一届一年级的孩子入学时，我就开始为他们写教育日记。我把在一个班级采取的各种教育措施都记在一个笔记本里。如果把培养人比作栽培果树的话，那么，这些笔记就好像记录了人对幼苗的每一次接触，从它的栽种直到结果。我们的果实，就是我们所教育的学生的道德面貌、理想、劳动和品行。

总结是一个广泛的概念。对于校长来说，这是一个非常有意思的话题，认真地思考一下马卡连柯所说的如何"设计人"的问题，将是很有益处的。我顺便说一句：要创造性地实践我们这位卓越的苏维埃教育家的遗训，就应该在平凡的工作中，对具体问题进行耐心、细致而又深刻的分析，而不是机械地照搬他的某些工作方式。如果深入地思考一下我们的工作，便可看出"设计人"正是其中理论和实践相联系的最主要的领域。

不过现在我们的话题是怎样做学年总结。学年结束是教育和教学过程的最重要的阶段。或者更确切地说，这时，师生精神生活的性质、内容和形式都在发生急剧的变化，这正是它与其他时期的不同之处。这期间，校长和教师也有了思考的时间，这一点也是很重要的。学校党组织应在总结工作中起积极的作用。

学年结束——这不仅是学生而且是教师在攀登途中的一个台阶。每当这个时候，我都要分析自己的听课笔记，对每位教师都做一番分析：他的精神财富是不是有了更多的积累。这一点是最主要的。

2. 学年总结的实质及做法

我想再一次提醒校长，要有一本记事簿。只要你是认真对待自己工作的，你就要爱惜它，一年又一年地在上面做好记录，并把它保存好。这实际上是一种教育日记，同时也是你对一个较长时期内的教育和教学过程进行概括分析的准备。凡是引起你注意的或者引起你一些模糊想法的每一个事实，你都要记入记事簿里。积累事实，善于从一些具体事物中看出共性的东西——这是一种智力基础，有了这个智力基础，你就必然会有那么一个顿然领悟的时刻，那长久躲闪着你的真理实质，会突然出现在你面前。

大约 20 年前，我在七年级一个班的文学阅读课上，听了两个学生的朗读。他们的朗读很呆板，毫无表情，而且我还感觉到他们很紧张，读得很费劲。那些词语对他们来说好像构成了一座复杂的迷宫，他们是在黑暗中摸索着，并时时碰到障碍。我在想："为什么他们会这样朗读呢？他们是怎样领会文章的意思的呢？"我把这些疑问写在记事簿里，并一直为之不安地思考着。后来我又去那个班级听了几节文学阅读课，发现了一些奇怪的现象。

原来，这两个学生不能通过视觉和思维同时感知一个以上的词语。一下子感知好几个词语，特别是一个长句的逻辑上的一个完整部分，对于他们来说是不能胜任的。我跟文学教师花了整整一年时间，想方设法来培养他们的阅读技巧，但是毫无收获。然而，可以毫不夸张地说，正是因为这样做才有了令人惊异的发现。通过对这些少年的言语的研究，我断定，这种不会阅读的情况早在他们读三四年级的时候就存在了，它阻碍了这些学生思维的发展。

我们把这种令人惋惜的现象称为"思维不清"。它表现为思想混乱，没有条理，好像患有幼稚病。你很难弄懂这样的学生在说些什么，他的思路从哪里开头和在哪里结束。他说一件什么事时，总是很紧张、很费力，会把几个词语连在一起说，有时又好像突然忘记了自己在说什么，断了思路，尽力回想教师所提的问题，可是又回想不起来。我们在六七年级又发现了几个这样的学生。我在记事簿里所做的这些记录，迫使我长久地去深入思考和研究儿童和少年的智力发展的许多复杂问题。我在研究中得出了一个初看起来使人感到意外的结论：不会阅读并不是智力发展不正常的结果，相反，是不会阅读阻碍了智力的发展。

我们对三百多个少年和成年人的脑力劳动情况进行了观察，他们在小学没有训练出流利阅读的牢固技能。我们想在他们身上培养这种技能，就像在小学的正常而完善的学习条件下那样来加以培养，但是没有任何一例取得成功。

这一项研究工作虽然是从观察一个不大重要的事实开始的，却使我们全体教师看清了：智力发展和头脑中发生的解剖生理过程同阅读和日常的智力训练有着极其微妙的相互联系。我们感到自己对于每一个学生的命运负有重大的责任：他会不会阅读，决定着他的智力发展状况。教育上的"半成品"会造成严重的后果。于是，全体教师都开始特别注意在平时的教学中培养学生的阅读技能。我们认识到，阅读不只是一种基本技能，而且是一个复杂的智力活动过程。我们开始努力做到，不让任何一个儿童的阅读技能停留在只能感知一个词的水平上，否则是很危险的。凡是一个词一个词地阅读的人，他必然会在学习上遇到不可克服的困难，实际上他是不可能正常学习的。全国的学校有成千上万的学习方面的后进生和留级生，一般来说他们就是那些没有学会阅读的学生。教师认为这种学生的智力发展有些不正常。这种看法是对的，但是在许多情况下，他们智力发展的不正常并非原因，而是结果。

我们开始精雕细刻地培养学生的阅读技能：教学生由按音节阅读一步步地过渡到一眼就能看出一个句子成分和一个整句的意思。这个过渡是一道界限，我们要训练和引导儿童越过这个界限。关于这个问题，教育心理学里谈得很多。Н. А. 列昂节夫、Г. С. 科斯丘克、П. И. 任琴柯在这个问题上写了不少卓越的著作。我们依靠他们这些科学研究的成果，努力使学生的学习能促进他们智力的发展。我们全体教师深信，这项工作没有家长的帮助也不行。智力训练不仅要在班里进行，还应当在家里，在学生独立阅读的过程中进行。

这就提出了一个新的问题：家长的心理学素养问题。这是我们全体教师正在研究和迫切需要解决的问题之一。我们逐渐地、一步一步地引导家长们去认识人的心理素养。我校的心理学研究会召开了一次会议，邀请六年级学生的家长一起参加。我们向家长们讲述了人在阅读时头脑里所发生的极其复杂的活动，给他们提了一些建议：怎样帮助孩子完成家庭作业，怎样使阅读成为发展智力的手段。

教育研究的途径就是这样：从初步的观察和简短的记录，到广泛而深入地研究学生大脑中、意识中所发生的思考过程的实质。我在上面所举的例子，对于学校领导的教育研究工作来说是有典型意义的。从收集事实、分析事实、研究事实，到做出概括而抽象的结论——这是我们学校领导每天都应当走的一条路。

思考记事簿里的东西，这就是我对自己一天工作的总结。我的记事簿里有一个专栏，只记录一般结论和概括。这种记录不多，不是每天都有的。每当周末，我就把这一周所听过的课通盘思考一遍，抛开为数众多的事实，而着重研究最主要的东西。下面是我在某一个周末所得出的几点想法，是我后来写入记录簿的。

（1）教师的脑力劳动和学生的脑力劳动相一致。教育的技巧在于，要使学生的作业形式能反映出他们的思维过程，使得教师能够凭学生行为的外在表现判断他们是怎样思考的，遇到了哪些困难……。如果教师要等到上课结束后才能去了解学生哪些懂了、哪些没懂，那么他的工作就是盲目的。

（2）不应当过分追求教学的直观性。不要对儿童早已知道的东西进行直观教学——这会阻碍他们抽象思维的发展。如果教师要对学生讲关于猫的知识，那么即使他拿一只活猫到课堂上来，也不会使儿童对猫有更多的了解。他得想一想，怎么给学生讲一点关于猫的全新的知识。

（3）学生注意力的培养并不靠什么专门的教学方式，而是首先取决于脑力劳动的性质。目标明确、思想专注——这才是注意力的主要源泉。应当尽量使思维上的用心和意志上的努力统一起来。

（4）在低年级，特别是在一年级，儿童会由于注意力集中而迅速感觉疲劳。不要让儿童的大脑长时间地处于紧张状态，这是一个很大的问题。要设计出这样一些作业，使儿童做这些作业就等于是在休息。

（5）由于记忆负担过重而感觉疲劳——这是智力衰退的原因之一。必须特别细心地对待记忆力这样娇嫩而精细的东西。有一些思想和词组是特别难记的。无论如何不应当叫儿童去硬记，以免他们过度疲劳。当刚刚发现这种疲劳的征兆时，你就要设法改变方式，让儿童进行一种不需要有意识记的活动。

以上这些记录是概括一年学校工作的总结素材。按照同样的原则，我在周末把对于其他日常工作的想法写在记事簿里，这些工作一般有这么几项：检查教师的课堂教案，查看学生的书面作业和班级日志，观察一些复杂的教育现象，特别是观察师生之间、各个班级之间和各种年龄的集体成员之间的精神交往，等等。下面是我在某个周末写下的几点想法。

（1）真正精通教育工作的教师是不把教材的提纲写进课堂教案的。他的知识就在自己的头脑里。课堂教案只不过是从教学论角度对教材所作的加工而已。这是一种有趣的现象：如果教师死抠讲课提纲，费劲地在这样的提纲里寻找他要讲的话，那么学生就很难听懂教师所讲的东西，他们的头脑里就会是一团乱麻。

（2）现在正在大力推广的课题计划（即按课题把几节课列在一个计划中）是否必要呢？对这一点应当好好思考一下。一个教师能不能预见到，经过五节至十节课后，在哪节课的哪个阶段上将进行谈话或让学生独立做作业呢？一个好的教师，好就好在能让他的课按其内在逻辑去发展。要知道，上课的对象是些活生生的儿童。一个适合于六年级甲班的计划，不一定适合于六年级乙班，因为那里是另外一批儿童。一个好的教师也许不能确切地预见课堂上的一切细节；但是，他善于在课的进程中找出只有这节课上才有用的那个细节。

下面我再举几点在某几个周末所写的关于教育工作的想法。

（1）集体对个人的教育作用须细心琢磨。不要让学生（特别是少年）感到，人们专门地"整"他是为了"杀一儆百"。我认为，在处理集体与个人的相互关系上，这种做法可能是最坏的了。它会使学生对自己的命运抱无所谓的、满不在乎的态度。不要让学生感到他是供人做试验的兔子。

（2）担任少先队辅导员的女教师到区里的另一所学校参加了一次讨论会。她回来说，那里举行了一个有关道德问题的示范性辩论会。一些七年级学生在那里辩论，20位辅导员在旁边"研究教育过程"。为什么要这样做？难道可以把学生的心灵拿来展览吗？这种做法不是在少年身上培养虚伪的作风吗？

（3）在一所八年制学校里有四个"延长学习日班"。这些班的学生给我讲了这样一些奇怪的事：他们在课后都要毫无例外地留在班里，谁也不许回家。下课后教室门口有一个教师值班，学生只有把书本留在教室里，才能出门。于是他们想出了一个巧妙的办法：先把书包从气窗里丢出去，然后再空手走出教室。后来学校下了命令：在窗口也派教师值班。我原以为这是讲笑话，但经过了解却是事实。这个问题应当在下届区党委全体会议上提出来。这些"延长学习日班"以及人们对这些小组所采用的教育方法，都必须引起我们认真的注意。

（4）我对米嘉——一个身材矮小、长着一双黑眼睛的五年级学生，已经进行了半年的观察。他在学习上感到非常困难。有一次，他的作文得了"4分"。当时我正好在他班上听课，我跟米嘉坐在一起（为什么他一个人坐一张课桌呢），我还帮他造了两个句子。那篇作文写得挺好。女教师在办公室里改作业时夸奖了米嘉。于是我特地又去听了下一节课，想看看米嘉对自己的进步有些什么反应。可是，教师没有当着全班的面表扬米嘉，这是为什么呢？然而，即使没有表扬，米嘉也高兴得很。他写起来多么努力啊！听课又是多么用心啊！过了一天，我去参加"少年植物栽培家"课外小组的活动。可能是我觉得如此，但也可能是我头脑里出现的一种想法：在俄语课上，米嘉心里点燃起来的欢乐的火花，可能到现在还没有熄灭。是的，米嘉现在正尽量把自己的那一小块地弄得更好看些。我一边看着他工作，一边在想：大概教育的实质就在于使一个人努力在某件事上表现自己，表现自己的长处。寻找自己身上好的东西——这是人的高尚的志向，而善于支持这种志向，对我们来说是多么重要啊！教育者往往长久而痛苦地在寻找学生进行自我教育的强大推动力，而这动力不是就在这里吗？应当在心理学讨论会上提出这个问题：人的表现。康·季·乌申斯基就正好使用过"人的表现"这个术语。怎样才能使人尽量在好的方面表现自己呢？我深信，一个人想在某个好的方面表现自己的愿望越强烈、越诚挚，他内心对自我约束的要求就越高，他对自己身上不好的东西就越加不肯容忍。应当认真地思考一下：一个人不单单应当在学习上、分数上表现自己，他还应当在其他领域表现自己。对米嘉来说，在学习上（更确切地说是单单在学习上）表现自己是多么困难啊。他还应当在别的什么事情上表现自己。而且，像米嘉这样的学生还不止一个啊。

（5）一位女教师许诺孩子们说，如果星期六天气好，他们就到树林里去玩。星期六到了，天气晴朗，可是他们并没有到树林里去。我看见孩子们眼睛里含着泪花。孩子们不只是想去游玩一次，而且对即将到来的欢乐怀着一种热切期待的心情。女教师对儿童的这种心情采取了冷酷的态度。为什么要给孩子们造成痛苦呢？他们不仅失去了对教师的信任，而且失去了对真话的信任。儿童的兴奋心情就像火花，我们必须珍爱它。

（6）科里亚的分数不好。班主任决定采取"强有力"的手段。星期六，班主任把科里亚喊到黑板跟前，强迫他讲为什么不好好学习的原因。孩子缄默而立，脸色发白，站在黑板前一言不发。班主任很不高兴。后来了解到,科里亚的家庭情况很不安宁:父母亲不断吵架,有时弄得孩子整夜不得入睡。一个教育者多么需要有洞察力和同情心啊!因为只有这样才不至于粗枝大叶地触及儿童痛苦的心,甚至给它加上新的伤痕。不公正会在儿童的心里引起怨恨。

从第三学季末开始,我着手准备校务委员会的总结报告。这个总结会我们一向是在全区教师会议之后,即 8 月 27—28 日举行的。因为这时已经排出新学期的课程表。多年的经验使我确信:如果你想成为一个名副其实的学校领导者,你就不要委托任何人(教导主任或教师)去作这个总结报告。如果你把这件事委托别人去做,自己撒手不管,你就会成为一个"不熟悉情况的人"。如年复一年这样,你就会渐渐成为一个多余的人了。据我所知,某些学校的总结报告是由教师们的汇报材料和工作总结拼凑起来的。这还谈得上什么领导素养呢!

校长作这种拼凑、剪贴起来的报告,就好比一个大企业的领导者被人蒙上眼睛,领到各个车间转了一整天,最后到了一个他完全不熟悉的角落,人家取下蒙在他眼睛上的布,问他:"猜猜看,你现在在什么地方……"令人羞愧的是,我们有一些学校的领导人就是在宣读由别人为他写好的总结教育教学工作的报告。

在教育和教学工作中,党、团和工会组织起着巨大作用。教师们的任务,就在于进行思考和讨论,

▲ 笔耕不辍的苏霍姆林斯基

提出主张,并去付诸实施。写总结报告不应该占用他们的时间。学校教育和教学工作比其他任何领域的工作都更加需要高明的总结。当然这种总结

应是建立在集体智慧的基础之上的。我在准备总结报告的过程中，总要查阅党、团员们在党组织和团组织的会议上的发言记录，以及教师在校务委员会会议上、在心理学讲习班上的发言记录。他们的发言，连同我在教育日记里记载的那些东西，实质上都是集体思想的结晶。我想，这样的说法将是不错的：一个校长作为组织者，他的作用恰恰就在于他能虚心地倾听集体的意见，善于捕捉那些哪怕是最微小的新生事物，善于根据一些看来是微不足道的事实做出概括。

学年考试期间和考试以后，是准备学年总结报告最紧张的时候。在这些日子里，我把所有的结论、总结、建议都拿来与实际结果、数字和百分比进行对照。多年以来，人们严厉地批评搞百分比，我对于这种批评是很不理解的。我们不能不问学校教育工作的实际水平，便简单地断言搞数据、百分比是好事或者是坏事。如果学校教育工作的水平很高，那么搞百分比就是需要的、有价值的；如果学校教育工作中占统治地位的是教育上的无知，那么搞百分比不仅会变成弄虚作假的手段，还可能使学生和教师染上口是心非的流毒。

我们是很尊重百分比数字的，它们是一种最可靠的总结材料。例如，我每年都要检查所有学生的朗读情况，分别在第一学季和第三学季末给他们各打一个分数。对于那些学习最困难的学生，在第四学季末再给他们评分，这是一年中最后一次评分。如果在我给学生评定的分数中，有73％是"4分"和"5分"，那么对我来说，这样的数据能说明很多问题。我看到，上学年结束时，少年学生（五至八年级学生）中有5％—6％不会流利地阅读，而本学年结束时，这一数字就降到3％了，而且其中没有一个是八年级的学生。这已经是很大的成绩，但问题仍然是严峻的。全体教师还要做出很大的努力，才能使少年学生都学会在阅读中一下子把握住某个句子成分和整个句子的意思。如果不能使这3％的学生学会流利地阅读，这就意味着会有六七个学生读到七八年级，智力仍得不到发展，因而他们就不能顺利地掌握知识。

如果没有统计资料的分析，不借助数字来检验所做的理论概括，就很难衡量领导工作的好坏。对教育的真正领导是建立在概括性的教育结论上的，而没有数据的证明，这些理论总结则难以令人置信。

我校低年级的每个教师和所有年级的语文教师都规定了学生应掌握的基本词汇量。这些词必须牢牢记住，任何时候都不允许写错。学生的独立作业，都要服从于掌握基本词汇量的任务。学年结束时，我们通过对学生平时测验和考试成绩的统计分析，可以做出进一步完善这个体系的结论来。统计数字会表明，为了使他们把基本词汇牢固地保持在记忆里，我们应当让他们做些什么样的练习和书面作业。

暑假里，我们对将要读一年级的孩子进行入学前的训练。这项工作首先是研究儿童。我和教师带领孩子们到大自然（这是思想和语言的源泉）中去旅行。这项活动是我们整个智育工作体系的一个非常重要的内容。与此同时，我还对几年前接受过这种专门训练的学生进行研究，研究那些能够反映他们的知识和智力发展水平的书面作业和统计资料。这是一项很有趣味的分析，每一个数字对于我们教师来说，都具有深刻的含义。

预定要在校务委员会的总结会议上作的报告，直到新学年开学前，不断地有新的思想充实进去。这个报告既是上学年工作的总结，又是新学年工作的指导。报告的篇幅一般不超过40—45页。最近几年来，谁也没有要求我们写出书面的工作报告，但我们照样写。这不仅因为写总结报告已经成为我们的习惯或传统，而且是因为没有它我们自己也感到很难进行工作。

写年度总结报告，应该提出明确的努力目标。理论上的总结并不是供人欣赏的华丽辞藻，而是领导工作的指南，也是全体教师的教育观点和信念的具体反映。这些理论概括都是密切联系具体工作的。各项理论概括的都是经过深思熟虑并有充分论证的，同时在教师看来都是他们自己的劳动、探索和思考的总结，而不是某种外来的强加于人的东西。这样，理论同实际的联系才会牢固。

对教育和教学过程的领导应当具体而讲求实效。这样就必须有教师集体的参加。因此，如果全体教师没有深刻理解从日常工作的无数具体事实向概括性真理、又从概括性真理向具体事实的转化逻辑，那么这样的领导就不可能实现。我认为，集体领导的实质，就在于大家都要深刻理解日常教育和教学工作中的事实的意义，并善于从那些乍看起来无足轻重的事实背后发现重要的教育现象。

3. 应当把师生的脑力劳动情况作为学年总结的重点

每所学校都有自己的面貌。这首先是因为那里的教师都有他们自己的一般教育观点和信念，有他们自己达到总目标（使学生掌握牢固的知识）的途径，也有他们各自遇到的障碍。正是这种有个性、有特色的东西，应当在教育工作的总结中，在学年的计划中反映出来。因此，在两所不同的学校里，无论是工作计划、总结报告，还是对某些问题的分析，绝不可能如同两滴水珠那样相像。刻板和公式化，就像铁锈一样腐蚀着教育过程这一精细机体，这是最有害的现象之一。

常常有这样的事：一旦某一位有经验的教师按照为几堂课制订的课题计划进行教学取得了效果，于是校长、区教育局的视导员就要求所有的教师除了写课堂教案以外，还必须写课题计划。这种要求会导致什么结果呢？只能造成刻板和公式化。因为教师没有预见性和足够的依据，却必须制订这种计划。上课——首先要遇到具体的儿童。譬如说，教师准备明天给五年级学生讲百分数的初步概念。如果他在备课时只想到讲解百分数的方法，而没有想象课堂活动的情况，他的眼前没有出现那个机灵的、思路敏捷的米沙和那个头脑迟钝的、理解能力很差的科里亚的形象，那么，这种备课只不过是抽象的理论思考。如果教师不了解他的学生的情况，不了解听他讲课的是些什么样的人，那么他是无法备好课的。按公式炮制出来的课题计划之所以常常变成死板的模式，首先是因为生动活泼的教育工作要求随时对 10 分钟以前还觉得是正确的、必要的东西做出创造性的改变和修正。当然，对死板的模式做这样的批评，绝不意味着在教育工作中无法预见 5 节课或 10 节课以后将会发生的情况。否则，一切教学大纲都将失去意义，学校工作也就成为一个自发过程。但是，我们所能预见的，只是达到教育和教学目的的一般途径，而不是它们的细节部分。每一节课有每一节课的细节，它们相互之间的联系是极其复杂而多变的。

我在这里稍许离了一下话题，为的是强调教育分析的具体性。我们的全体教师年年都要就一些问题做工作。这些问题实际上解决得怎样，哪些完成了，哪些有待完成——这正是总结分析中所要讲的东西。

我们以师生的脑力劳动情况作为总结分析的中心内容。我们全体教师一直在研究并反映在学年教育分析中的一个重要问题，就是教师的思维素养问题。我对比研究了一些成功的课和失败的课，得出了这样的结论：在学习新教材的过程中，教师就应当看出和想象出学生的脑力劳动是怎样进行的，他们是怎样感知教师的叙述和讲解的，在认识的道路上遇到了哪些困难。可是在有些课上，教师完全沉浸在自己的思想里，完全不知道学生是怎样感知他的讲述的。表面看来一切都很顺利，学生在听讲，在思考。然而到了这节课结束时教师才发现，即使几个最有才能的学生也是似懂非懂，大多数学生毫无所得。与此相反，有的教师上课时始终注意着学生理解知识的过程。他用不着等到下课后再去了解学生是否领会了教材，在课堂上就能看出学生的脑力劳动情况。他一边思考自己所讲述和学生所理解的东西的含义，一边还在思考自己的教育技巧中最重要的问题：所做与所得之间的因果关系如何？

由此可见，教师的思维素养，就在于能在学习教材的过程中找出适当的工作方法和方式，使他能够看出学生的思路是怎样发展的。我这里所说的就是所谓"反馈联系"的原则——这是程序教学的一条重要原则。优秀的教师在每一节课上都在实践这一原则，虽然并不采用任何复杂的机器和设备。他们在寻找一些让学生完成独立作业的方式，通过这些方式，使学生理解和掌握知识的过程具体地反映出来。对这些情况教师是可以观察到的，并由此可以得出结论。例如，五年级学生学三角形面积测量，教师就让他们在草稿本里画一些图，做一些测量，这实际上已在运用刚刚讲过的公式了。这一切都是在教师的眼前做的，他能看到每一个学生的脑力劳动的特点，给以及时的帮助。所谓"及时"，指的是在学生还缺少牢固知识的时候，而不是在学生无法理解的时候，这两种情况完全不是一回事。

从对于反馈过程的分析中，可以得出对以后的实践有重要意义的结论：在感知、理解知识的过程中，应当让学生充分地进行主动的独立活动。学生不单应当听讲和思考，还应当动手做一些事。

思考应当在"做事"中反映出来。只有这样，才会使所有的学生都在课堂上进行思考，而那些不注意听讲、思想开小差的情况才会消失。在这里，应当特别注意让学生使用草稿本。这种草稿本不是为了工整地记录任何现成的东西而准备的，而是学生用来反映自己思路的便写本。应当密切注意学生的脑力劳动在草稿本里是怎样反映出来的。

如果把课堂教育过程首先当作对学生脑力劳动的指导来分析的话，那就要着重看教师的创造性的特殊作用。上课并不像把预先量好、裁好的衣服纸样摆到布上去那样。问题的全部实质就在于，我们的工作对象不是布料，而是有血有肉、有敏感而娇嫩的心灵的儿童。教师真正的教育技巧和艺术就在于，一旦有必要，他就能改变课堂教案。而事实上改变教案的事是常有的。一个好的教师，好就好在他能感觉出一堂课的进展逻辑，使课的结构服从于学生的思维规律。如果教师死抱住一个教案，"以不变应万变"，那么他是什么也做不好的。更确切地说，他将使学生变得无知。教师要善于修正教案，以至完全改变教案，这并不是不尊重教案，而是恰恰相反。所谓教育上的创造性，绝不意味着教育过程是不可捉摸、服从于灵感和不可预见的；恰恰相反，教师只有精确地预见并且研究过许多教育过程的事实和规律的相互关系，才能成为真正的教学能手，才能当机立断地改变原本制订的方案。譬如说，头脑迟钝的科里亚今天没有来上学，那么今天课的上法就得跟他来的时候不一样了。

我总结了在几十节课上所看到的事实，进一步研究了教师要具备哪些条件，才能看出学生的思路，才能感觉和认识到学生是怎样感知和理解知识的。在几节课上，教师的讲解语言好像是非常痛苦地挤出来的，而学生并不是在追随老师的思路，倒像是在看他如何搜肠刮肚地用词语来表达自己的思想。在这种情况下，教师自然也就无暇顾及学生的思维活动了。这样讲课，效果很差，只能在学生的记忆里留下很少的东西。对处于少年期的学生来说，这种课更是不能容许的（对这个问题需要做专门的心理学分析）。与此相反，有些教师上课，则由于他们对本学科有深刻而广泛的了解，不是把注意力集中在自己的思考上，而是集中在学生身上，看学生是怎样进行思考的。我在这里强调"广泛"这个词，并不是随便说说的。教师的知识面越能超出教科书的范围，他的讲课就越能深入浅出，学生学到的东西就越多。

由此就可以得出结论：学生的脑力劳动是反映教师的脑力劳动的一面镜子。教师备课，无论如何不能把教科书作为知识的唯一来源。真正能够驾驭教学过程的高手，是用学生的眼光来读教科书的。所以伊·尼·乌里扬诺夫①写道：教师应当知道的东西，要比他教给学生的东西多 10 倍、20 倍；至于教科书，对他来说只不过是应当随时准备弹离的跳板而已。你们如果看到某一位教师的上课只是在那里忠实地复述教科书，那就可以断定：他的教育素养还很差。

我要总结的还有一个关于脑力劳动的问题，我们全体教师已经对它进行了多年的研究，那就是掌握知识的问题。几年前，我们就看到这样一种情况：有的教师动了很多脑筋，力求把自己所讲解的一切东西都变得明白易懂，使学生学起来毫无困难，用不着再进行思考。我在总结学年工作的校务委员会会议上，曾不止一次地举例子来说明，对这种课似乎可以从两个方面来进行评价：就教师的讲课情况这一面来说，可以说是好的；但是就学生的脑力劳动情况这一面来说，只能说是刚及格的。既然教师已经把学生的脑力劳动减轻到了最低限度，那么学生也就谈不上掌握知识了。知识只有在触动了学生的思想和情感，使他产生需要感，激发他去进行探索，从而变成他自己的东西的时候，才能被学生所掌握。掌握——这就意味着对事实进行积极的思考和研究。而积极的思考和研究，则是从运用概

---

① 伊·尼·乌里扬诺夫是列宁的父亲，教育家。——译者

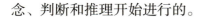

念、判断和推理开始进行的。

如果把掌握知识的过程比喻为建造一幢房子，那么教师应当给学生提供的只是建筑材料——砖头、灰浆等，而砌砖垒墙的工作应当由学生去做。我们经常看到，正是由于教师不让学生去干这些笨重的建筑工作，学生才变得迟钝和缺乏理解力的。只有让学生去实践，他才会掌握知识。

例如，学生很不容易掌握副动词短语。有时候他们似乎是理解了，却不会使用。为什么呢？正是因为学生没有去尝试运用这些知识，没有在刚刚弄懂的时候进行一下自我检查。弄懂教材还不能算作是有了知识。有经验的教师总是力求往理解过程里加进主动活动。例如，当学生已经弄懂了副动词短语主要是讲同一个主体的次要动作时，教师就立即给学生布置一项实践作业：每个人想几对动词，每对中有一个动词表示基本动作，另一个动词表示次要动作，然后把表示次要动作的动词变成副动词。教室里一片寂静，学生都在聚精会神地思考。教师要珍视这种时刻，课堂上应当经常出现这样的寂静。希望你们警惕，在课堂上不要总是教师在讲，这样不好。我得出一条结论：数学教师或语文教师上一节课，你们要讲的时间一般不应超过 5—7 分钟。应当让学生通过自己的努力去理解教材，这样他们才能将知识变成自己的东西。

根据这样的看法，在对学年总结进行分析的时候，我把关于巩固学生知识的一些初步看法提交全体教师讨论：教师刚刚讲完课，他认为学生已经懂了，于是就喊学生回答问题。这种做法不能使学生巩固知识，顶多只能使教师了解他的讲课在学生头脑中留下了什么印象，而且，这种了解还带有片面性，因为回答问题的多半是能力强的学生。

学生要真正巩固知识，就得对事物或现象的实质进行独立思考。有经验的教师在学生似乎是理解了教材以后（这里说似乎是理解了，是因为对个别学生一时还不能做出肯定的结论），就拿出 5 分钟、10 分钟甚至 15 分钟的时间（依教材难度而定），让学生去思考，去聚精会神地进行周密的独立思考。这里很重要的一点是，要让学生的这个思考过程（这也就是知识的巩固过程）能够通过实际作业的形式反映出来，以便进行观察与分析。例如，教师在黑板上画两条平行线，然后画另一条直线与之相交，这时候他可以让学生回想一下他们刚刚听过并好像已经理解的东西，然后打开草稿本作图，并标明各个角的名称（学生画图的时候，黑板上的东西已经擦去）。这样做对学生来说，就是深入到教材的实质里去，同时也是一种自我检查，他们都再一次地对已经理解的和尚未理解的东西进行了思考。而教师在这一段时间里就可以对学生进行观察，了解他们的听讲情况跟他们对知识的思考和理解之间的关系。

我还提出一个看法请全体教师讨论：在讲解（叙述）新教材之后和检查（了解）新知识之前，还应当有一些特定的作业方式，其目的在于使学生加深领会和理解教材。在教师做检查之前，应当先让学生进行自我检查。

我校教师集体对学生脑力劳动的另一个问题也进行了研究，这就是如何发展抽象思维的问题。多年的观察使我们得出结论：抽象思维对学生之所以必要，并不仅仅是为了能够顺利地完成越来越复杂的学习任务。教师常常会遇到这样一种可悲的现象：学生在童年时期学习得很轻松，能顺利地掌握知识；然而到了少年期，学习就变得十分痛苦而艰难，以致他们不能胜任。我翻阅了记事簿，总结了一些说明这种劳动本质的事实。在这学年的总结分析中，我特别注意了数学抽象的作用。一些优秀的教师，都是尽早地让学生解答综合性的算术应用题，让他们自导公式。

我们全体教师感到迫切需要解决的问题，还有学生在课堂上的兴趣和注意的问题。在什么时候和什么条件下，学生对所学的东西才是有兴趣的呢？在总结一年的工作时，我详细谈了怎样确定具体教材和抽象教材的比例问题。

课堂教学和学生的自学，这两者的联系也是总结报告中要加以分析的问题。报告也对下列问题进行总结：课堂教学怎样激发学生阅读科技书的兴趣，学生的爱好、特长和志向怎样养成和树立。

4. 对教育工作的分析

我们对教育工作的分析，是从智育开始的。在总结报告中概括地列举一些事实，然后从这些事实中引出结论。例如学生的智育和劳动教育是怎样相统一的，他们的辩证唯物主义世界观是怎样形成的，他们是怎样掌握知识和进行社会实践的，等等。我力求激发教师们去注意研究教育过程中各种因素之间的极其微妙的相互联系。

爱好钻研，富有创造力，热爱劳动，把劳动作为精神需要并掌握高度的劳动技巧，对懒惰、散漫、吊儿郎当采取毫不妥协的态度——这些品质是统一形成的。在总结报告中，我对这种统一的各个因素都进行了详尽的分析。例如，在德育方面采取了什么措施，在劳动教育方面采取了什么措施，在美育方面又采取了什么措施，等等。在这方面不允许报流水账，也不允许把完整的事物分解得支离破碎。在实际的教育工作中，一切都是相互联系和相互制约的。劳动教育对于智育和德育来说绝不是某种附加品，它是世界观、创造性智慧和道德信念的源泉之所在。

在总结报告中，我分析我们学生的两只手在做些什么，以及合理的劳动是怎样影响着他们智力的发展和心灵的成长的。如果把人的和谐发展与拥有能各自发出自己独特音响的几十种乐器的交响乐队相比的话，那么，劳动既是为乐队作曲的作曲家，又是乐队指挥。在我们这个时代，把对劳动的精神需要作为未来的新人最重要的品质来加以培养，这一教育任务已经庄重地被提出了，劳动教育的强有力的、多方面的作用刚刚开始显现。

在总结中，也探讨了创造性思维同脑力劳动的关系①。教学工厂、工作室、实验室、温室、教学实验园地、养蜂场、养兔场、畜牧场——这一切并不是为防止学生无事可做而建立的什么预防设施，而是学生思维发展的源泉。我提出一些想法建议全体教师进行讨论：我们应当怎样去丰富这些

---

① 作者主张体力劳动中要有脑力劳动的因素，故此处系指体力劳动中的创造性思维。——译者

思维源泉？

　　劳动也是一个人展示个性、自我肯定、自我认识和自我教育的领域。让学生在劳动中体验到道德尊严感——这是我们全体教师都在努力追求的目标。我们在寻找开启每个学生心扉的钥匙，舍此，教育就是不可想象的。因此，劳动的道德实质问题便成为总结中的又一个课题：劳动在个人与社会的联系中，如何起着微妙而有力的作用；人由于参加劳动而在多大程度上体会到自己也在促进社会的发展；他从劳动成果中在何种程度上看清了自身的价值；劳动的社会意义与劳动的美和谐融合的程度如何——而正是在这种融合中包含着人的道德品质和审美原则一致性的极重要的因素。

　　对劳动的需求源泉蕴含在美的创造之中。这是对学龄初期儿童进行劳动教育、道德教育和审美教育的原则之一。在总结报告中，我分析了儿童在用自己的双手创造美的东西的同时，怎样产生一种自豪感，以及我们应当怎样进一步加强劳动教育的这种趋向。

　　进行说理教育，这也是总结报告中所要分析的一个内容。归根结底，语言是人类教育中极其重要的手段：人用手和脑所做的一切，只有借助语言才能反映在他们的心灵里，这是人类所特有的现象。我在总结报告里谈到这样一个细微的而且迄今研究得很少的问题：语言——知识——世界观。

　　在分析优秀教师的课堂时，我详细地指出他们不仅善于用语言传播思想和知识，而且善于用它来接触学生的心灵，对学生进行教育。教师正是由于具有这种能力，才能在课堂上达到教育和教学的真正统一。我分析人文学科的一些课时，记起这样一个具体的例子：优秀教师讲述了一些历史事件或文艺作品中主人公的命运，这些内容虽然看来都和具体学生个人的精神世界没有直接联系，却是针对着活生生的人的理智和情感的，他们力求在学生的心灵里点燃起对人的信任火花，激励学生做一个更好的人。语言是你触摸人的心灵中最敏感的角落的极其精巧的工具。

　　我们从一学年里听的几十节课中发现一些事实，这些事实说明所谓通过学习科学基础知识来培养学生的辩证唯物主义世界观，并不只是意味着要让学生对现实世界进行一番客观的分析，而且要使学生变得更加高尚，对自己的创造力（公民的、智力的、道德的、审美的）怀有自豪感。例如在生物课上，要使学生相信这样的道理是并不困难的：宗教上关于魂灵的说法纯粹是无稽之谈，实际上不存在什么魂灵；人总是要死的，终归要化为灰烬，人的机体中的所有生理过程都和动物一样，是按照相同的规律进行的。然而如果教师只能做到使学生仅仅相信上述这一点，那他不过是让学生把人看作动物而已。你们是否想过：为什么有些青少年尽管非常了解周围世界各种现象的唯物本质，但他们仍然成了信教的人呢？这是因为无论是教师，还是宣传无神论的演讲者，他们只做到使学生相信：你的机体不过是某些物质的容器，你的大脑不过是某些生化过程……。这个问题在世界观教育中是非常重要的，有必要对它进行专门的研究。我认为，应当对一些优秀教师的经验进行细致的分析。这些教师善于向学生渗透一些非常重要的思想：人并不是时间旋风中的一粒微尘，他是可以做到永垂不朽的；他能以自己公民的、社会的、智慧的创造流芳于世。

在每年的总结报告中，对爱国主义教育问题的分析占有重要的地位。在这方面，语言仍然具有重要的意义。正因为教育者能够使用明智的、真挚感人的语言，正因为教育者要求言行一致、思想和行为的一致，我们才能培养出爱国主义者。我在总结中概括地说明，全体教师怎样引导儿童、青少年以爱国主义的眼光看待周围世界，并从看到的东西中激发深刻的个人情感，从而去履行对祖国的义务。为了使孩子们感到祖国的每一寸土地、每一座小丘都是最亲切、最宝贵的，我们做了哪些具体的工作呢？孩子们怎样在认识世界的同时，像接过接力棒一样，从老一辈人手中接过他们为祖国的独立自主进行了艰苦卓绝的斗争之后才取得的物质财富和精神财富呢？孩子们在自己的劳动中学到了哪些思想，哪些爱国主义情感在激励他们进行创造性活动呢？所有这些问题不仅在总结时要加以探讨，而且要对日后计划也做出安排。使受教育者以爱国主义的观点看待世界，绝不是叫他们冷眼旁观，他们首先要进行创造，具体地参与社会生活。

军事爱国主义教育问题是要进行专门分析的问题。我和课外活动的组织者一道进行分析：男女青年们是怎样学习我国的伟大的战争史的，他们是怎样掌握保卫祖国所必备的技术知识和技能的。

我们对共青团员参加社会生活的情况进行了特别细致的分析。我们认为，领导共青团和少先队的工作，首先应当用公民的思想和激情去鼓舞他们。今天这群满14岁的人，已经为社会做了些什么，现在做些什么？他们在这段不太长的生活道路上，已经用自己的双手创造了哪些可以看得见的东西？为同学、为别人做了哪些事？近几年来，我校在共青团员和少先队员中广泛开展了一种社会活动。这种活动的形式越来越完善了，我们称它为"文化宣传"活动。青少年们每周给集体农庄庄员作一次自然科学方面的报告，放幻灯片，回答各种问题。这些极其有趣的晚会通常是在农民的家里，在村子的偏远角落里举行的。我们尽力使每个人在少年时代就对别人有所奉献。

全体教师努力使劳动人民在千百年间形成的那些高尚的道德品质——帮助别人、有同情心、不计私利、慷慨助人等，成为儿童的精神财富。这是教育工作中最细致的一个方面，它和情感教育紧密地联系在一起。我们能为培养学生的文明情操做些什么呢？怎样使集体关系转化为情感关系？集体中，人对人的态度怎样？对这些问题作了说明之后，我努力鼓励教师们提出创造性的教育思想：怎样创造有助于丰富情感的环境和关系？怎样使语言和积极的活动相结合？

在报告中的美育部分，主要的注意力也应放在审美情感的素养上。我向全体教师提出这样一些概括性的意见：儿童、少年和青年能够认识和创造哪些美的东西，怎样使认识美和创造美达到统一，美的财富在个人的精神生活中占有什么位置，学生之间是怎样交流审美观点和情感的，等等。在这个学年结束时，我打算就学校的情感教育问题提出初步的设想，即每个人在童年、少年和青年时代，为了能够认识美，应当受到哪些教育。在我的这些设想中，对学生感官的训练给予很大的注意。这个课题实际上还是教育研究中的一个空白点。在总结中，关于如何改进教育影响的方法问题也占有一定的地位。

今年我们把主要注意力放在研究教育青少年的方法的特点上。在本文开头，我曾谈到某一次少先队辅导员讲习班上的"示范性"辩论会，这并不是偶然的。因为它反映了教育工作中的严重缺点——做表面文章。它只会使人养成虚伪的习气。这种做法常常使孩子们感到：教师找我谈话，并不是因为他从内心愿意跟我谈话，而是他需要完成自己的任务，完成别人要求他做的事罢了。少年们对这种情况是非常敏感的，他们不能接受这样的教育。他们能感觉出对他说话的人在精神上是空虚的。那些话毫无热情，以致它本身所包含的高尚的内容也变得没有价值了。

怎样进行教育工作，怎样使教育者和受教育者在精神上达到一致，怎样在师生之间保持没有拘束和友好相处的关系；个人精神生活的哪些领域是可以在集体里探讨的，哪些是不容集体干预的；对人的情感施加间接的（不是直接的）感化作用的艺术是什么；怎样揭示道德信念中的情感因素；等等。对所有这些问题的回答，都不是从别的地方照搬过来的，而是全体教师集思广益的成果。

我们就是这样进行学年总结的。没有必要在总结报告中罗列姓名、实例，也没有必要起草和通过校务委员会的长篇决议。总结报告既是集体思想的概括，集体的创造，也是全体教师新学年工作的起点和方向。报告中提出的那些设想，能引起教师们的争论，而经过争论和思考，他们就会把报告作为今后工作的基本路线、基本方向而接受下来。

（本书第 1、2 次谈话，刘启娴译；第 3 次谈话，纪强译；第 4 次谈话，金芳、继麟译；第 5 次谈话，赵玮译；第 6、7 次谈话，丁文礼、黄云英译，第 8 次谈话，金芳、继麟译。杜殿坤、王家驹校，赵玮重校）

出 版 人　郑豪杰

策　划　祖晶

责任编辑　李馨宇

版式设计　郝晓红

责任校对　贾静芳

责任印制　叶小峰

图书在版编目（CIP）数据

和青年校长的谈话 ／（苏）B.A. 苏霍姆林斯基著；
赵玮等译 . — 北京：教育科学出版社，2022.6（2024.6 重印）
（苏霍姆林斯基教育经典丛书）
ISBN 978–7–5191–3143–2

I. ①和… II. ① B… ②赵… III. ①苏霍姆林斯基
（Suhomlinskii, Vasilii Aleksanlrovich 1918–1970）—教
育思想 IV. ① G40–095.12

中国版本图书馆 CIP 数据核字（2022）第 094403 号

苏霍姆林斯基教育经典丛书
和青年校长的谈话
HE QINGNIAN XIAOZHANG DE TANHUA

出 版 发 行	教育科学出版社				
社　　　址	北京·朝阳区安慧北里安园甲 9 号		邮　　编	100101	
总编室电话	010–64981290		编辑部电话	010–64989436	
出版部电话	010–64989487		市场部电话	010–64989009	
传　　　真	010–64891796		网　　址	http://www.esph.com.cn	
经　　　销	各地新华书店				
印　　　刷	保定市中画美凯印刷有限公司				
制　　　作	北京浪波湾图文工作室				
开　　　本	720 毫米 × 1020 毫米　1/16		版　　次	2022 年 6 月第 1 版	
印　　　张	14		印　　次	2024 年 6 月第 2 次印刷	
字　　　数	194 千		定　　价	36.00 元	